权威·前沿·原创

皮书系列为
"十二五""十三五"国家重点图书出版规划项目

中国双创发展报告
（2017~2018）

ANNUAL REPORT ON THE DEVELOPMENT OF CHINA'S
INNOVATION AND ENTREPRENEURSHIP (2017-2018)

主　　编/王京生
执行主编/陶一桃
副 主 编/魏建漳　王学龙

社会科学文献出版社
SOCIAL SCIENCES ACADEMIC PRESS（CHINA）

图书在版编目(CIP)数据

中国双创发展报告.2017~2018/王京生主编.--北京：社会科学文献出版社，2018.5
（双创蓝皮书）
ISBN 978-7-5201-2635-9

Ⅰ.①中… Ⅱ.①王… Ⅲ.①创业-研究报告-中国-2017-2018 Ⅳ.①F249.214

中国版本图书馆CIP数据核字（2018）第084642号

双创蓝皮书
中国双创发展报告（2017~2018）

主　　编／王京生
执行主编／陶一桃
副 主 编／魏建漳　王学龙

出 版 人／谢寿光
项目统筹／周　丽　高　雁
责任编辑／颜林柯

出　　版／社会科学文献出版社·经济与管理分社（010）59367226
　　　　　地址：北京市北三环中路甲29号院华龙大厦　邮编：100029
　　　　　网址：www.ssap.com.cn
发　　行／市场营销中心（010）59367081　59367018
印　　装／三河市龙林印务有限公司
规　　格／开　本：787mm×1092mm　1/16
　　　　　印　张：20　字　数：301千字
版　　次／2018年5月第1版　2018年5月第1次印刷
书　　号／ISBN 978-7-5201-2635-9
定　　价／89.00元

皮书序列号／PSN B-2018-711-1/1

本书如有印装质量问题，请与读者服务中心（010-59367028）联系

▲ 版权所有 翻印必究

中国双创发展报告编委会

主　　　编　王京生
执 行 主 编　陶一桃
副 　主 　编　魏建漳　王学龙
编委会委员　（按姓氏笔画排序）
　　　　　　　于　潇　王学龙　龙金林　杨　文　张静云
　　　　　　　周明旸　黄恒中　魏建漳

摘　要

随着国际竞争日益激烈，地区创新能力的重要性日益凸显。中央工作会议表明中国经济发展必须重视城市的基础性作用，明确城市是创新创业战略的核心载体。基于国内外双创的研究发展形势，《中国双创发展报告（2017～2018）》通过定量分析较为全面地评估了我国大部分主要城市的创新环境与创新能力，为政策制定者提供了有价值的参考依据。

为体现地区创业、创新的特点和趋势，本蓝皮书借鉴了国内外关于指数构建和评价的理论与方法，从城市的环境支持、资源能力和绩效价值3个维度构建了双创指数评价模型，对各样本城市的创业、创新能力进行了测度。总体来看，我国双创发展特点鲜明：各城市创业、创新势头良好，深圳综合能力位居榜首；全国双创发展层次明显，呈现金字塔形。目前我国双创核心城市和枢纽城市较少，双创节点城市和潜力城市相对较多，说明双创发展取得了一定的成果，但多数城市的双创发展仍具有较大提升空间。

除了对各个城市进行综合评价、分析外，本蓝皮书从多个层次揭示了我国双创发展的特征，从"大"发展层面的区域发展分析，到"小"区域视角下的深圳国家创新示范区建设的专题研究，探索了我国创客发展面临的挑战及双创活动新模式。总体而言，区域双创呈现出东部强于中部、中部强于西部、西部强于东北的特征；肩负建设国际科技创新中心使命的深圳正由新兴赶超阶段迈向高端引领阶段；创客的创业、创新问题逐渐出现；双创模式的新探索离不开全球创新资源的布局与"产学研"的加速发展。

在全球信息化不断加快的背景下，进一步扩大双创研究区域，延伸研究国际双创发展十分重要。本蓝皮书在国际篇中探索了国际创业、创新指数体系、国际双创城市（地区）排行、国际双创指数结构对比，以及国际创新

城市发展新趋势几个大问题,为双创的研究与发展提供借鉴。

在资源分布不均衡、区域发展不平衡的情况下,不同城市具有不同的地缘优势和不足。研究发现,影响双创环境的因素,既包括工业发展规模、创新孵化器数量、外贸规模等硬指标,也包括政府效率、商业信用环境等软指标。为推动各地双创加速发展,需突出城市地缘优势,着力发展优势产业;探索创业、创新新模式,重点关注新兴领域。

关键词: 双创 指数 城市

序　迈向创新型国家的征程

——论"大众创业、万众创新"

这是一个全民创业、创新的时代。习近平总书记强调,实施创新驱动发展战略决定着中华民族的前途命运。他在十九大报告中指出,我国经济已由高速增长阶段转向高质量发展阶段,正处在转变发展方式、优化经济结构、转换增长动力的攻关期,建设现代化经济体系是跨越关口的迫切要求和我国发展的战略目标。创新是引领发展的第一动力,是建设现代化经济体系的战略支撑。2014年9月,李克强总理在夏季达沃斯论坛上提出,要在960万平方公里的土地上掀起"大众创业""草根创业"的新浪潮,形成"万众创新""人人创新"的新态势。2015年政府工作报告正式提出要把"大众创业、万众创新"打造成推动中国经济继续前行的"双引擎"之一。"大众创业、万众创新"的关键在"创",基础是"众"。一"众"一"创",催生了一个伟大的众创时代。3年多来"大众创业、万众创新"的实践波澜壮阔,"双创"之路越走越宽,经济意义十分显著。不仅如此,"大众创业、万众创新"也正在并将不断在经济、政治、文化、社会、生态等多方面显现其深远的意义。

一　没有"众创",中国就很难实现从传统型国家向创新型国家的转变,也很难在新的全球化时代真正从被动的追随者、参与者变成积极的设计者、引领者

"大众创业、万众创新"提出的一个重要背景是,随着我国资源环境约束日益强化,要素的规模驱动力逐步减弱,传统的高投入、高消耗的粗放

型发展方式难以为继,经济发展进入新常态,需要从要素驱动、投资驱动转向创新驱动。与此同时,第四次工业革命扑面而来,以网络化连接、智能化认知等核心技术为代表的新一轮产业和技术变革与融合,将消除物理世界、数字世界和生物世界之间的界限,不仅会颠覆传统的社会模式、商业模式、生产模式,而且会影响经济、社会、政治等各个方面,甚至可能改变人与社会、人与自然的关系。

要应对这一复杂与严峻的挑战,唯一的办法就是创新,将创新作为引领发展的第一动力,把创新摆在国家发展全局的核心位置。没有创业、创新,中国就很难实现从传统型国家向创新型国家的转变,也很难在新的全球化时代真正从被动的追随者、参与者变成积极的设计者、引领者。

推进"大众创业、万众创新",就是要通过结构性改革、体制机制创新,消除不利于创业、创新发展的各种制度束缚和桎梏,支持各类市场主体不断开办新企业、开发新产品、开拓新市场,培育新兴产业,形成小企业"铺天盖地"、大企业"顶天立地"的发展格局,实现创新驱动发展,打造新引擎、形成新动力。具体来说,通过"大众创业、万众创新",可以有效培育发展新动能,改造提升传统动能,推动新技术、新产业、新业态加速成长,实现更多依靠创新驱动的引领型发展。通过"大众创业、万众创新",可以充分调动全社会创新的积极性,释放创新潜能,使创新成果不断涌现。通过"大众创业、万众创新",可以依托众创、众包、众扶、众筹等形式,拓展创新空间,增加创新主体,夯实创新基础,开辟我国创新发展的新天地。通过"大众创业、万众创新",可以充分开发蕴藏在广大民众中无穷的智慧,汇聚众智众力,扩大创新供给,为经济发展注入可持续的澎湃动力。

随着"大众创业、万众创新"的持续推进,创业、创新活力不断提升,创新增长动能不断增强。"双创"对推动新技术、新产业、新业态、新模式、蓬勃发展,增加新供给,释放新需求发挥了重要作用,对创新型国家建设的推动作用不断增强。根据世界知识产权组织的数据,2017年中国在全球创新指数排行榜中居第22位,比2013年上升了13位;2017年中国PCT国际专利申请量达48882件,首次排名全球第二。国家知识产权局相关数据显示，2017年全国共受理发明专利申请138.2万件，同比增长14.2%。截至2017年底，我国内地发明专利拥有量共计135.6万件，每1万人发明专利拥有量达到9.8件。国家统计局相关数据显示，2017全年新动能形成加速，战略性新兴产业增加值同比增长11%，增速高于规模以上工业增加值，创造工业领域的新增长点。国家信息中心相关数据显示，双创逐步由投入期进入收获期。2017年，全国高技术产业增加值同比增长13.4%，增速高于整个规模以上工业6.8个百分点。

作为首个国家创新型城市，深圳认真贯彻党中央、国务院重大决策部署，全面推进"大众创业、万众创新"，率先引领动力转换、结构调整。就深圳而言，全市的创新企业呈现主体多、能力强、创新活跃的特点。2017年全市企业共申请专利17.7万件，授权量9.4万件。2017年全市PCT国际专利申请20457件，占国内PCT申请总量的42%，连续14年位居全国第一。

这些成果的取得，与"大众创业、万众创新"提出后国家不断完善体制机制，健全普惠性政策措施，加强统筹协调，构建有利于"大众创业、万众创新"蓬勃发展的政策环境、制度环境和公共服务体系，以创业带动就业、创新发展，坚持改革推动，加快实施创新驱动发展战略的总体思路及其推进策略分不开。通过激发全社会的创新潜能和创业活力，"大众创业、万众创新"让智慧的碰撞和创新的驱动成为无处不在的风景线，每个人的因素都成为最重要的生产要素，经济发展的动能正在逐步实现从要素驱动、效率驱动向创新驱动转换。

二 就业从来就是最大的民生，"大众创业、万众创新"催生新产业、新业态、新模式，增加就业岗位，激发创业热情，增强创业意愿，对就业存量和增量发挥着越来越明显的带动作用

就业是每一个经济体都必须重点关注的问题。就业数据好，说明经济繁

荣景气;就业数据差,说明经济状况不佳。例如,美国非农就业数据是观察美国社会经济和金融发展状况的最重要指标之一,是影响汇市波动最大的经济数据,被誉为外汇市场能够做出反应的所有经济指标中的"皇冠上的宝石"。美国金融危机带来的全球经济下滑对就业的影响依旧存在,国际劳工组织《2016年全球就业与社会展望报告》警示,低迷的经济增长,会让失业和未充分就业现象更加突出,甚至可能重回危机前水平,未来发展堪忧,当务之急是要考虑如何实现包容性增长,为每一个人提供体面的工作岗位和谋生方式。全球经济衰退背景下出现贸易保护主义抬头和逆全球化倾向,所凸显的就是发达国家遭遇的就业冲击,全球范围内的就业竞争和就业保护正在加剧。特朗普当选后公开将"买美国货、雇美国人"作为执政理念,就是要让制造业和就业机会重回美国本土。

就业问题,还会直接影响发展中国家是否能够跨越"中等收入陷阱"。"中等收入陷阱"的一个重要部分是"社会危机陷阱",经济发展到一定程度后,走出农村寻找工作的人越来越多,结果是求职人数超过城镇就业岗位数,就业成为城镇不得不面临的巨大压力。而错失发展模式转换时机,低端制造业转型失败,劳动密集型产业失去生存空间,就业问题就会更加突出,社会不安定和社会矛盾激化的风险就会急剧增加。

西方发达国家也曾经因为就业问题而陷入发展困境。随着工业化阶段的完成,以美国、英国、法国、意大利为代表的西方发达国家在20世纪80年代开始出现产业空心化和就业困难,失业率上升,就业的结构性矛盾突出,其恶果影响至今。中国应该吸取西方国家在就业问题上的教训。

作为拥有13亿多人口、9亿多劳动力的大国,在农业就业人员比重逐步降低,每年高校毕业生、农村转移劳动力、城镇困难人员、退役军人数量较大的背景下,我国的就业总量压力非常大。随着工业技术和劳动生产率的提高,传统的资本密集型、劳动密集型工业已难以有效解决新增就业问题,产业结构调整特别是升级换代必然导致就业矛盾的尖锐。所以,就业与创新发展是一个一体两面的问题,能否有效解决就业问题直接关系到创新发展战略能否成功实施。

推进"大众创业、万众创新",就是要通过转变政府职能、建设服务型政府,打造多元创业平台,营造公平竞争的创业环境,使有梦想、有意愿、有能力的科技人员、高校毕业生、农民工、退役军人、失业人员等各类市场创业主体"如鱼得水",通过创业增加收入,让更多的人富起来,促进收入分配结构调整,实现创新支持创业、创业带动就业的良性互动发展。

"大众创业、万众创新"打开了广阔的就业空间,各类市场主体的成长、创投资本的涌入、示范基地的建设、支撑平台体系的完善,为扩大就业提供了丰富的可能。5年来,全国"大众创业、万众创新"蓬勃发展,日均新设企业由5000多户增加到1600多户,建成全国"双创"示范基地120个,新设14个国家自主创新示范区,带动形成一批区域创新高地。5年来,各类市场主体超过9800万户,5年增加70%以上。全球著名商业教育机构瑞士洛桑国际管理学院(IMD)发布的《2017年度世界竞争力报告》显示,中国竞争力排名由2016年的第25位跃升至第18位,在细分项中,"就业"表现在全球63个主要经济体中名列榜首。在经济增速放缓背景下,中国城镇新增就业人数连续5年超过1300万人;城镇调查失业率保持在5%左右,处于多年来最低水平。科技部相关数据显示,截至2017年底,全国众创空间数量超过5500家,与4000多家科技企业孵化器、400多家加速器形成创业孵化服务链条,服务创业企业和团队超过50万家,培育上市挂牌企业1871家,提供就业岗位超过180万个。中国人民大学《2016中国大学生创业报告》显示,我国近90%的在校大学生曾考虑过创业,近20%拥有强烈的创业意向。据农业部统计,截至2017年,全国农民工返乡创业人数已超过700万人。

就业从来就是最大的民生,"大众创业、万众创新"催生的新产业、新业态、新模式,增加了大量就业岗位,激发了全社会的创业热情,增强了各阶层的创业意愿,随着各类创业、创新主体的迅速增加,创业、创新政策体系的逐步完善,创业、创新环境的不断优化,"大众创业、万众创新"对就业存量和增量发挥着越来越明显的带动作用。

双创蓝皮书

三 "大众创业、万众创新"成为继教育之后最有效的促进社会流动的工具，社会流动特别是下层和中下层代际流动停滞的现象得到遏制

改革开放以来，我国社会的流动性不断增强，社会的创新活力持续迸发。经过近40年发展，社会的流动性有所减弱，特别是社会的纵向流动明显减弱，主要表现在社会阶层间的流动困难，代际流动继承性增强，社会阶层的垂直流动减少，社会结构出现固化倾向。这种情况如果得不到缓解和改善，社会的活力就会丧失，阶层之间的矛盾就会越来越突出。例如，香港阶层固化，年轻人看不到希望，大学入学率不足两成；欧洲经济衰退也与阶层固化相关。

"大众创业、万众创新"是有效扭转这一倾向的重要手段。"大众创业、万众创新"坚持开放、共享的模式，通过加强创业、创新公共服务资源开放、共享，整合利用全球创业、创新资源，实现人才等创业、创新要素跨地区、跨行业自由流动。同时，依托"互联网＋"、大数据等，推动各行业创新商业模式，建立和完善线上与线下、境内与境外、政府与市场开放合作等创业、创新机制。

"大众创业、万众创新"坚持开放、共享模式的社会意义在于，其对劳动关系的重大调适，使劳动者与经营者融合，无数个体在自愿、平等、互利基础上互联互通、分工协作。在此基础上所形成的众创经济形态，不仅深刻改变了劳动者、生产资料和劳动对象的结合方式，带来了生产方式的革命性变化，极大丰富了创业、创新个体之间的社会联系，而且创新了社会财富的创造方式，为创业、创新个体通过创业、创新增加收入，实现财富积累，调整社会收入分配结构，促进社会公平正义，实现社会的横向流动和纵向流动，提供了丰富的机会和广阔的空间。

"大众创业、万众创新"所开创的共创经济，还具有天然的"去中心化"功能。这是因为，"大众创业、万众创新"致力于完善公平竞争市场环境，进一步转变政府职能，增加公共产品和服务供给，为创业、创新者提供更多机会。"大众创业、万众创新"使市场机制在资源配置上的作用越来越大，使社会流动机制进一步趋向市场化。这有利于进一步削弱社会流动中权力及其组织资源的作用和户籍制、单位制度与所有制的作用，优化社会流动中的国家政策性安排；有利于通过市场的力量减少精英群体对非精英群体的排斥，增强个体的社会竞争力和提升社会地位的能力，打破社会各阶层的封闭性，拓展底层向上流动的空间，形成合理的社会分层与流动机制。

"大众创业、万众创新"还推动文化的流动。推动人口的纵向、横向流动，同样推动文化的纵向、横向流动。例如，腾讯、华为通过信息技术和数字技术的运用，将文化与科技有效结合在一起，不断创造出当代文化流动的新内容、新形式、新渠道和新空间。双创中"文化+""互联网+"等业态及其对文化流动的推动，聚集并促进新生创意阶层的崛起，促进社会的横向和纵向流动。

"大众创业、万众创新"促进社会流动的作用正在逐步显现。上海交通大学舆情研究实验室《民调蓝皮书：中国民生调查报告（2015）》指出，从中国社会的流动现状来看，近60%受访者认为与父辈相比，其社会地位有所上升；高收入的群体对自己的代际流动评价高于其他较低收入群体。从居民对社会地位流动通道的评估来看，近50%居民认为社会的流动通道畅通；学生对社会流动通道畅通度的评价较低。从居民对自身的社会地位流动的预测来看，超过60%的受访者认为未来5年，其自身的社会地位会有所提升；29岁以下的青年群体对自己社会地位上升的信心更高。这一结果与2011年浙江省社会科学院调研中心开展的"浙江省城乡居民社会流动"调查结果形成了较明显的差异，当时近50%被调查者对"个人提升自己社会阶层的机会有多高"的看法不乐观，认为没有机会、机会低、不知道或很难讲的占45.03%，而认为较高的为17.96%，认为很高的仅占3.06%。这种积极的变化说明，我国社会流动特别是下层和中下层代际流动停滞的现象已经初步得到遏制，"大众创业、万众创新"成为继教育之后平衡社会阶层的最有效的工具。

四 再强大的文明如果不能与时俱进，不能创新发展，必然会招致未来的文明悲哀，也是世界文明的遗憾，"双创"有利于把中华文化基因中的创新因素调动起来

"大众创业、万众创新"的基础和土壤是文化。中华传统文化博大精深，独成一体，曾经在相当长的时间里对东亚文化圈形成决定性影响，对欧洲等西方社会也产生过一定影响。但正因为其过于博大辉煌，传统文化以效法过去为主，强调慎终追远，面对时代变化往往首先想到的是要把过去的东西继承下来。特别是在近代面对"三千年未有之大变局"，本能的文化反应是"拒斥"而不是"革新"，是"继往"而不是"开来"。新文化运动对传统的批判和否定并没有有效解决这一问题，关键在于有"破"无"立"。

习近平总书记强调"要努力实现传统文化的创造性转化、创新性发展"，是对中华文化的新期待。实际上，再强大的文明如果不能与时俱进，不能创新发展，必然会招致未来的文明悲哀，也是世界文明的遗憾。中华文明要对世界有新的贡献必须有所创新。

历史上中华文化的世界影响随着历史的改变而不断改变，丝绸、瓷器等工艺品的流传塑造了高度繁荣的中国形象，马可波罗对中国的描述激起欧洲对中国文化的憧憬与向往，殖民时代中西方文化相互传播，中国的传统文化让欧洲人痴迷不已，并对欧洲近代文明产生积极的贡献，17~18世纪的欧洲形成过100年的中国文化热，成为启蒙思想的重要思想渊源。工业革命开始后"西力东渐"，中国文化一度拥有的光环消退，改革开放后欧洲更多关注中国的经济生活，焦点集中于巨大的市场和利润空间，当代中华文化的形象和影响力尚待重建。

当代中国国力不断增强，对世界的经济贡献和政治贡献与日俱增，特别是"一带一路"建设所开创的中国开放新阶段、新境界与新格局推动全球化开启新征程，以和平合作、开放包容、互学互鉴、互利共赢为核心的丝路精神激起世界对中华文明的新期待。出现这种期待的一个重要原因就是当今世界各种文明冲突不断,包括宗教、价值观等各种各样的冲突。中华文化以和为贵、博大精深、包容并蓄,世界寄希望于这样的中华文化,更寄希望于创新的中华文化在当今时代的核心价值,寄希望于创新的中华文化在当今世界的顶层设计。

"大众创业、万众创新"的作用在于为中华文化在当今时代赋予和强化了"创新"这一核心价值。"大众创业、万众创新"倡导"人人皆可创新,创新惠及人人",是对全社会创新潜能和创业活力的有效激发,其推进过程是创业、创新理念深入人心的过程,这一过程正在不断增强中华文化善于创造、勇于创业的能力,营造鼓励创新、宽容失败的文化环境,推动中国的文化创新。通过加强全社会以创新为核心的创业教育,弘扬"敢为人先、追求创新、百折不挠"的创业精神,厚植创新文化,不断增强全社会的创业、创新意识,使创业、创新成为全社会共同的价值追求和行为习惯,这为中华传统文化注入了强大的创新基因,是对国民精神的根本改造。创新精神与工匠精神、企业家精神结合在一起,中华文化将创造新的辉煌。

"大众创业、万众创新"的作用也在于其焕发中华文化以人为本的精神。个人的核心价值恰恰是为我们的传统文化所忽略的,儒家提出以人为本,但其成为帝王之学之后更多强调的是集体和家国意识,这固然重要,但淡化了个人才华、才能的发挥。而进入当今时代,不注重个人才华、才能的发挥是不可能的。马克思、恩格斯在《共产党宣言》中讲"每个人的自由发展是一切人的自由发展的条件",在《资本论》中马克思又进一步指出,共产主义是"以每个人的全面而自由的发展为基本原则的社会形式"。"大众创业、万众创新"打破了个人与社会的传统关系,让任何一个个体都可能既是生产者、投资人,又可能是供应商、经销商、消费者。在"大众创业、万众创新"所建构的众创社会里,每个人都是平等和自由的,个人的价值和主体地位得到充分尊重,每个人都有可能、有条件通过创业、创新自由发展,实现人生价值和个人梦想。这恰恰激发了中华传统文化中最优秀的基因,促进中华传统文化与人类核心价值的对接和融合,实现创造性转化。

"大众创业、万众创新"的作用还体现在其对文化流动的促进和推动上。一方面，文化的流动是"大众创业、万众创新"可持续发展的基础。文化的流动为双创战略提供核心价值，提供支撑双创的心理定式和新的传统，提供支撑双创的观念指引，提供支撑双创的创新自觉、创新自信和创新自强，锻造双创所需要的企业家精神，培育双创依赖的创新创意阶层，提供双创得以实现的空间和环境，提供双创所需的"鼓励创新、宽容失败"的氛围。另一方面，"大众创业、万众创新"反过来又会促进和推动文化的流动。双创的过程本身就是文化流动的过程，双创聚集文化创新的要素，将创意、人才、资本、技术和市场融合起来，催生创业文化和创新文化，促进文化生产方式、传播方式和消费方式的创新。最重要的是，"大众创业、万众创新"所创造的文化是创新型、智慧型、包容型、力量型的文化，而创新、智慧、包容和力量是中华文化实现创造性转化和创新性发展最不可或缺的特质。

最关键的是，双创有利于把中华文化基因中的创新因素调动起来。因为只有不断吸收和创新，中华文化才能根深叶茂。吸收西方先进文化精华，成为中华文化的新内容、新境界和新价值，吸收借鉴不是证明文化的衰落，而是证明文化还有活力，有活力才能吸收，死的文化是无法吸收新东西的。

五 简政放权、放管结合、优化服务，是要建设法治政府、服务政府、效率政府，双创的深入发展必然倒逼政府实现这样的目标

"大众创业、万众创新"与政府改革是天然的盟友，简政放权是双创根本的制度保证，双创是促进政府观念和职能转变、体制机制改革的重要动力。随着国家改革开放的深入，如何充分发挥市场在资源配置中的决定性作用，保持经济持续健康发展，需要进一步调试政府与市场之间的关系。"大众创业、万众创新"的一个重要思路，就是简政放权、放管结合、优化服务，这必然会不断倒逼政府改革，促进政府更好地发挥作用，建设法治政

府、服务政府、效率政府，双创的深入发展必然倒逼政府实现这样的目标。

"大众创业、万众创新"倒逼政府改革的一个重要途径是推动政府扩大创业、创新制度供给，促进政府加大简政放权力度，放宽政策、放开市场、放活主体，不断完善体制机制、健全普惠性政策措施，加强统筹协调，构建有利于创业、创新蓬勃发展的政策环境、制度环境和公共服务体系。概而言之，就是"简政放权、放管结合、优化服务"。据人民日报报道，有关部门对网上100多万条信息的大数据分析显示，2017年网民对此项改革的满意度上升到89.9%，大家集中点赞就业创业方便、便民服务有效、营商环境优化3个方面。

简政放权、放管结合、优化服务的直接结果是全国新登记市场主体量增质升，创业投资市场持续活跃。国家信息中心相关数据显示，随着简政放权的持续推进，2013年以来，国务院已取消和下放700多项部门行政审批，取消400多项职业资格许可和认定事项。商事制度改革不断深化，截至2016年底，"五证合一、一照一码"改革全面施行。这些改革措施进一步激发了各类创业、创新市场主体的热情和创业投资市场的活跃。2016年，我国私募股权投资市场共发生投资案例3390起，较2015年增长19.2%。国家工商总局《中国个体私营经济与就业关系研究报告》显示，在深化行政审批制度改革与商事制度改革推动下，个体私营经济发展取得显著成效。截至2015年底，全国个体私营经济从业人员实有2.81亿人，仅商事制度改革以来的两年中，个体私营企业从业人员就增加6219.76万人，约占总数的22.06%。据国家工商总局通报，我国市场准入环境显著改善。2017年，全国新设市场主体1924.9万户，同比增长16.6%，比上年提高5个百分点，平均每天新设5.27万户。全年新设企业607.4万户，同比增长9.9%，平均每天新设1.66万户。其中，第二产业增速加快，制造业保持良好发展势头，同比增长29.9%。新经济特别是新兴服务业发展较快，教育、科研、基础服务、文化体育与娱乐等是"大众创业、万众创新"的热门行业。深圳市市场和质量监管委数据显示，截至2018年3月25日，深圳累计共有商事主体总量3140724户。其中，企业累计1828321户；个体工商户累计1312403

户。2018年第一季度深圳市新登记商事主体100910户，其中企业66868户，个体户34042户。深圳每千人拥有商事主体250.7户，拥有企业146户，创业密度高居全国第一。这充分反映了深圳在"大众创业、万众创新"过程中持续深化"放管服"改革的显著成效。

"大众创业、万众创新"推动简政放权、放管结合、优化服务的另外一个直接成果是创业活动水平的提高。国家信息中心数据显示，从2016年12月到2017年3月，网民创业热情指数从200左右提升至近350。清华大学中国创业研究中心《全球创业观察2015/2016中国报告》显示，我国早期创业活动指数为12.84%，高于美国、英国、德国和日本等发达国家。深圳市社会科学院与香港中文大学《全球创业观察：香港和深圳研究2016/2017》显示，深圳的早期创业活动指数达16.04%，超过美国（12.63%）、英国（8.8%）、以色列（11.31%），远远超过创新型经济体9.07%的平均值。深圳的总体创业活动指数高达23.38%，超过美国（22.99%）、英国（14.57%）、以色列（15.04%），远远超过创新型经济体15.37%的平均值。

"大众创业、万众创新"的深入推进，必然要求政府进一步创新体制机制实现创业便利化，优化财税政策强化创业扶持，搞活金融市场实现便捷融资，扩大创业投资支持创业起步成长，发展创业服务构建创业生态，建设创业创新平台增强支撑作用，激发创造活力发展创新型创业，拓展城乡创业渠道实现创业带动就业。国务院提出的这些任务和目标的完成和实现，每一项都指向政府的改革与职能转变。双创领域出现的一些新情况、新问题，如商事制度改革后企业仍然面临工商注册登记难的问题，双创活动活跃地区仍然面临创业成本不断提高的问题，国有企业参与双创仍然面临诸多体制性障碍的问题等，使"大众创业、万众创新"倒逼政府改革还具有很大的潜力和空间。

六　双创理念写入联合国决议，"大众创业、万众创新"贡献了解决世界问题的中国方案

2017年4月27日，第71届联合国大会协商一致通过关于纪念"世界

创新日"的第284号决议,确认创新对于每个国家发挥经济潜力至关重要,呼吁各国支持"大众创业、万众创新",认为这将为各国实现经济增长、创造就业凝聚新动力,为包括妇女和青年在内的所有人创造新机遇。中国的双创理念写入联合国决议,贡献了解决世界问题的中国方案,提升了中国国际话语权,说明双创获得广泛国际共识,已经形成国际影响力。

  创业和创新在全球各主要经济体中受到普遍重视,特别是2008年经济危机后的复苏期,创业、创新逐渐被视为实现持续经济增长的主要动力。美国作为全球创业、创新的中心,自二战之后便开始大规模支持创业、创新活动,形成了系统完善的创业、创新服务体系。英国作为工业革命的发源地,创业、创新活动具有良好社会基础,良好的创业环境对全球创业者具有持续吸引力,保持着良好的创业活跃度。以色列的人均创业密集度位居全球第一,拥有完善的以创业者为中心的创业、创新生态系统。

  创业、创新走在前列的主要经济体在创业、创新制度和政策上的突出特点主要包括:在资金支持、政府政策、政府计划、教育和培训、研究与开发转让、商业和专业基础设施的享用权、市场开放程度与市场准入门槛、有形基础设施的享用权、文化和社会规范等创业基础条件上形成总体性优势,拥有良好的创业生态系统和优质的创业环境;创业扶持政策注重优化监管环境,加强创业教育和技能培训,促进技术交换和创新,拓宽融资渠道,培育创业意识和网络化关联;新的创业政策主要面向个体,重视促进新创企业的增长,更多支持企业创业初期和起步阶段的早期发展,注重为企业创造和维持更有利的成长环境;重视创业、创新教育,注重打造系统的创业、创新教育体系,注重培养创新思维和创业精神,促进和鼓励学生、教师的创业、创新;注重培育创业和创新文化,鼓励个人挑战自我、挑战权威,尊重创意,宽容失败。

  如美国出台《美国创新战略》,启动"创业美国计划",设立"国家创客日",实施"美国小企业创新研究计划",开展"创业美国伙伴计划"等。奥巴马总统在其任内推进创业、创新10项政策举措,布鲁金斯学会为特朗普政府提出50项创新政策建议。

以色列创业、创新的强劲动力则主要体现在其富有弹性的社会结构、独特的军事管理制度、高效协同的前沿技术研发网络、宽容失败的创业文化、注重产业化的创新型孵化器建设和政策服务的精准性、活跃的风险投资机构和连续创业等要素上。政府的统筹规划在以色列的创业、创新中发挥了至关重要的作用,如设立专职机构,完善政策法规体系,颁布《产业创新促进法》等创新促进法案,其中《以色列公司法》使以色列成为世界上最容易成立新公司的国家之一;制定一系列支持创新的配套政策,主导研发支持基金、孵化器项目和双边产业研发基金等各类创新基金项目;推动风险投资行业发展,通过政府基金引导,吸引民间及国际风险资本加大对以色列科技创新领域的投资。

作为效率驱动型经济体,我国的创业、创新活动水平总体上落后于主要创新型经济体,但"大众创业、万众创新"的推进大幅提高了我国的创业活动水平。全球创业观察组织发布的《全球创业观察 2016/2017》显示,中国总体创业活动率达到 17.51%,虽然低于美国(20.99%),但高于英国(14.57%)和以色列(15.04%)等创新型经济体。该报告还显示,在中国的创业生态系统 12 项要素评分中,除了学校创业教育、商业与法律基础这两项,均高于亚太地区的平均分。这些积极的变化与"大众创业、万众创新"的推动分不开。

与创新型经济体相比,我国创业、创新的历史相对较短,但"大众创业、万众创新"在习近平总书记提出治国理政新理念、新思想、新战略,全国推进供给侧结构性改革,实施创新驱动发展战略,构建开放型经济新体制,开启全面建成小康社会、加快建设社会主义现代化新征程的宏大时代背景中实施,与人类迎来以数字技术为核心的第四次工业革命革命的浪潮、中国"一带一路"建设开启全球化新征程相呼应,因而具有较高的历史起点。在"大众创业、万众创新"波澜壮阔的实践中,我国的创业、创新活动已经形成独特优势,创造出"强力顶层设计+广泛社会动员+高度包容性发展"的中国模式。

这一模式的主要特点是,首先,由政府根据国家发展实际吸收国际经验，提出适合国情的创业、创新理念，确定创业、创新的总体思路和战略部署，构建国家创业、创新战略，制定推进创业、促进创新的政策措施，建立统筹协同机制。其次，统一思想认识、明确任务分工、落实工作责任，要求相关部门高度重视、认真落实、主动作为、敢于担当，积极研究解决新问题，及时总结推广经验做法，加大宣传力度，加强舆论引导，广泛动员全社会参与，不断拓展大众创业、万众创新的空间，激发亿万群众的智慧和创造力。最后，在理念设计、制度建设、政策实施和工作推进中，始终围绕如何充分发挥市场在创业、创新中的决定性作用，强调政府简政放权、放管结合、优化服务，确保创业、创新的良好包容性，双创覆盖一二三产业、大中小企业，创新生产模式，催生共享经济、分享经济、"互联网+"等众多新业态，惠及所有人群，特别是惠及弱势群体和欠发达地区，促进社会纵向流动、公平正义。随着"大众创业、万众创新"的深度推进，这一模式将会发挥越来越显著的经济效益、社会效益和文化效益，并会为国际创业、创新贡献更多的中国经验和中国智慧。

"大众创业、万众创新"的中国模式具有良好的开放性，结合国际经验，针对全球创业、创新中面临的新问题、新挑战，我国的双创活动可以在改革监管环境、提升创新能力、提升创业创新教育、加强对年轻草根群体的创业技能培训、加强信息通信基础设施建设、为需求驱动的公司提供有导向的项目支持、转变小微企业融资机制、确保商业基础设施的完善、培育和强化创业创新文化、鼓励更多年龄段群体创业、引导进入高附加值的行业进行创业等方面为全球创业、创新做出更多有益的探索。

七　几点建议

"大众创业、万众创新"是新形势下创业、创新的新思路、新战略、新举措，发展态势良好，直接效益和溢出效益显著，但实施过程中也难免会出现这样那样的具体问题，如形式主义、浪费资金、脱离实体经济、忽视旧动能的作用，只顾眼前利益等。在"大众创业、万众创新"的未来发展中，

我们需要认真解决好这些问题。

一是要克服形式主义。双创中的形式主义主要表现为口号大于行动，敷衍了事，注重场面热闹而无实质性行动；或用运动式思维对待双创，创业、创新一阵风，水过地皮湿，走过场了事。一些地方把一些低端产业园区甚至菜市场简单改造后一夜之间就挂上创客空间的牌子；一些地方用跑马圈地的方式建立双创园区或双创基地，用招商引资的方式引进来一些创客或创业创新平台，看上去很热闹，但由于没有真正落实国家有关政策，没有建立创业、创新生态，使基地、园区难以维持运营；一些地方急着树典型、出业绩，把一些没有实质性效益的项目包装为成功案例，虚假宣传创业、创新成效。出现形式主义的原因在于没有深刻领会"大众创业、万众创新"的精神，存在"一哄而上""大炼钢铁"的运动思维，或者是无所作为、消极应付的懒政思维作祟。这种形式主义的东西在双创未来发展中必须杜绝。

二是要提高资金使用绩效。强力的资金支持是确保双创成功的重要条件，但一些地方在双创过程中资金分配行政化，投不准，"撒胡椒面"，投向分散，绩效监管缺失，严重影响扶持效用，甚至造成资金浪费。一些地方的资金使用规划存在求体面不求质量、求规模不求效益、政绩观和产业转型不匹配等情况。在双创未来发展中，要探索建立直接资助、间接资助、支持协同创新、建立服务体系相结合的财政资金支持体系，要进一步完善双创资金支持体系和管理办法，加强对双创资金的监管和规划，更好发挥财政资金精准、有效地支持双创的集聚效应和引导作用。提高资金使用绩效最有效的手段是要发挥市场在资金配置上的决定性作用，激励民间资金特别是风险投资基金对双创的投入，进而提高资金的绩效。

三是要重视创业、创新与实体经济的结合。相关调研显示，一些地方围绕互联网创业的多、围绕商业模式创新的多，而紧密结合本地资源和实体经济开展创业、创新的少，技术创新型创业活动少，对实体经济的发展支撑力不强。在双创未来发展中，既需要科学判断商业模式和运营模式创新是否对同类实体经济产生不公平竞争，及时发现同类商业模式中靠"烧钱"打价格战产生的恶性竞争等微观问题，更需要引导双创围绕创新驱动战略，深入推进供给侧结构性改革，以振兴实体经济，助推行业转型升级为目标，引领创业、创新走在产业变革的前端，将双创的重点放在"转方式，调结构，促升级，提质量"上，充分发挥双创促进新技术、新产品、新业态、新模式发展对实体经济转型升级、动能转换的支持作用。

四是要在推动新旧动能转换过程中注意发挥旧动能的作用。双创是推动新旧动能转换和结构优化升级的重要力量，在引领实体经济转型升级、提升科技创新能力、培育壮大新兴产业和改造提升传统产业等方面具有不可替代的作用。也正因为如此，一些地方一味求新，对传统产业一扫了之，忽视旧动能的作用。这是对新动能和旧动能之间关系简单粗暴的理解，实际上旧动能是可以转换为新动能的。新动能可以通过颠覆性技术进行新一轮技术革命而获得，可以以新经济、新产业、新业态为载体，但也可以通过传统产业和传统经济模式的产业转型升级、效率和质量提升转换而来。新旧动能是经济增长的"双引擎"，新动能对于经济增长贡献和重要性日益提高，但是旧动能仍然是经济发展的重要支撑。

五是不能只顾眼前利益，要着眼未来，始终保持战略定力。一些地方在双创问题上存在各种各样的短视行为，如认为双创不能带来多少直接经济效益，不能增加多少 GDP；或认为双创不过是要多解决几个人的就业问题，等等。实际上，双创是不断提升全社会创新活力和创业动力的一项长期战略，具有长远的经济意义，也是促进社会流动、增强社会发展动力的可持续方略，更重要、更本质、更长远的意义还在于，培养中华民族的创新创业理念、创新创业精神和创新创业文化。双创所孕育的创业精神、创新精神与工匠精神、企业家精神的紧密结合，对我国从传统型国家向创新型国家转型，保持经济社会发展持久动力和活力都具有重大的战略意义。

六是要培养双创的文化生态。每一个创新、每一个创新实施，都源于最初的观点。观点就像种子飘落在土壤中，如果土壤肥厚，气候得宜，它便发芽、破土，茁壮成长，反之则寂然无声地死去。如果说时代的需求、国家的提倡支持和互联网等科技手段为双创营造出良好的气候，那么文化的价值观念和思想方式以及好的制度，则决定了土壤差异，并最终决定双创的成败。

考察世界上各国在创业、创新中的表现就会发现，一些国家一直走在前列，而一些国家只能蹒跚而行，何以如此？文化使然。

"苏州司业诗名老，乐府皆言妙入神。看似寻常最奇崛，成如容易却艰辛。""大众创业、万众创新"具有天然的开放、包容品格，知识、智慧、创意、技术、资本和文化在其中互动交融，必将不断开辟中国经济社会文化进步的新境界，促进中华民族可持续发展，助推中华民族走向伟大的复兴。

王京生

国务院参事

前言　创新型国家建设与深圳创新体系分析及思考

党的十九大报告提出，创新是引领发展的第一动力，是建设现代化经济体系的战略支撑，并把加快创新型国家建设的目标，历史性地提到了两个百年的宏伟蓝图之中。深圳作为一直引领中国改革开放的创新型城市，在创新型国家建设中，必将继续以敢闯敢干的勇气，以制度创新和技术创新的实践，完成新时代所赋予的新的历史使命。

我认为，把创新发展提到国家战略的高度，是40年来中国改革开放实践的经验所得，是发展观的转变与发展理念的革命，是对经济社会和人类文明发展进程的再认识，是中国共产党执政水平和能力的展示，更是马克思辩证唯物主义和历史唯物主义中国化的时代体现。因为，我们曾有过不惜一切谋发展的历史，曾有过以更多的财富消耗来创造财富的尴尬，曾有过唯GDP而GDP的非理性，曾经历过，甚至目前仍在经历着由于要素禀赋低下而带来的产业结构低下的困扰，更体会到仅凭价格优势获取国际贸易市场份额的不可持续性，以及由此带来的在国际分工链条中处于末端地位的窘境。所以，创新作为"建设现代化经济体系的战略支撑"，是推进"四个全面"的内在动力，是实现"五位一体"的路径选择，是贯彻新发展理念、建设现代化经济体系的必由之路，是实现两个百年目标的机制保障，更是中国共产党新时代的新理念、新思想、新战略的重要组成部分，同时还将以中国转型的独特道路丰富、发展、完善中国政治经济学理论体系和社会主义市场经济理论体系。

创新型国家建设，首先需要有利于创新型社会形成的制度环境及社会运行体系。体系作为一种制度安排，是降低或增加交易费的机制系统。所以，

在谈到创新型国家建设时，十九大报告明确指出：加强国家创新体系建设，强化战略科技力量。深化科技体制改革，建立以企业为主体、市场为导向、产学研深度融合的技术创新体系，加强对中小企业创新的支持，促进科技成果转化。倡导创新文化，强化知识产权创造、保护、运用。培养造就一大批具有国际水平的战略科技人才、科技领军人才、青年科技人才和高水平创新团队[①]。

改革开放40年来，深圳在创新机制体制方面走在了全国的前列，尤其是在以企业为主体、市场为导向、产学研深度融合的技术创新体系构建方面，在支持中小企业创新、促进科技成果转化方面，在倡导创新文化，强化知识产权创造、保护、运用方面，在引进、培养、造就具有国际水平的战略科技人才、科技领军人才、青年科技人才和高水平创新团队方面，深圳率先做了实践、探索，形成了可借鉴、推广的经验。

按照联合国开发计划署（UNDP）的区域创新环境三维评价方法，深圳创新已呈现出鲜明的由创新要素禀赋决定的"塔形创新体系"，即"塔基（创新基础）+塔身（创新主体）+塔尖（创新方向）"三位一体的塔形创新结构。深圳形成的以制度环境优化为背景、以创新要素集聚为支撑、以民营企业为主体、以高科技产业为方向的"塔形创新体系"，在市场规律的作用下，已经自发地形成了"制度供给—市场结构—市场行为—创新绩效"（SSCP）的发展范式，并呈现出高绩效实现、高活动活力、中度环境支撑、低要素投入的在全国具有一定引领、示范作用的双创城市品质[②]。

所谓高绩效实现，是指深圳创业、创新资源投入在市场上转化为有效商品需求的能力高，个人、企业和其他组织通过创业、创新行为在市场上能够获得较高边际要素收益；所谓高活动活力，是指随着创新主体在"干中学"中获得成功，其行为模式获得社会广泛认可，并激励"大众""万众"模仿，从而使深圳进入"循环累积、自我强化"的创新阶段；所谓中度环境

---

① 引自十九大报告。
② 王京生、陶一桃：《双创何以深圳强？》，海天出版社，2017，第5~114页。

支撑,是指深圳在支撑研发和技术转化方面相对北京、上海等中心城市有所不足;所谓低要素投入,是指以较少的要素投入实现了较高全要素生产率,即深圳市在创新要素禀赋匮乏的基础上,以相对较少的创新要素投入,走出了一条集约发展并且创新市场转化率高的道路。

联合国开发计划署所使用的区域创新环境三维评价方法是一个由创新环境、创新资源能力、创新绩效价值3个一级评价指标为基本框架的三位一体的评价体系,它下面还包括9个二级指标和19个三级指标,是国际社会通用并具有公认度的评价区域创新能力的指标体系[1]。

所谓创新环境,是指由制度环境决定的创新要素的自由配置环境,它既包括一个社会鼓励创新的宽松而包容的制度文化安排,又包括创新要素的拥有及自由流动,这是创新的基本保障与前提,更是双创的制度性土壤。这一指标包括市场条件、开放环境和教育培训3个二级指标。市场条件主要是指所有制结构。截至2016年底,深圳有民营企业145.3万家,占总企业数的96.6%,比2015年底增加了34.2%,对GDP的贡献率在60%以上,税收贡献率近50%[2]。这说明深圳市场经济比较成熟,经济的自由度与活跃度比较高,有利于自主创新和持续创新。开放环境,主要是通过进出口金额变动来评价国际市场参与度和开放度的指标。2016年深圳进出口总额26307.01亿元,其中出口总额为15680.40亿元,连续24年居于内地城市之首;高新技术产品出口总额8019.84亿元,占出口总额的51.1%[3],表现出高新技术产业对出口额的强劲支撑力。这一指标说明深圳是一座国际市场活跃度比较高、外向型经济强劲并且具有产品竞争力的城市,同时还具有巨大的创新价值。教育培训,是以创业教育和技能培养规模来衡量创业支撑度的指标。在这个指标方面,仅从本地普通高等院校数量和MBA课程提供方面,深圳并不占优势,远在北京、上海、广州之后,也在苏州、西安等城市之后。深圳

---

[1] United Nations Development Programme, *Handbook on Planning, Monitoring and Evaluating for Development Results*, 2009, p. 37. http://www.undp.org/eo/handbook.
[2] 深圳市市场和质量监督管理委员会和深圳市统计局官网。
[3] 2016年深圳市国民经济和社会发展统计公报。

对高层次人才的吸引力,也同样弱于北京、上海、广州等城市。

所谓创新资源能力,体现为一个社会创新的能力,它强调的是本地区高效地调动、使用各类公共部门资源与私人资源的能力,以及持续创造经济与社会效益的能力。这一指标包括人才、资金、载体、研发与技术转化4个二级指标。

(1)人才。这是通过从业人员中研发(R&D)人员占比和高等学历人口占比来体现的。在从业人员中研发人员占比方面,深圳位于北京、上海、广州之后。每10万人大学教育程度人口拥有量,是反映人才资源密度的指标。在这方面,深圳高于全国平均水平,仅次于北京、西安、上海、广州①。

(2)资金。2016年深圳全社会研发经费投入超过800亿元,占GDP的4.1%,仅次于北京、西安;深圳固定资产投资总额占GDP的比重是20.92%,同期全国(城镇)这一指标水平为80.2%②。如果固定资产投资总额占GDP比重过高甚至超过100%,说明投资过大,消费不足。根据国际经验,发展中国家的固定资产投资总额占GDP的比例平均在20%~30%,发达国家平均在15%~20%。结合目前深圳人均GDP水平,单从固定资产投资总额占GDP比重这一指标来看,深圳固定资产投资水平已可比照发达国家,处于较为良性均衡的状态。

(3)载体。包括重点实验室、技术中心、孵化器数量,企业年新生率,及净企业数量变化率。截至2016年底,深圳高新技术企业8037家,低于北京,位居全国第二;重点实验室250个,低于北京、广州,位居全国第三;工程技术中心293个,与排名第一的苏州(996个)差距较大;科技企业孵化器284家,高于苏州(186家)③。2016年,深圳新设立企业总数560835家,同比增长21.5%,企业年新生率37.28%,即每100家企业中有37.28

---

① 各城市2015年全国1%人口抽样调查主要数据公报。
② 中华人民共和国2016年国民经济和社会发展统计公报和2016年深圳市国民经济和社会发展统计公报。
③ 各市政府科创部门官网。

家是年内新生的；企业总数比前一年增加近37.58万家，净企业数量变化率为24.98%，即每100家企业中净增企业数量为24.98家①。尽管从企业总量上看，深圳在上海、北京之后，位居第三，但从企业年新生率和净增企业数量上看，深圳是中国最活跃的城市。

（4）研发与技术转化。根据比较公认的标准②，知识密集型服务业主要包括金融业，信息传输、软件和技术服务业，租赁和商务服务业，科学研究和技术服务业。深圳市4个主要的知识密集型服务业的从业人员数为116.28万人，占全部从业人员的12.92%，每10万名从业人员中，有12925人从事知识密集型服务行业的工作。北京每10万人中有33389人，上海每10万人中有18302人，苏州每10万人中有6808人。知识密集型服务业是研发与技术转化的重要推动力量，深圳在这方面的总量低于北京和上海，意味着深圳在支撑研发和技术转化方面的资源能力相对不足。但是，从新设企业的行业分布来看，2015年深圳每增加100家企业就有近30家属于知识密集型服务业③。

所谓创新绩效价值，体现为本地双创资源投放价值，反映创业、创新资源投入产出效益及其经济成果，包含盈利和专利两个二级指标。战略性新兴产业和高新技术产业的快速发展，既能说明产业结构已经迈向知识型和技术型，又反映了创业、创新活动的活跃。深圳战略性新兴产业增加值从2013年的5314.78亿元增加到2016年的7847.72亿元，占GDP比重由36.47%提高到40.3%。在"十二五"期间，深圳七大战略性新兴产业年均增长近20%，成为促进经济稳定增长的主引擎④。从深圳地区战略性新兴产业增加值占全国的比重来看，2016年的占比达3.2%，高于同期上海的1.7%，凸显了深圳新兴产业发展在全国的重要地位。

专利申请量是衡量知识产权创造能力的重要指标，展示了一个城市的创新发展程度。在创业、创新政策评估指标体系中，通常用本地区专利申请量

---

① 深圳市市场和质量监督管理委员会官网。
② 魏江、黄学：《高技术服务业创新能力评价指标体系研究》，《科研管理》2015年第36期。
③ 各市统计局网站。
④ 2013~2016年深圳市国民经济和社会发展统计公报。

以及人口占比,来评估创业、创新政策实施的绩效成果。2016年,在全国各大城市的专利申请量排名中,深圳市以14.53万件的申请量位列榜单第二,仅次于北京。依照目前公布的数据来看,全国专利申请量超过10万件的城市只有北京、深圳、上海和苏州。深圳市2016年每1万人口专利申请量为122件,位居第一;苏州(每1万人口专利申请量100件)排名第二;总申请量最大的北京,每1万人申请量为87件,排名第三。在专利密度方面,深圳市领先于除苏州以外的各大城市①。

可以说,深圳在不断改革创新中形成的SSCP塔形创新体系与发展范式,是坚持全面深化改革、坚持创新发展理念的结果与收获。深圳发展的成就同时证明:发展是解决我国一切问题的基础和关键,只有社会主义才能救中国,只有改革开放才能发展中国、发展社会主义、发展马克思主义②。

创新不仅可以让一个社会拥有更多的财富与资本,通过增加产品的附加值来改善一国的贸易结构,以减少资源消耗的方式创造价值,为人类自身创造令人难以置信的美好生活和神奇的未来,更重要的是它将改变人们的观念,并以观念的力量改变社会。从长远来看,创新给人类带来的文化和观念的收获甚至高于创新所创造的财富或产值。这或许就是十九大报告中提出加快建设创新型国家目标的深层意义之所在。作为中国最成功的经济特区,深圳40年来稳步高速发展和始终引领中国创新实践所形成的持续的生命力与魅力,印证了十九大报告中关于"创新是引领发展的第一动力,是建设现代化经济体系的战略支撑"的科学判断。

党的十九大报告指出,我国经济已由高速增长阶段转向高质量发展阶段,正处在转变发展方式、优化经济结构、转换增长动力的攻关期,建设现代化经济体系是跨越关口的迫切要求和我国发展的战略目标。必须坚持质量第一、效益优先,以供给侧结构性改革为主线,推动经济发展质量变革、效率变革、动力变革,提高全要素生产率,着力加快建设实体经济、科技创新、

---

① 引自各市政府知识产权管理部门官网。
② 引自十九大报告。

现代金融、人力资源协同发展的产业体系，着力构建市场机制有效、微观主体有活力、宏观调控有度的经济体制，不断增强我国经济创新力和竞争力①。

经济创新力和竞争力，无疑构成了创新型国家体系的内容与结果。但是，政府是创新的倡导者与守护者，而非创新的主体；创新应该是政府提供制度保障的市场行为，而非政府行为。

政府的政策推动是短期内迅速形成双创制度文化氛围的主要因素，但不是根本原因。一方面，政府的政策推动对以自上而下的强制性制度变迁为主导的中国社会来说，在一定程度上和一段时期内是不可或缺而又有效的；另一方面，优惠政策从根本上说只能是权宜之计，特事特办的制度安排永远不可能，也不应该代替成熟且法治化的制度安排。长远来看，提供有利于创新的制度文化环境，既是政府的首要职责，又是双创可持续发展的土壤和保障。

先有明智、理性的政府，才会有法治化、宽松、包容的制度文化环境。这要求地方政府要有远见卓识，要有用权力剥夺权力的勇气，要有由服务型政府走向授权型政府的胆识。以增加有效制度供给的方式，用宽松的制度文化环境降低双创的制度成本，从而提高制度绩效；以法律的力量完善双创分配制度，保障双创主体权益，营造公平、宽容、有序的竞争环境；以市场的力量集聚高端双创要素，保证双创资源配置效率，在实现要素价值的同时，实现双创结果的帕累托最优。

"支持民营企业发展，激发各类市场主体活力"② 是建设创新型国家的重要社会经济基础。从深圳的实践来看，占深圳所有制结构90%以上的民营企业，正是这座新兴城市最具有潜力和生命力的创新主体。如果说市场是创新价值实现的检验者，那么具有企业家禀赋的市场中的经济人，就是最具活力与动力的创新主体。所以培育企业家阶层，是降低创新机会成本的最优选择。

遵循市场规律是一个创新社会成长、发展的基本路径选择。市场需要政

---

① 引自十九大报告。
② 引自十九大报告。

府,但政府替代不了市场。"政府是掌舵者而非划桨者"①,市场及市场中的经济人比政府更善于划桨。

十九大报告中指出,"必须坚持和完善我国社会主义基本经济制度和分配制度,毫不动摇巩固和发展公有制经济,毫不动摇鼓励、支持、引导非公有制经济发展"②。同时强调"要支持民营企业发展,激发各类市场主体活力,要努力实现更高质量、更有效率、更加公平、更可持续的发展"③。民营企业家作为熊彼特笔下的真正的企业家,他们完全有可能摆脱行为选择上的急功近利,不会单纯地为了创新而创新,也不会为了一夜暴富而创新。实现个人理想王国的梦想,会让他们充满热情与理性地去创新。他们不怕冒险,甚至冒险已经成为他们与生俱来的品格。他们更懂得权衡成本与收益,更会把握时机与政策,更深谙投机的利弊与得失,更明白选择的收益与代价。同时,深圳所形成的成熟而规范的产权界定方式与收益分配方式,又以市场规则的方式激励着这一具有无限创造力和创新力的生机勃勃的双创主体。

从全国来看,民营企业用近40%的资源,创造了我国60%以上的GDP,缴纳了50%以上的税收,贡献了70%以上的技术创新和新产品开发,提供了80%以上的就业岗位④,成为社会主义市场经济的重要组成部分和我国经济社会发展的重要基础,深圳双创的绩效就是一个精彩的印证。

创新型国家是以高新技术产业为引领的社会,而高人力资本密集度产业是开展双创的主战场,科技产业化是构建创新与产业发展良性循环的基础。

深圳经济特区成立37年后的今天,战略性新兴产业已经成为深圳经济增长的支柱,这是深圳市历届政府明智选择的结果。自20世纪90年代中后期始,发展高科技产业就已经成为深圳产业选择的方向,这一正确决策使深圳至今仍然在收获着创新驱动的"红利",并领先完成产业结构调整与优

---

① 戴维·奥斯本、特德·盖布勒:《改革政府:企业家精神如何改革着公共部门》,周敦仁译,上海译文出版社,2006。
② 引自十九大报告。
③ 引自十九大报告。
④ 叶碧华、朱甜甜:《中小企业生存报告:创业主要集中在六大领域》,《21世纪经济报道》(数字版),2017年10月31日,第1版。

化。2016年上半年深圳经济增长数据显示，七大战略性新兴产业增加值增长13%，是GDP增速的1.5倍。而2015年七大战略性新兴产业对深圳GDP的贡献率在40%以上，这个贡献率与同年民营企业对深圳GDP的贡献率（42.8%）非常接近[①]。这不仅说明了战略性新兴产业对增长的作用，更加证明了民营企业和由民营企业主导的战略性新兴产业是深圳经济的坚实支柱（深圳战略性新兴产业90%以上是民营企业），而深圳双创，正是在具有较好基础和发展空间的高资本密集型、高技术密集型和高人才密集型战略性新兴产业及其相关产业领域展开的。可以说这是深圳得天独厚的"所有制+产业"的发展优势，这一优势也是有利于双创的来自社会经济结构和产业结构的优势。

培育、激发文化的创新、创造活力，是建设创新型国家的文化土壤。移民城市的特质赋予了深圳与生俱来的冒险精神和敢为天下先的勇气与品格，这是一种观念的力量，也是一种文化的力量。

党的十九大报告指出："没有高度的文化自信，没有文化的繁荣兴盛，就没有中华民族伟大复兴。要坚持中国特色社会主义文化发展道路，激发全民族文化创新创造活力，建设社会主义文化强国。"[②] 观念不能直接改变社会，但观念能够改变人，而人则能改变世界。说到底，创新不是来自鼓励创新的政策，而是源于不同文化、理念的碰撞。人是创新的主体，也是创新的源泉。在一个封闭、保守的文化共同体中是很难创新的。当当年的移民他乡变故乡时，文化的多元性还在；开放包容的人才引进政策，继续着文化的兼收并蓄和文化与文化的碰撞。

在20世纪90年代中期就实施的高新技术人才的引进政策，使深圳以要素禀赋的优势，顺利完成了产业结构的优化。

创新不是一场运动，而是一次足以带动中国产业结构调整和经济转型的伟大革命，是转型中国由政策开放走向制度开放的必然选择，是由外向型经

[①] 深圳统计局网站。
[②] 引自十九大报告。

济走向开放型经济的一条路径。创新的关键在于培育视创新为民族生命力的认知与理念,在于培育一种正确的发展观与价值观。这种发展观和价值观不仅是对以往以更多的财富消耗来创造财富的"野蛮创造"的反思,更是对未来发展趋势的一种定位。那就是,创新将作为一种稀缺生产要素,成为创造财富与价值的源泉。所以,不摒弃急功近利的短视,不真正改变唯GDP的政绩评价体系,创新就不会是一种文化,一种淡定的生活方式,一种创造财富与价值的体系,而只能是带着光环的浮躁。

创新需要热情,更需要理性;需要政策,更需要市场。创新预示着收获,也包含着失败;预示着可能的收益,也包含着不可避免的沉没成本。很多人收获的不是梦想成真的伟大,而是为实现梦想奋斗的历程,但两者无论对社会还是个人都是财富。一个充满创新精神的社会,一定是一个包容失败、赞赏奋斗、崇尚精神、摒弃急功近利的社会。在享受创新中创业,在敬畏发明中创造,这是创新型社会应有的品格与秩序。创新不是一夜暴富的狂热,更不是投机的侥幸,而应该是一个社会创造财富以及使更多的人能够有尊严地生存的良好状态。

十九大报告中指出:"十八大以来,国内外形势变化和我国各项事业发展都给我们提出了一个重大时代课题,这就是必须从理论和实践结合上系统回答新时代坚持和发展什么样的中国特色社会主义、怎样坚持和发展中国特色社会主义。"① 应该说,深圳不仅以其自身的先行先试为中国社会制度变迁提供着可借鉴的经验,而且在很大程度上以制度创新的方式回答着中国道路的实质与内涵。深圳创新体系形成给我们带来的启示与思考,正是在不断改革中探索着这样的重大理论与现实问题,从而丰富着中国社会主义市场经济理论体系。

陶一桃

---

① 引自十九大报告。

目 录

Ⅰ 总报告

B.1 中国双创发展情况分析报告 ………………… 魏建漳 王学龙 / 001
    一 宏观背景与研究意义 ……………………………………… / 002
    二 双创指数构建与评估机制 ………………………………… / 004
    三 测度结果与综合分析 ……………………………………… / 016
    四 基本判断与对策建议 ……………………………………… / 020

Ⅱ 中国双创指数篇

B.2 双创指数城市排名分析 ………………………… 王学龙 周明旸 / 023
B.3 双创指数子特征排名分析 ……………………… 王学龙 周明旸 / 036
B.4 双创主要指标分析 ……………………………… 魏建漳 周明旸 / 065

Ⅲ 区域篇

B.5 基于双创指数的区域总体情况分析 …………… 于 潇 王学龙 / 089
B.6 深圳市国际科技产业创新中心建设路径 ………………… 魏建漳 / 097
B.7 深圳市南山区科技金融发展模式 ………………………… 黄恒中 / 119

001

B.8 创客发展环境与我国双创面临的挑战……………………杨　文 / 167
B.9 我国双创模式的新探索与展望………………………………于　潇 / 182

Ⅳ　国际篇

B.10 国际双创指数分析………………………………魏建漳　龙金林 / 204
B.11 国际创新中心城市发展新趋势…………………于　潇　张静云 / 237

B.12 后记……………………………………………………………… / 265

Abstract …………………………………………………………………… / 268
Contents …………………………………………………………………… / 270

总报告

General Report

B.1 中国双创发展情况分析报告

魏建漳 王学龙*

摘　要： 本报告通过构建中国双创指数，对全国"大众创业、万众创新"活动进行系统性分析。中国双创指数指标体系包括环境支持、资源能力和绩效价值3个一级指标、9个二级指标和30个三级指标，可据以测度和对比全国100个主要城市的创业、创新发展程度。通过对全国100个城市相关数据进行采集、处理和计算分析，对城市双创发展进行综合测评和分维度测评，有利于更加准确地理解我国双创发展形势。

关键词： 创新　创业　指数

---

* 魏建漳，经济学博士，"一带一路"国际合作发展（深圳）研究院研究员，主要研究领域为创新创业、产业政策、产业规划；王学龙，经济学博士，"一带一路"国际合作发展（深圳）研究院研究员，主要研究领域为产业政策、社会流动、劳动力流转。

一 宏观背景与研究意义

（一）研究背景

2015年12月中央经济工作会议与中央城市工作会议同时召开，中央经济工作会议提出"坚持深入实施创新驱动发展战略，推进大众创业、万众创新，依靠改革创新加快新动能成长和传统动能改造提升"，中央城市工作会议提出"优化创新创业生态链，让创新成为城市发展的主动力，释放城市发展新动能"。两大工作会议表明中国经济发展必须重视城市的基础性作用，城市是创业、创新大战略的核心载体。城市创业、创新的定位被提升到中国经济转型、供给侧改革与动能转换的政策高度，目前正需要定量分析为政策制定者提供有价值的参考依据。

目前国内关于创新的研究较多，比较有影响力的创新评价体系有科技部的《副省级城市和部分重点城市科技创新能力评价指标体系》、中国人民大学的《中国31省市区创新能力评价指标体系》、中国城市发展研究会的《中国城市创新能力科学评价》和杭州市的《杭州创新指数》等；创业方面的研究比较缺乏，主要有中国人民大学的《中国城市创业指数》。但大部分创业、创新研究针对国家、省区域层面或局限于比较发达的地区，对中西部和东北部地区的研究较少，所涉及的城市样本量也较少。

从国际上看，创业、创新目前不仅成为一种风尚，也成为各个经济中心寻求新的经济增长点、提升国际竞争力的重要引擎。许多国家基于独特的社会历史环境和优势产业，建成了多个具有强大竞争力的创业、创新中心，从美国的硅谷、纽约，到欧洲的伦敦、巴黎，再到亚洲的首尔、东京，各个创新中心城市依据其发展特色迅速崛起成为国际创新城市网络中的重要枢纽或节点。

国际上的研究机构非常重视对新创企业及其发展的评价与测量，并将其作为衡量地区经济发展水平、经济发展活力、经济发展质量以及经济发展潜力的重要指标。在已经发布的国际创新指数中，比较权威的包括2thinknow发布的《全球创新城市指数》、世界经济论坛发布的《全球创新指数报告》以及《硅谷指数》。在创业指数方面，比较权威的是英国伦敦商学院发布的全球创业观察指数（GEM）、美国最有影响力的新创企业指数考夫曼创业活动指数和Compass公司提出的全球创业生态系统指数。这些国际创业、创新指数对全球范围内的科技创业、创新地区或城市进行排序，以衡量其发展水平。

（二）研究意义

随着国际科技竞争日益激烈，全球进入信息化时代的步伐不断加快，衡量一个国家和地区创新能力的意义日益凸显。中国双创指数构建了一套综合性较强的、可量化的指标体系，较为全面地评估了我国大部分主要城市的创新环境与创新能力，是反映城市创业、创新发展的重要风向标，也是推动我国建设创新型国家的实际需要，对我国的创新实践有非常重要的指导意义。

首先，为城市管理者提供有价值的决策依据。在"大众创业、万众创新"的浪潮下，城市作为创业、创新的生态系统和发展主体，客观和系统评价其发展程度有助于把握城市总体创新能力和各领域创新水平的变化，明确未来发展趋势，指出存在的缺失与改进方向，为政府的创业、创新决策提供参考。

其次，为城市实现国际性对比提供方法和依据。中国双创指数的编制是在"一带一路"国际合作发展（深圳）研究院的指导下，由深圳市实维经济咨询有限公司的研究团队完成的。指数的编制和研究工作借鉴了国内外前沿科技创业、创新评价指标技术，旨在使指数具有国际可比性，只有与国际先进地区进行比较，才能体现出真正的创新发展水平。

最后，为创业者和投资者的创业投资提供参考。中国双创指数是对中国100座城市创业、创新现状的动态指数评估。通过大数据技术整理海量城市级数据，意在为创业者找到合适的创业地点，为投资人找到合理的投资区域。对于寻找全国热门创业城市、挖掘热点创业领域具有重大意义。

二 双创指数构建与评估机制

（一）中国双创指数指标体系的构建原则

根据中央城市工作会议精神，城市将建设成为汇聚创业、创新动力的中心，以及形成大众创业和万众创新格局的经济发展主体，以实现创业、创新生态链的优化，让创新成为城市发展的主动力，释放城市发展的新动能。为进一步把握全国城市创业、创新竞争力的发展与变动规律，科学评估城市创业、创新的进程，构建一套能够综合评估双创发展的指标体系就成为当前的需求。在这样的背景下，"一带一路"国际合作发展（深圳）研究院开展了中国双创指数指标体系的研究，并形成一套与国际接轨，符合中国国情，可横向分析，强调创业、创新发展特色的指标体系。

中国双创指数指标体系的构建主要基于以下几个方面的考虑。

第一，以创业、创新生态链的角度搭建指标体系框架。创业、创新生态链具有动态、自演化的循环生态系统模式（环境—资源—绩效）：由制度环境决定的创业、创新要素配置和流动方向，构成双创发展的基本保障和前提；由社会资源提供的创业、创新能力，体现一个城市调动与使用各种资源实现双创发展的效率；由发展绩效反映的创业、创新产出效益，衡量一个城市在双创发展过程中的价值实现；环境—资源—绩效系统在城市双创发展的进程中逐渐形成引导反馈、结构优化的循环效应（见图1）。制度环境提供了公平与平等的机会；资源能力形成持续高效的资源配置；价值实现促进正反馈并积累强化创新成效。综上所述，该体系采用了联合国的创业、创新政策评价指标体系和三元（支撑、能力、价值）创新环境评价体系的方法，完全对应了双创生态链的特征模式。

第二，重视国际标准，指标的构建借鉴国内外相关指数研究（见表1与表2），2/3的指标具有国际可比性。对国际和国内各类创新指数与创业

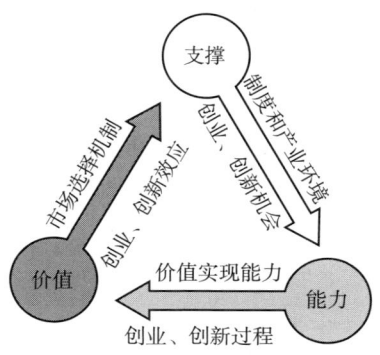

图 1 双创发展的循环效应

指数进行综合分析和比较,参考国际上通用的创新及创业指标,选取具有较强国际可比性的指标进行测度。例如:在制度文化方面重视对商业信用环境的测度;在基础设施配套方面,以公共交通效率、综合医院占比、互联网宽带普及率等为主要表征;以首次公开募股(IPO)规模表征创业资本集聚;以每万元GDP能耗表征能源利用效率和可持续发展。

表 1 国际有关创业、创新的指标体系

指标体系名称	主要发布机构	体系测评关注范围
全球创新指数 (Global Innovation Index, GII)	联合国专门机构世界知识产权组织(WIPO)、康奈尔大学(Cornell University)、英士国际商学院(INSEAD)	创新投入、创新行为、创新产出
全球知识竞争力指数 (World Knowledge Competitiveness Index, WKCI)	英国罗伯特·哈金斯协会(Robert Huggins Associates)	人力资本、知识资本、金融资本、经济产出和知识可持续性
硅谷指数 (Silicon Valley Index)	硅谷联合投资(Joint Venture Silicon Valley)、硅谷社区基金会(Silicon Valley Community Foundation)	人口、经济、社会、空间、管理等
英国《经济学家》智库创新指数 (Economist Intelligence Unit, EIU)	英国《经济学家》智库	创新投入和产出、创新绩效和创新环境等
考夫曼创业活动指数 (Kauffman Index of Entrepreneurial Activity, KIEA)	考夫曼基金会(Kauffman Foundation)	美国年度创业活动、创业人口比例、商业活动等

续表

指标体系名称	主要发布机构	体系测评关注范围
全球创业观察指数 (Global Entrepreneurship Monitor, GEM)	美国巴布森学院(Babson College)	基础要求要素、效率提升要素、创新创业要素
全员早期创业活动指数 (Total Early-stage Entrepreneurial Activity, TEA)	美国巴布森学院(Babson College)	个人早期创业活动(来源于GEM)
世界银行集团创业调查 (World Bank Group Entrepreneurship Survey, WBGES)	世界银行集团(World Bank Group)	新注册公司数量、劳动力人口
营商环境便利指数 (Ease of Doing Business Index, EDBI)	世界银行集团(World Bank Group)	商业监管法律制度、监管程序复杂性和成本
联合国贸易和发展会议的创新能力指数 (UNCTAD Innovation Capability Index)	联合国贸易和发展会议(UNCTAD)	技术创新活动和人力资源等
全球创业指数 (Global Entrepreneurship Index)	全球创业发展研究所(Global Entrepreneurship and Development Institute)	创业态度、创业活动、创业愿景
全球创业生态报告 (Global Startup Ecosystem Report)	Startup Genome	创业个体所处的环境、创业资源、创业活动等
德勤全球制造业竞争力指数 (Global Manufacturing Competitiveness Index)	德勤有限公司(Deloitte Global)	制造业受宏观环境因素的影响
日本科学技术综合指标 (General Indicators of Science and Technology, GIST)	日本文部科学省(Ministry of Education, Culture, Sports, Science and Technology)	R&D 支出、R&D 人员、高等教育、R&D 产出及科学技术和创新

表2 国内有关创业、创新的指标体系

指标体系名称	主要发布机构	体系测评关注范围
国家创新能力指数	中国科学技术发展战略研究院	公共创新基础设施、创新集群环境、创新网络、创新产出等
中国城市创业指数	中国人民大学中国调查与数据中心	创新型创业和产业型创业对比

续表

指标体系名称	主要发布机构	体系测评关注范围
中国31省市区创新能力评价指标体系	中国人民大学	创新资源、攻关、辐射、网络、持续性五大能力,创新技术、价值、人才三大实现
副省级城市和部分重点城市科技创新能力评价指标体系	科技部	副省级城市的科技创新能力
中关村指数	北京市统计局	经济增长指数、经济效益指数、技术创新指数、人力资本指数和企业发展指数
上海科技创新中心指数	上海市科学学研究所	创新资源及距离、科技成果影响力、创新创业环境吸引力、新兴产业发展引领力、区域创新辐射带动力
浙江省科技进步考核体系	浙江省科技厅	科学技术研究开发与推广应用、高新技术及其产业、研究开发机构、科学技术工作者等
中国城市创新能力指数	城市发展研究会	创新基础与支撑能力、技术产业化能力、品牌创新能力
杭州创新指数	杭州市科技局和杭州市科技信息研究院	创新基础、创新环境、创新绩效

第三,指标数据必须具备科学性和可获取性。《"十三五"国家科技创新规划》中主要指标所涉及的数量过半,体系中大多指标与国家科技重大专项高度相关。该体系重点关注《国家创新驱动发展战略纲要》中所设定的战略任务,并以此为导向进行指标构建。此外,体系还对标《国务院办公厅关于建设大众创业万众创新示范基地的实施意见》(首批及第二批)中所提出的多项政策举措,以及《中国制造2025》中所提出的有关制造业指标,以保证所有指标具备充分的逻辑解释和理论意义。数据主要来源于各省份或地区统计机构公布的统计公报和统计数据。

第四,指标设置注重体现创业、创新的特点和趋势。不同于传统的常规性创业、创新指标大多依赖官方来源的评价办法,该体系采用了一部分高校系统、民间智库或第三方机构所发布的,对创业、创新发展有影响的测评指数。例如,在政府管理方面,采用了北京师范大学政府管理研究院主导发布的《中国地方政府效率研究报告》中的省级/地级市政府效率指数,在制度文化方面,采用了由中国城市商业信用环境指数课题组发布的中国城市商业信用环境指数（CEI），同时应用中国物流与采购联合会主导发布的中国电商物流运行指数（ELI）来测度物流情况，以腾讯研究院发布的《中国"互联网+"数字经济指数》来表征"互联网+"在双创中的发展状况等。此外，还有部分指标反映了当前阶段与双创发展关联度极高的趋势和动向，但不属于官方常规统计内容，无法从官方渠道直接获得，则通过有关机构获取数据。例如，以新三板挂牌数量表征地区创业公司的活跃程度，以空气质量环境优良率作为生态、生活、工作以及创业、创新环境的重要影响因素。

（二）中国双创指数指标体系的构建方法

在对来自国际和国内的各类创新指数与创业指数进行综合分析和比较的基础上，中国双创指数指标体系以联合国所采用的评价体系的框架和功能为依据，选取反映中国城市创业、创新发展禀赋、能力、成效的指标，构建可以科学衡量城市双创发展情况的指标体系（见图2）。

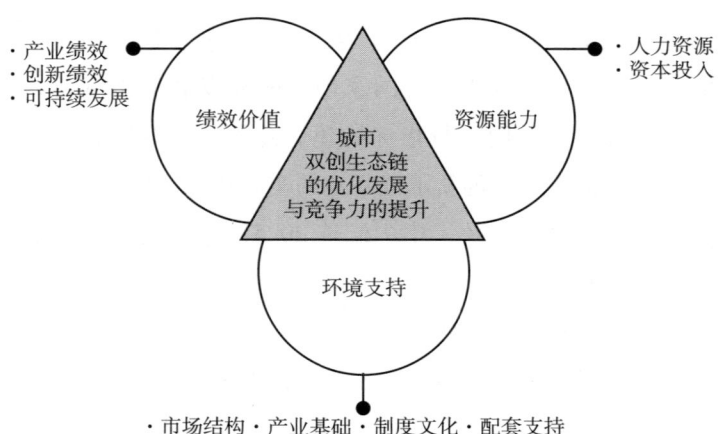

图 2　双创环境支持、资源能力和绩效价值

中国双创指数指标体系包括 3 个一级指标、9 个二级指标和 30 个三级指标（见表3）。

表3 中国双创指数指标体系

一级指标	二级指标	三级指标
环境支持	市场结构	非公有制企业数量占比(%)
		小微企业数量占比(%)
		外商投资占GDP比重(%)
	产业基础	对外进出口总额(亿元)
		规模以上工业总产值(亿元)
		民间资本固定资产投资总额占GDP比重(%)
	制度文化	政府效率指数
		商业信用环境指数
		每万人图书馆数量
	配套支持	公共陆路交通效率(万人/天)
		物流业指数
		互联网宽带普及率(%)
		综合医院占医疗机构比重(%)
		国家级科技企业孵化器数量(个)
资源能力	人力资源	净流入常住人口(万人)
		高等学历人口比例(%)
		知识密集型服务业就业人员比例(%)
		普通高校在校生数量(万人)
	资本投入	科学技术支出占GDP比重(%)
		规模以上工业企业新产品开发经费支出(万元)
		年度IPO规模(亿元)
		年度新三板上市企业数量(家)
绩效价值	产业绩效	人均GDP(元)
		高技术产业增加值占GDP比重(%)
		规模以上工业企业新产品产值(万元)
	创新绩效	专利授权量(件)
		每万人国内发明专利申请量(件/万人)
		"互联网+"数字经济指数
	可持续发展	单位GDP能耗(吨标准煤/万元)
		空气质量优良(二级及以上)天数占比(%)

环境支持的表征指标主要反映创业、创新的外部环境影响因素、政策制度影响、基础配套条件等情况,主要包括以下指标。

市场结构：非公有制企业数量占比（主要表征民营企业的发展环境）；小微企业数量占比（反映创业、创新主体力量的指标，在一定程度上也反映了地区商业模式创新、创新生态群落以及营商环境的发展水平）；外商投资占GDP比重（表征对外开放程度的另一个重要指标，在一定程度上反映了开放创新水平）。

产业基础：对外进出口总额（表征对外开放程度）；规模以上工业总产值（表征工业产业规模）；民间资本固定资产投资总额占GDP比重（主要表征市场与政府资源配置的状况）。

制度文化：政府效率指数（反映公共服务能力和政务管理的水平）；商业信用环境指数（在一定程度上反映了地区的市场经济秩序与市场信用环境）；每万人图书馆数量（表征地区公民的科学文化素养，在一定程度上反映对创业、创新友好的社会氛围）。

配套支持：公共陆路交通效率（表征地区人员出行便捷程度）；物流业指数（在一定程度上反映了创业、创新物料资源的传送效率）；互联网宽带普及率（表征互联网时代城市关键的基础设施条件，"十三五"时期经济社会发展主要指标，《中国制造2025》主要指标）；综合医院占医疗机构比重（反映地区卫生医疗水平）；国家级科技企业孵化器数量（表征创业、创新孵化平台的发展程度）。

资源能力主要表征创业、创新资源，即人、财、物等重要资源的聚集能力，主要指标包括人力资源和资本投入。

人力资源：净流入常住人口（表征地区人员流动的开放性和社会的包容性）；高等学历人口比例（表征有能力直接参与创业、创新活动的人力资本情况）；知识密集型服务业就业人员比例（反映地区创新型产业人才格局以及高质量从业情况，关联"十三五"科技创新主要指标）；普通高校在校生数量（反映地区潜在的创业、创新人才供应情况）。

资本投入：科学技术支出占GDP比重（财政对科技研究开发领域的经费投入强度，关联"十三五"科技创新主要指标）；规模以上工业企业新产品开发经费支出（反映制造业领域新技术推广转化以及产业升级的投入规模,"十三五"科技创新主要指标,《中国制造2025》主要指标);年度IPO规模(反映双创企业进入多层次资本市场的融资情况);年度新三板上市企业数量(反映多层次资本市场在双创领域的活跃程度)。

绩效价值的表征指标考察创业、创新的经济效益、知识技术输出质量及其对可持续发展的影响。

产业绩效:人均GDP(在一定程度上反映人员对创业、创新活动中经济产出的贡献);高技术产业增加值占GDP比重(反映制造业的技术体系、生产模式、产业形态和价值链在整体经济中的情况);规模以上工业企业新产品产值(反映制造业新技术推广转化的成效,在一定程度上也反映了创新驱动产业进步的情况)。

创新绩效:专利授权量(表征技术创新水平的数量发展情况);每万人国内发明专利申请量(表征核心技术创新水平,关联"十三五"时期经济社会发展主要指标以及"十三五"科技创新主要指标);"互联网+"数字经济指数(测度"互联网+"在各产业领域的融合水平,以及"互联网+"在商业模式方面的渗透度,关联多类"十三五"国家科技重大专项)。

可持续发展:单位GDP能耗(表征每万元经济产出的能耗水平,关联"十三五"时期经济社会发展主要指标);空气质量优良(二级及以上)天数占比(表征重要生活环境条件,"十三五"时期经济社会发展主要指标)。

(三)中国双创指数指标体系权重的确定

中国双创指数指标体系的研究原则上采用了平均权重的计算方法。对于3个一级指标,在研究了各指标对测评重要性的基础上,还综合考虑了体系的结构框架。

中国双创指数指标体系框架基于联合国创业、创新政策评价指标体系和三元(支撑、能力、价值)创新环境评价体系而建立。该框架有效描述了创业、创新的生态系统模式(环境—资源—绩效):由制度创新驱动经济发展,由经济发展带动制度创新,即"制度供给—市场结构—市场行为—创

新绩效—制度供给……"的循环。在实现循环效应的过程中,"创新绩效—制度供给"是形成创业、创新内生发展闭环的关键。合理增加对闭环形成关键点的关注,会使该框架对创业、创新的准确测度得到更有效的体现。因此,体系的权重分配以平均为基础而有所侧重,对重要性比较高的一级指标"绩效价值"赋予34%的权重,另外两个一级指标"环境支持"与"资源能力"各占33%。

各一级指标下属的二级和三级指标,采用国际通用做法,完全依据平均权重分配所属一级指标的权重,即每个三级指标对所属的一级指标贡献相同(见表4)。

表4 双创指标体系及各指标权重

一级指标	二级指标	三级指标	三级权重(%)
环境支持 (33%)	市场结构	非公有制企业数量占比(%)	2.36
		小微企业数量占比(%)	2.36
		外商投资占GDP比重(%)	2.36
	产业基础	对外进出口总额(亿元)	2.36
		规模以上工业总产值(亿元)	2.36
		民间资本固定资产投资总额占GDP比重(%)	2.36
	制度文化	政府效率指数	2.36
		商业信用环境指数	2.36
		每万人图书馆数量	2.36
	配套支持	公共陆路交通效率(万人/天)	2.36
		物流业指数	2.36
		互联网宽带普及率(%)	2.36
		综合医院占医疗机构比重(%)	2.36
		国家级科技企业孵化器数量(个)	2.36
资源能力 (33%)	人力资源	净流入常住人口(万人)	4.13
		高等学历人口比例(%)	4.13
		知识密集型服务业就业人员比例(%)	4.13
		普通高校在校生数量(万人)	4.13
	资本投入	科学技术支出占GDP比重(%)	4.13
		规模以上工业企业新产品开发经费支出(万元)	4.13
		年度IPO规模(亿元)	4.13
		年度新三板上市企业数量(家)	4.13

续表

一级指标	二级指标	三级指标	三级权重(%)
绩效价值 (34%)	产业绩效	人均GDP(元)	4.25
		高技术产业增加值占GDP比重(%)	4.25
		规模以上工业企业新产品产值(万元)	4.25
	创新绩效	专利授权量(件)	4.25
		每万人国内发明专利申请量(件/万人)	4.25
		"互联网+"数字经济指数	4.25
	可持续发展	单位GDP能耗(吨标准煤/万元)	4.25
		空气质量优良(二级及以上)天数占比(%)	4.25

(四)中国双创指数指标体系样本城市的选择

2016年5月,《国务院办公厅关于建设大众创业万众创新示范基地的实施意见》发布了首批双创示范基地名单,共28个(其中区域示范基地17个、高校和科研院所示范基地4个、企业示范基地7个)。2017年6月,再次发布第二批双创示范基地名单,共92个(其中区域示范基地45个、高校和科研院所示范基地26个、企业示范基地21个)。自"大众创业、万众创新"被写入政府工作报告以来,双创活动得到了更大范围和更深层次的推广,这为当前综合比较国内各区域各城市的双创发展现状提供了基础。因此,中国双创指数指标体系所采用的城市研究样本将拓展至地级行政区级别。

截至2016年,中国有31个省级行政区(22个省、5个自治区、4个直辖市,港澳台除外),334个地级行政区(293个地级市、30个自治州、8个地区、3个盟)。其中,地级市作为地级行政区的主体,成为该体系城市研究样本的基础单位。虽然双创活动的推广涵盖了全国各个地区,但各城市的经济发展水平、资源禀赋等条件差异仍然显著,因此本报告根据城市的经济发展状况及其区位重要性,同时兼顾区域均衡,从全部334个地级行政区中再筛选出100个样本,作为中国双创指数指标体系的城市研究样本。

中国双创指数指标体系的城市研究样本包括4个直辖市、96个地级行政区(含31个省级行政区省会(首府)城市、15个副省级城市、5个经济

特区、1个自治州）。由于香港特别行政区、澳门特别行政区和台湾的数据统计规则与口径同该体系所采用的不一致，因此不在该指标体系的样本范围内。中国双创指数指标体系的城市研究样本的入选条件如下。

直辖市、省级行政区省会（首府）城市无条件入选。

根据各省、自治区的人口分布情况分配配额，以避免出现样本过度集中于经济发达地区的情况。

根据各省、自治区所属地级行政区2016年生产总值排名，对地区生产总值数量分级，在数量级差异不显著的情况下，排名靠前者入选。若入选数量超过该省、自治区的样本配额，则从中择优选取高于同期全国生产总值平均增速者。若入选数量未达到配额，则对该省、自治区所属地级行政区的区位重要性进行评估（人口、交通、地缘等因素），选取符合条件的地级行政区；否则，多余样本配额将补充给配额紧张的省、自治区。

中国双创指数指标体系的城市研究样本名单如表5所示。

表5 中国双创指数指标体系的城市研究样本名单

城市	城市	城市	城市	城市
深圳	常州	湖州	淄博	沧州
北京	青岛	泰州	郴州	衡阳
上海	济南	惠州	三亚	吉林
广州	中山	海口	株洲	德州
杭州	大连	南昌	桂林	常德
苏州	郑州	扬州	兰州	鄂尔多斯
武汉	嘉兴	石家庄	包头	银川
天津	芜湖	贵阳	岳阳	唐山
南京	南通	徐州	汕头	榆林
成都	福州	长春	湘潭	拉萨
长沙	沈阳	哈尔滨	安庆	荆州
西安	镇江	太原	赣州	鞍山
宁波	昆明	呼和浩特	绵阳	遵义
厦门	绍兴	洛阳	漳州	邯郸
珠海	南宁	连云港	保定	西宁
无锡	威海	柳州	湛江	南阳

续表

城市	城市	城市	城市	城市
合肥	台州	马鞍山	茂名	许昌
东莞	金华	襄阳	乌鲁木齐	新乡
重庆	泉州	江门	济宁	松原
佛山	温州	淮安	九江	伊犁

综上所述，该体系所采用的城市研究样本依据经济水平、人口分布、行政地位、战略区位等综合因素入选，能够呈现出当前一个阶段中国区域经济发展的状态，并体现出由人口、区位等基础因素决定的创业、创新活力，从而可以作为双创发展分析的基础。

（五）中国双创指数指标体系的数据来源

中国双创指数指标体系所采用指标的丰富性和复杂性较高，指标所依据的数据也因此呈现多样化的来源。其中大部分数据直接来自各研究样本城市统计局所发布的统计年鉴与国民经济和社会发展统计公报，一部分数据来自国务院各部委所发布的统计数据和报告。对于非常规统计数据或官方未公开的数据，该体系采用了高校系统、民间智库或第三方机构所发布的对创业、创新发展有影响的测评指数。

中国双创指数指标体系的指标数据来源如表6所示。

表6 中国双创指数指标体系的指标数据来源

数据来源	主要发布机构
统计年鉴	各地统计局
国民经济和社会发展统计公报	各地统计局
第三次全国经济普查主要数据公报	各地统计局
全国1%人口抽样调查主要数据公报	各地统计局
中国城市统计年鉴	国家统计局
国家级科技企业孵化器名单	科技部
中国地方政府效率研究报告	北京师范大学
中国城市商业信用环境指数（CEI）	中国城市商业信用环境指数课题组

续表

数据来源	主要发布机构
统计年鉴	各地统计局
中国电商物流运行指数(ELI)	中国物流与采购联合会
Wind 资讯数据	万得信息技术股份有限公司
中国"互联网+"数字经济指数	腾讯研究院

由于各地统计局在部分数据上的统计口径、修订方法等有所差别,对于有差别或缺失的数据,在上述数据来源的基础上,本指标体系还采用了其他来源进行核对确认,最主要的来源是各省和自治区统计局发布的省、自治区统计年鉴以及国家统计局发布的统计年鉴。此外,个别指标的补充来源还包括:科学技术支出占 GDP 比重(来源于年度预算执行情况报告,由各地财政局发布)、空气质量优良(二级及以上)天数占比(来源于各地气象局或环保局发布的统计数据)。

2016 年中国双创指数指标体系对各研究样本的测评年份为 2016 年,原则上由反映 2016 年相应指标的数据构成。截至本指标体系完善前,发布机构尚未公布的,或发布机构公布了但根据特殊情况调整后导致不适用的,则将该数据视为缺失。如果缺失数据在测评年度之前可以获得,则用最近年份的数据来代替。

三 测度结果与综合分析

(一)中国双创城市综合测评结果

如表 7 所示,综合来看,深圳位居榜首,北京和上海紧随其后,广州和杭州分别排第 4、第 5 位,总指数得分均在 80 分以上,为第一梯队城市。第二梯队多为长三角和中西部地区城市,长三角地区的苏州、南京、宁波、无锡、合肥等分列第 6、9、13、16、17 位,中西部地区的武汉、成都、长沙、西安分列第 7、10、11、12 位,得分均在 60 分以上。环渤海地区和东北地区得分相对较低,环渤海地区仅天津得分较高,青岛、济南、沧州等得分不高，东北地区的大连、沈阳、长春等得分均在60分以下。总体而言，珠三角地区整体创业、创新发展略优于长三角地区，长三角地区双创发展较为均衡，中西部地区仅几个主要大城市发展较好，而东北地区和环渤海地区的城市发展与上述城市仍有差距。

表7 中国双创指数

排名	城市	总指数	区域	排名	城市	总指数	区域
1	深圳	88.98	东部	32	镇江	52.68	东部
2	北京	84.85	东部	33	昆明	51.35	西部
3	上海	83.40	东部	34	绍兴	51.26	东部
4	广州	82.50	东部	35	南宁	51.26	西部
5	杭州	81.61	东部	36	威海	49.55	东部
6	苏州	74.77	东部	37	台州	49.51	东部
7	武汉	72.75	中部	38	金华	49.38	东部
8	天津	72.24	东部	39	泉州	49.09	东部
9	南京	69.58	东部	40	温州	49.04	东部
10	成都	66.53	西部	41	湖州	48.96	东部
11	长沙	66.29	中部	42	泰州	48.58	东部
12	西安	65.46	西部	43	惠州	48.48	东部
13	宁波	65.32	东部	44	海口	48.34	东部
14	厦门	65.09	东部	45	南昌	47.25	中部
15	珠海	63.69	东部	46	扬州	47.24	东部
16	无锡	63.57	东部	47	石家庄	47.22	东部
17	合肥	62.86	东部	48	贵阳	46.97	西部
18	东莞	61.80	东部	49	徐州	46.48	中部
19	重庆	61.42	西部	50	长春	46.38	东北
20	佛山	61.07	东部	51	哈尔滨	46.31	东北
21	常州	60.46	东部	52	太原	45.74	中部
22	青岛	60.30	东部	53	呼和浩特	44.54	西部
23	济南	58.34	东部	54	洛阳	42.78	中部
24	中山	55.95	东部	55	连云港	42.37	东部
25	大连	55.49	东北	56	柳州	41.62	西部
26	郑州	55.17	中部	57	马鞍山	41.61	中部
27	嘉兴	54.36	东部	58	襄阳	41.60	中部
28	芜湖	53.38	东部	59	江门	41.56	东部
29	南通	53.14	东部	60	淮安	41.45	东部
30	福州	53.03	东部	61	淄博	41.26	东部
31	沈阳	52.87	东北	62	郴州	41.18	中部

续表

排名	城市	总指数	区域	排名	城市	总指数	区域
63	三亚	41.07	东部	82	衡阳	37.51	中部
64	株洲	40.94	中部	83	吉林	36.89	东北
65	桂林	40.92	西部	84	德州	36.43	东部
66	兰州	40.92	西部	85	常德	36.09	中部
67	包头	40.82	西部	86	鄂尔多斯	36.00	西部
68	岳阳	40.72	中部	87	银川	35.63	西部
69	汕头	40.71	东部	88	唐山	34.91	东部
70	湘潭	40.43	中部	89	榆林	34.16	西部
71	安庆	40.15	中部	90	拉萨	34.15	西部
72	赣州	40.04	中部	91	荆州	33.96	中部
73	绵阳	39.65	西部	92	鞍山	33.54	东北
74	漳州	39.59	东部	93	遵义	33.20	西部
75	保定	39.37	东部	94	邯郸	32.95	东部
76	湛江	39.29	东部	95	西宁	32.91	西部
77	茂名	39.18	东部	96	南阳	32.30	中部
78	乌鲁木齐	38.81	西部	97	许昌	32.25	中部
79	济宁	38.58	东部	98	新乡	32.15	中部
80	九江	38.41	中部	99	松原	32.01	东北
81	沧州	37.71	东部	100	伊犁	31.90	西部

（二）双创环境支持维度测评结果

如表 8 所示，在双创环境方面，深圳、北京、上海排名靠前，进入前 10 名的均是东部城市。这些东部地区大城市经济较为发达，产业基础雄厚，创业、创新活动相关配套也更为完善，在落实创业、创新政策方面更具有优势。例如，深圳针对大学生创业、创新，出台了多项文件，从大学生租房、

表 8 双创环境支持维度前 10 名城市

排名	城市	所属区域	双创环境支持得分
1	深圳	东部	26.62
2	北京	东部	25.67
3	上海	东部	25.05
4	杭州	东部	24.30

续表

排名	城市	所属区域	双创环境支持得分
5	苏州	东部	24.13
6	东莞	东部	23.41
7	天津	东部	23.29
8	佛山	东部	23.19
9	青岛	东部	23.18
10	无锡	东部	22.48

落户到登记注册、资金资助，全方位给创业、创新者提供切实支持。这也是得分较低城市需要改进的地方。此外，环渤海经济圈以山东省为中心的城市双创发展氛围较好，天津、青岛的双创环境进入了前10名。

（三）双创资源能力维度测评结果

如表9所示，在双创资源方面，上海位居榜首，广州和北京分别居第2、第3位，在双创总指数中表现较好的深圳，在资源能力维度中排在了第5位。资源能力维度表现较好的城市多数位于东部和中西部地区，北京以及中西部地区由于历史发展原因积累了丰富的高校、人才和资金等资源，而东部的珠三角和长三角地区由于其开放的地理优势，在新时代吸纳了大量国际化人才和资本，成为创业、创新领跑者。

表9 双创资源能力维度前10名城市

排名	城市	所属区域	双创资源能力得分
1	上海	东部	30.27
2	广州	东部	30.22
3	北京	东部	30.14
4	杭州	东部	29.56
5	深圳	东部	29.17
6	武汉	中部	27.23
7	天津	东部	26.54
8	南京	东部	26.30
9	西安	西部	25.70
10	成都	西部	25.16

（四）双创绩效价值维度测评结果

如表10所示，在绩效价值方面，深圳以绝对优势排在第一位，创业、创新氛围较浓的广州、北京、苏州和上海位居前五。这主要是由于这些城市重视对高技术产业的投入，注重集约式的可持续发展，鼓励创新发明。而双创绩效价值得分较低的城市则主要是西部地区城市，这些地区大多采用粗放型的经济发展模式。

表10 双创绩效价值维度前10名城市

排名	城市	所属区域	双创绩效价值得分
1	深圳	东部	33.19
2	广州	东部	30.07
3	北京	东部	29.03
4	苏州	东部	28.56
5	上海	东部	28.08
6	杭州	东部	27.76
7	珠海	东部	25.79
8	佛山	东部	24.64
9	宁波	东部	24.58
10	武汉	中部	24.34

四 基本判断与对策建议

我国地域辽阔，地区发展不平衡，社会文化差异较大，不同城市具有不同的地缘优势和不足。研究发现，双创环境的重要影响因素，既包括工业发展规模、创新孵化器数量、外贸规模等硬指标，也包括政府效率、商业信用环境等软指标；双创资源的重要影响因素是高等学历人口比例与年度IPO规模等硬指标；双创绩效的重要影响因素是人均GDP、专利授权量和单位GDP能耗。北京、上海等特大城市是我国的经济、文化中心，集中了大量优质高等教育资源和高端人才，资本市场活跃，具有知识密集型特点，双创资源优势明显；长三角、珠三角地区的城市则具有产业密集型特点，是我国制造业及新兴产业的主要生产基地，双创环境和绩效优势显著；东北地区和西部地区整体的创新能力仍然偏弱。

基于以上判断，本报告的建议如下。

第一，突出城市地缘优势，着力发展优势产业。创新和创业的理论和实践是相互融合发展的，两者需要齐头并进，但不宜追求大而全的发展模式，应充分利用地缘优势，发展特色产业和优势产业。在国家层面则需要实施城市带协同创业、创新发展策略，联通环渤海、长三角以及珠三角经济圈双创城市，实现城市发展优势互补，促进创业、创新高效率发展。

第二，探索创业、创新新模式，重点关注新兴领域。一是在创客培养方面，要加强创客空间与多种平台的加速细分，为培养优秀创客提供更多的机会；二是在创业方面，务必要重视双创复合主体与多元双创模式的双管齐下。双创复合主体，即创业者在其身份是科学家或研发者的同时，也可以是企业家或公司管理者，从而有效地将创新和创业联系起来。发展多元双创模式，即为创客提供多种类型的创业方式和创业平台。

中国双创指数篇

The Mass Entrepreneurship and Innovation Index of China

此篇首先利用影响双创发展的具体指标来对双创活动进行归纳与分析，而后将总报告所确定的双创指数评价体系作为主要依据，计算和剖析各城市的双创指数，在下一篇中以具体区域的案例和数据加以研究，并对我国双创发展趋势进行探讨。

B.2
双创指数城市排名分析

王学龙 周明旸*

摘 要： 为进一步把握全国城市创业、创新竞争力的发展与变动规律，本报告借鉴了国内外关于指数构建和指数评价的理论和方法，构建了双创指数评价模型，对各样本城市的双创指数进行了测度。从城市层面看，我国双创发展整体势头良好，同时存在明显的分层现象，少数主要城市发展强势，大部分城市还存在巨大的提升空间。

关键词： 双创指标 中国城市 双创评价 双创子特征

一 双创指数得分及城市排名

（一）总体情况

总体来看，我国创业、创新具有以下特点。

从态势上看，各城市创业、创新势头良好。根据测算结果，在双创指数100强城市中，既有深圳、北京、上海、广州等传统一线大城市，也有鞍山、南阳、松原、伊犁等非省会城市，这说明了在"大众创业、万众创新"

---

* 王学龙，经济学博士，"一带一路"国际合作发展（深圳）研究院研究员，主要研究领域为产业政策、社会流动、劳动力流转；周明旸，深圳市实维经济咨询有限公司研究院，主要研究领域为指数评估体系、产业政策。

的倡导之下，我国大部分城市均在积极响应，将双创工作落实下去，各城市创业、创新具有良好的发展势头。

从结构上看，我国双创呈现个别城市强势、大多城市还处于起步阶段的特点。如表1所示，从双创指数百分位数及各层次的平均得分来看，高百分位数和排名靠前的城市双创指数的平均得分均较高，且随百分位和排名的降低而减小，差值也在减小。这说明少数城市的双创发展势头较为强劲，大部分城市基本处于起步阶段，整体呈现出金字塔形。

表1 双创指数百分位数及各层次的平均得分

百分位	百分位数	差值	排名	平均得分	差值
90%	66.32	—	前10	77.72	—
80%	60.58	5.74	前20	70.69	7.03
70%	52.92	7.66	前30	65.78	4.91
60%	48.99	3.93	前40	61.98	3.80
50%	46.35	2.65	前50	59.11	2.87
40%	41.37	4.97	前60	56.41	2.70
30%	40.35	1.03	前70	54.20	2.21
20%	38.27	2.07	前80	52.34	1.86
10%	34.13	4.14	前90	50.52	1.82

从层次上看，我国创业、创新发展呈现层次性。根据测算结果，在双创指数100强城市中，深圳、北京、上海、广州、杭州5个城市得分均超过80分；苏州、武汉、天津、南京、成都等17个城市的得分主要集中于60~75分；济南、中山、大连、郑州等31个城市的得分主要集中于44~59分；洛阳、连云港、江门等47个城市的得分主要集中于31~43分（排名最靠后的城市为伊犁，得分为31.90分）。根据双创得分区间可将双创指数100强城市划分为4个梯队（见表2）。

（二）双创指数前10强情况

根据本蓝皮书确定的指标体系及双创指数测算方法，双创指数前10强

表 2　双创指数 100 强城市层次划分

双创指数区间	主要城市	层次
(31,43)	洛阳、连云港、江门、襄阳等47个城市	第4梯队
(44,59)	济南、中山、大连、郑州等31个城市	第3梯队
(60,75)	苏州、武汉、天津、南京、成都等17个城市	第2梯队
(80,90)	深圳、北京、上海、广州、杭州	第1梯队

城市依次为深圳、北京、上海、广州、杭州、苏州、武汉、天津、南京、成都。其具体指数见表3。

表 3　双创指数前 10 强城市

城市	环境支持	资源能力	绩效价值	双创指数	双创指数排名
深圳	26.62	29.17	33.19	88.98	1
北京	25.67	30.14	29.03	84.85	2
上海	25.05	30.27	28.08	83.40	3
广州	22.22	30.22	30.07	82.50	4
杭州	24.30	29.56	27.76	81.61	5
苏州	24.13	22.07	28.56	74.77	6
武汉	21.18	27.23	24.34	72.75	7
天津	23.29	26.54	22.41	72.24	8
南京	20.81	26.30	22.47	69.58	9
成都	21.05	25.16	20.32	66.53	10

由表3可发现，双创指数排名前10的城市呈现以下特征。

首先，东部城市居多。中西部地区仅武汉、成都，东北地区则完全没有城市入围前10榜单。

其次，城市双创更注重环境支持。根据测算，双创指数排名前10城市的环境支持因素与双创指数的相关系数为0.8414，资源能力因素与双创指数的相关系数为0.7292，绩效价值因素与双创指数的相关系数为0.9290。这充分说明相对于城市资源能力，双创更注重环境支持。

（三）双创指数前20强情况

根据本蓝皮书确定的指标体系及双创指数测算方法，双创指数排名前20城市如表4所示。

表4 双创指数前20强城市

城市	双创指数	双创指数排名	城市	双创指数	双创指数排名
深圳	88.98	1	长沙	66.29	11
北京	84.85	2	西安	65.46	12
上海	83.40	3	宁波	65.32	13
广州	82.50	4	厦门	65.09	14
杭州	81.61	5	珠海	63.69	15
苏州	74.77	6	无锡	63.57	16
武汉	72.75	7	合肥	62.86	17
天津	72.24	8	东莞	61.80	18
南京	69.58	9	重庆	61.42	19
成都	66.53	10	佛山	61.07	20

根据表4可看出，双创指数前20强城市呈现以下特征。首先，双创指数前20强城市仍以东部城市居多。中西部仅武汉、成都、西安、长沙、合肥主要省会城市以及重庆入围。其次，在双创指数前20强城市中，后10强城市双创竞争激烈。根据表4可发现，从双创指数排名第11的长沙到第20的佛山，其双创指数得分均在（61，67）区间，排名相邻城市间双创指数得分差距很小，这说明后10强城市双创竞争激烈。

（四）双创指数前100强情况

在借鉴已有研究的基础上，根据本蓝皮书确定的指标体系和双创指数的测算方法，测算出双创指数排名前100强城市指数，结果及排名如总报告表7所示。

整体来看，东部城市双创指数排名整体靠前，中西部及东北地区城市则整体靠后。这说明双创与经济发展水平紧密相连。同时，双创指数得分排名在第 35 名以后的城市得分均低于 50.00 分，说明大部分城市的双创能力还具有较大提升空间。

二 双创指数得分的频率分布

根据总报告表 7 可知，双创指数前 100 强城市双创指数的平均值为 48.72，最高的是深圳，为 88.98；最低的是伊犁，为 31.90。取区间（30，90），组数为 6，则组距为 10，统计 100 个城市双创指数在不同区间的城市数量并分析其频率分布（见表 5 和图 1）。

表 5 双创指数的区间分布

双创指数分数段	城市数量（个）	占比（%）
[30,40)	28	28
[40,50)	37	37
[50,60)	13	13
[60,70)	14	14
[70,80)	3	3
[80,90)	5	5

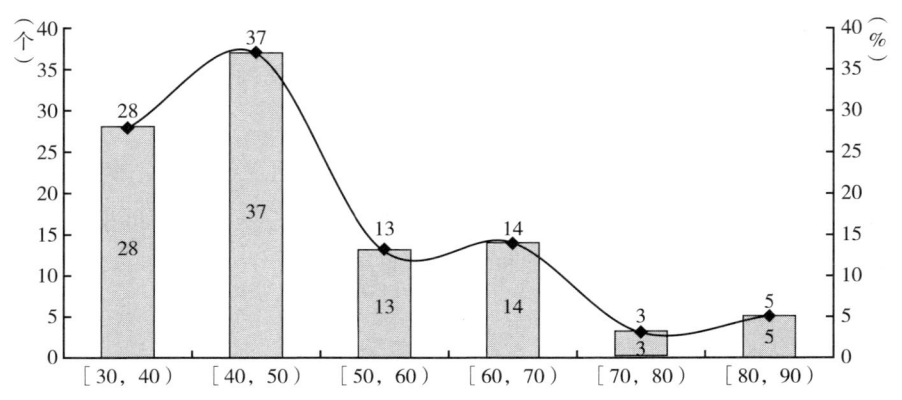

图 1 双创指数得分段的频率分布

根据表5和图1可知,100个城市的双创指数主要集中在(30,70)区间,仅8个城市的双创指数超过70.00,少数主要城市双创发展强势,大部分城市还有巨大提升潜力。

三 双创城市分层比较研究

(一)双创城市分层概念界定

关于创新中心的概念,可追溯到2000年《在线》杂志提出的"全球技术创新中心"(global hubs of technological innovation),其内涵是指研究机构、创新型企业和风险投资的集聚地区。杜德斌、何舜辉在对全球科技创新中心的概念进行梳理的基础上认为,全球科技创新中心的本质是指全球科技创新资源密集、科技创新活动集中、科技创新实力雄厚、科技成果辐射范围广大,从而在全球价值网格中发挥显著增值功能并占据领导和支配地位的城市或地区[①]。王佳宁、白静、罗重谱认为创新中心是创新资源高度集聚的一种区域发展形态,具有创新性、集聚性、系统性、主导性、示范性、辐射性等特征[②]。

在总结前人对创新中心的概念界定的基础上,总的来说,创新中心是指人才、技术和资本等创新资源相对集中,科技创新活动或科技成果转化活动频繁并具有较高的质量,且对当地经济发挥重要的支撑作用,以及科技创新对周边的辐射力非常强,发挥区域创新中心的引领作用的城市或地区。

在对创新中心进行定义的基础上,根据各城市的双创能力,本报告将双创100强城市中的主要城市分为4个层次:双创核心城市、双创枢纽城市、双创节点城市、双创潜力城市(见表6)。

---

① 杜德斌、何舜辉:《全球科技创新中心的内涵、功能与组织结构》,《中国科技论坛》2016年第2期。
② 王佳宁、白静、罗重谱:《创新中心理论溯源、政策轨迹及其国际镜鉴》,《改革》2016年第11期。

表6　双创城市层次的划分及定义

双创城市分层	定义
双创核心城市	双创核心城市是指双创的生态链完整，具有良好的双创环境支持和资源能力，并且创造了巨大的双创绩效，对全国的双创工作产生了辐射作用，是全国双创的标杆城市
双创枢纽城市	双创枢纽城市是指链接全国各区域的双创发展，在一定范围内产生了一定辐射带动作用，是区域内双创发展引领者的城市
双创节点城市	双创节点城市是指全国双创发展网络上的各个子节点城市，其已经具备了一定的双创基础，积累了一定规模的双创资源，也具有一定的双创绩效价值
双创潜力城市	双创潜力城市是指双创发展还处于起步阶段，具有较大开发潜力的城市

（二）双创城市分层标准及结果

根据前述对双创中心层次的划分，结合本蓝皮书的测算结果，将双创中心分层具体标准确定如下：双创指数得分在80分以上的为双创核心城市；双创指数得分区间在（70，80）的为双创枢纽城市；双创指数得分区间在（60，70）的为双创节点城市；双创指数得分区间在（50，60）的为双创潜力城市。

根据该分层标准，双创核心城市有深圳、北京、上海、广州、杭州共5个城市；双创枢纽城市有苏州、武汉、天津共3个城市；双创节点城市有南京、成都、长沙、西安等共计14个城市；双创潜力城市有济南、中山、大连等共计13个城市。具体结果如表7所示。

表7　双创中心分层

双创指数排名	层次	城市	双创指数
1	双创核心城市	深圳	88.98
2		北京	84.85
3		上海	83.40
4		广州	82.50
5		杭州	81.61
6	双创枢纽城市	苏州	74.77
7		武汉	72.75
8		天津	72.24

续表

双创指数排名	层次	城市	双创指数
9	双创节点城市	南京	69.58
10		成都	66.53
11		长沙	66.29
12		西安	65.46
13		宁波	65.32
14		厦门	65.09
15		珠海	63.69
16		无锡	63.57
17		合肥	62.86
18		东莞	61.80
19		重庆	61.42
20		佛山	61.07
21		常州	60.46
22		青岛	60.30
23	双创潜力城市	济南	58.34
24		中山	55.95
25		大连	55.49
26		郑州	55.17
27		嘉兴	54.36
28		芜湖	53.38
29		南通	53.14
30		福州	53.03
31		沈阳	52.87
32		镇江	52.68
33		昆明	51.35
34		绍兴	51.26
35		南宁	51.26

整体来看，目前我国双创核心城市和枢纽城市较少，双创节点城市和潜力城市相对较多，这既说明了目前我国双创发展取得了一定成果，也说明我国多数城市的双创发展还具有进一步提升的空间。

（三）双创城市分层宏观比较

双创核心城市在双创环境支持、资源能力和绩效价值方面均具有显著优势。根据前述划分方法，分别统计各层次在双创环境支持、资源能力和绩效价值方面的平均得分，结果对比如图2所示。

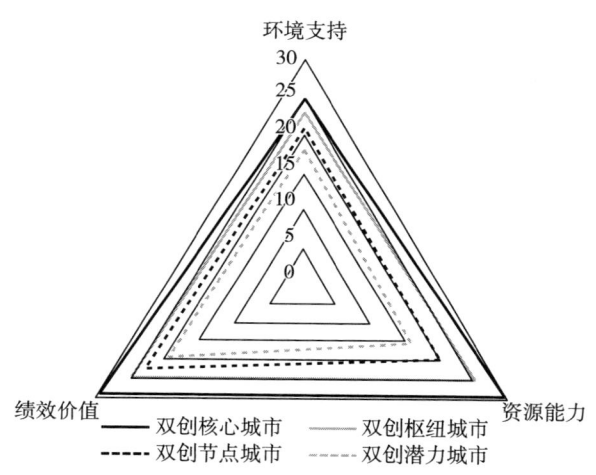

图2 双创各层次城市的平均得分对比

根据表7和图2可知，双创各层次具有以下特征。

首先，整体上，各层次均有较好的双创环境支持，且双创环境支持随层次递减而递减。根据测算，双创核心城市、枢纽城市、节点城市和潜力城市在双创环境支持上的平均得分依次为24.77、22.87、20.94、18.04分。这说明在"大众创业、万众创新"的倡导下，各城市均在积极构建双创环境，并且取得了一定成果。同时，各层次城市的平均得分随层次降低而递减。

其次，各层次城市的双创资源能力差异较大。根据测算，双创核心城市、枢纽城市、节点城市和潜力城市在双创资源能力上的平均得分依次为29.87、25.28、19.87、15.99分，反映出不同层次城市的双创资源能力差距，特别是双创节点城市和潜力城市，其双创资源能力较弱，与双创核心城市和枢纽城市存在较大差距。

最后，双创核心城市创造了较大的绩效价值，双创枢纽城市、节点城市和潜力城市存在较大提升空间。根据测算，双创核心城市、枢纽城市、节点城市和潜力城市在双创绩效价值上的平均得分依次为 29.63、25.10、23.00、19.68 分。根据本蓝皮书的评价方法，双创绩效价值的满分为 34 分。与双创绩效价值的满分相比，双创枢纽城市、节点城市和潜力城市存在较大提升空间。

（四）双创城市分层微观比较

1. 双创环境支持

双创环境支持是指对双创发展具有良好促进作用的社会、经济、文化、物质等方面的因素。本蓝皮书确定的双创环境支持包括市场结构、产业基础、制度文化和配套支持 4 个方面。根据本蓝皮书的指标体系和权重，测算出每一个城市的双创环境支持得分，该得分越高说明该城市的双创环境支持做得越好，相反则越差。根据对双创城市层次的划分和测算结果，统计各层次城市在环境支持 4 个子指标上的平均得分，结果如图 3 所示。

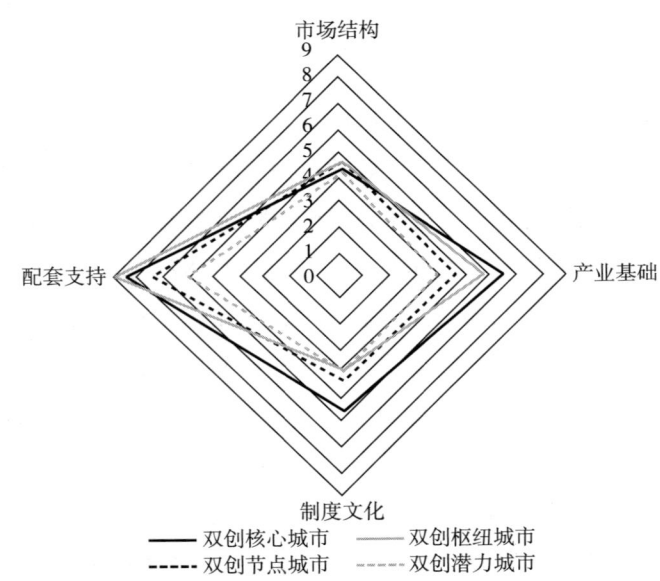

图 3　双创各层次城市的环境支持子特征对比

（1）双创各层次城市的市场结构的差异较小。根据对各层次城市的市场结构得分的统计，双创核心城市、枢纽城市、节点城市和潜力城市在市场结构的平均得分依次为4.41、4.65、4.71、4.23分，各层次城市的得分相差较小。这主要是因为各层次城市的非公有制企业占比和小微企业占比基本在90%左右，相差不大。

（2）双创核心城市的产业基础和制度文化优势明显。根据测算，双创核心城市在产业基础和制度文化方面的平均得分分别为6.25、5.58分，明显高于双创枢纽城市在产业基础和制度文化方面的平均得分5.45和3.85分、双创节点城市在产业基础和制度文化方面的平均得分4.40和4.34分以及双创潜力城市在产业基础和制度文化方面的平均得分3.71和3.95分。这主要是因为双创核心城市的民间投资活跃、政府行政效率高以及商业信用环境较好。

（3）双创枢纽城市具有较强的双创配套支持。根据测算，双创枢纽城市的配套支持平均得分为8.92分，既高于双创核心城市的8.53分，也远远高于节点城市的7.49分和潜力城市的6.15分。这主要是因为天津的互联网宽带普及率是100强城市中最高的，达到了214.45%，由此提高了天津市在配套支持上的得分，从而提高该层次城市在配套支持方面的平均得分。

2. 双创资源能力

双创资源能力是指能为该地区双创发展提供资源、支持双创发展的能力。本蓝皮书确定的双创资源能力包括人力资源和资本投入两个部分。人力资源主要包括净流入常住人口、高等学历人口、知识密集型服务业从业人员以及普通高校在校生；资本投入主要包括科学技术支出、规模以上工业企业新产品开发经费、年度IPO规模等。根据本蓝皮书的指标体系和权重，测算出每一个城市的双创资源能力得分，该得分越高说明该城市的双创资源能力越强，相反则越弱。

根据对双创城市层次的划分，统计各层次城市在双创资源能力的子指标上的平均得分，结果如图4所示。

（1）双创核心城市在资源能力方面具有绝对优势。根据测算，双创核

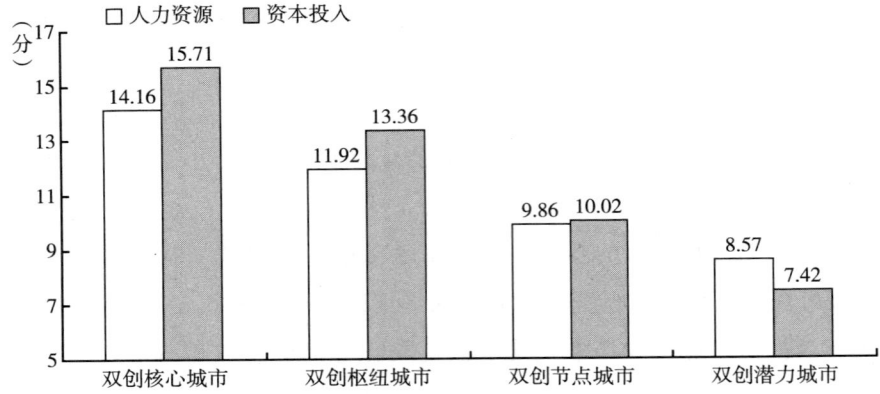

图4 双创各层次城市的资源能力子特征对比

心城市的人力资源和资本投入平均得分远高于其他层次城市的平均得分,且几乎是双创潜力城市平均得分的两倍。这主要是因为双创核心城市在净流入人口、高等学历人口占比以及年度IPO规模上均具有较大优势。

(2)双创潜力城市在资本投入上劣势明显。根据测算,双创核心城市、枢纽城市和节点城市在人力资源和资本投入上表现出资本投入得分高于人力资源得分,而对于双创潜力城市,人力资源得分为8.57分,资本投入得分为7.42分,资本投入得分远低于人力资源得分。这说明双创潜力城市相对于其他层次城市,已经具备了一定的双创人力资源储备,缺乏的是相匹配的资本投入。因此对于双创潜力城市来说,为提高其双创能力,可加大科学技术支出及规模以上工业企业新产品开发经费等。

3. 双创绩效价值

双创绩效价值包括产业绩效、创新绩效和可持续发展3个方面。根据本蓝皮书的指标体系和权重,测算出每一个城市的双创绩效价值得分,该得分越高说明该城市的双创绩效价值越高,相反则越低。

根据对双创城市层次的划分,统计各层次城市在双创绩效价值的子指标上的平均得分,结果如图5所示。

(1)双创核心城市在产业绩效和创新绩效方面优势明显。根据测算,双

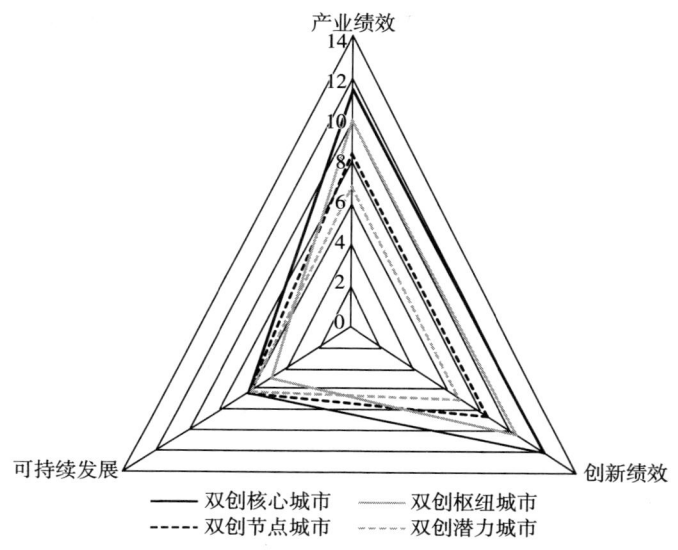

图 5　双创各层次城市的绩效价值子特征对比

创核心城市的产业绩效和创新绩效的平均得分为 11.35、12.15 分，远高于其他层次城市的平均得分。这主要是因为双创核心城市经济发达，人均 GDP、高技术产业增加值占 GDP 比重均较高，且其专利授权量、每万人国内发明专利申请量也远远高于其他城市。同时，其单位 GDP 能耗则相对较低。

（2）创新绩效是双创枢纽城市的突出亮点。根据测算，双创枢纽城市的产业绩效、创新绩效和可持续发展的平均得分依次为 9.94、10.31、4.86 分，创新绩效得分仅次于双创核心城市。这主要是因为双创枢纽城市在专利授权量和每万人国内发明专利申请量方面仅次于双创核心城市。

（3）双创各层次城市在可持续发展方面均相对薄弱。根据测算，双创核心城市、枢纽城市、节点城市和潜力城市在可持续发展方面的平均得分依次为 6.13、4.86、6.26、6.07 分，均低于本蓝皮书所确定的满分 8.50 分。其中双创枢纽城市既低于其他层次城市，也远远低于本蓝皮书所确定的满分。这主要是因为整体来看，我国大部分城市仍偏向粗放型的经济增长方式，集约程度偏低，单位 GDP 能耗偏高。

B.3
双创指数子特征排名分析

王学龙　周明旸*

摘　要： 双创指数由环境支持、资源能力和绩效价值3个子特征构成，本报告主要分析双创指数的3个子特征。从双创指数子特征看，在环境支持方面，我国双创环境整体良好，但双创100强城市的环境仍有待提升。在资源能力方面，双创资源丰富且呈现层次性，除一线城市外其他城市还有巨大提升空间。在绩效价值方面，双创100强城市两极分化态势明显。

关键词： 子特征　双创环境支持　双创资源能力　双创绩效价值

一　双创环境支持分析

（一）双创环境支持得分及排名

双创环境支持是指对双创发展具有良好促进作用的社会、经济、文化、物质等方面的因素。本书确定的双创环境支持包括市场结构、产业基础、制度文化和配套支持4个方面。根据本书所确定的指标体系及指标权重，可计

---

* 王学龙，经济学博士，"一带一路"国际合作发展（深圳）研究院研究员，主要研究领域为产业政策、社会流动、劳动力流转；周明旸，深圳市实维经济咨询有限公司研究院，主要研究领域为指数评估体系、产业政策。

算双创 100 强城市的双创环境支持得分。得分越高，表明该城市的双创环境越好，反之则越差。最终测算结果及城市排名如表 1 所示。

表 1 双创环境支持 100 强城市得分及排名

城 市	双创环境支持	双创环境支持排名	城 市	双创环境支持	双创环境支持排名
深 圳	26.62	1	沈 阳	17.55	32
北 京	25.67	2	徐 州	17.53	33
上 海	25.05	3	福 州	17.33	34
杭 州	24.30	4	扬 州	17.32	35
苏 州	24.13	5	石 家 庄	17.01	36
东 莞	23.41	6	金 华	16.94	37
天 津	23.29	7	泰 州	16.93	38
佛 山	23.19	8	芜 湖	16.87	39
青 岛	23.18	9	惠 州	16.81	40
无 锡	22.48	10	南 昌	16.59	41
广 州	22.22	11	湖 州	16.53	42
宁 波	22.07	12	海 口	16.35	43
厦 门	21.67	13	台 州	16.18	44
武 汉	21.18	14	温 州	16.18	45
成 都	21.05	15	洛 阳	15.86	46
南 京	20.81	16	昆 明	15.86	47
常 州	19.98	17	马 鞍 山	15.72	48
长 沙	19.95	18	淄 博	15.71	49
珠 海	19.79	19	哈 尔 滨	15.71	50
中 山	19.69	20	茂 名	15.58	51
嘉 兴	19.53	21	太 原	15.58	52
重 庆	19.53	22	长 春	15.35	53
南 通	19.42	23	威 海	15.29	54
济 南	19.28	24	南 宁	15.21	55
郑 州	19.22	25	淮 安	14.85	56
绍 兴	18.88	26	济 宁	14.76	57
泉 州	18.36	27	沧 州	14.65	58
西 安	18.14	28	保 定	14.42	59
合 肥	17.97	29	唐 山	14.37	60
大 连	17.97	30	包 头	14.35	61
镇 江	17.69	31	汕 头	14.32	62

续表

城　市	双创环境支持	双创环境支持排名	城　市	双创环境支持	双创环境支持排名
贵　阳	14.24	63	绵　阳	11.99	82
江　门	14.22	64	新　乡	11.94	83
连云港	14.01	65	衡　阳	11.65	84
郴　州	13.88	66	湘　潭	11.49	85
湛　江	13.87	67	鞍　山	11.41	86
吉　林	13.84	68	遵　义	11.31	87
邯　郸	13.61	69	三　亚	11.17	88
襄　阳	13.22	70	岳　阳	11.16	89
呼和浩特	13.12	71	兰　州	11.10	90
柳　州	12.96	72	许　昌	11.08	91
九　江	12.90	73	株　洲	10.63	92
桂　林	12.83	74	荆　州	10.53	93
德　州	12.80	75	榆　林	10.41	94
银　川	12.79	76	南　阳	10.16	95
赣　州	12.64	77	安　庆	10.08	96
乌鲁木齐	12.52	78	松　原	10.01	97
常　德	12.38	79	西　宁	9.51	98
鄂尔多斯	12.31	80	伊　犁	9.25	99
漳　州	12.28	81	拉　萨	7.57	100

从表1可知，双创100强城市的双创环境支持整体偏弱。根据表1，双创100强城市中双创环境支持得分最高的是深圳，为26.62分；最低的是拉萨，为7.57分；均值为16.02分。根据本书的评价方法，双创环境支持的满分为33.00分，而得分为16.50以上的城市仅为42个，这说明双创100强城市的双创环境支持整体偏弱。

（二）双创环境支持的频率分布

为研究我国双创100强城市的双创环境支持的分布特征，需要统计其频率分布情况。根据表1，双创100强城市中双创环境支持得分最高的是深圳，为26.62分；最低的是拉萨，为7.57分。取区间（7.50，26.70），组数为6，则组距为3.20，统计100个城市双创环境支持得分的频率分布（见表2和图1）。

表2 双创环境支持100强城市得分的频率分布

双创环境支持分数段	城市数量（个）	占比（%）
[7.50,10.70)	9	9
[10.70,13.90)	26	26
[13.90,17.10)	30	30
[17.10,20.30)	19	19
[20.30,23.50)	11	11
[23.50,26.70)	5	5

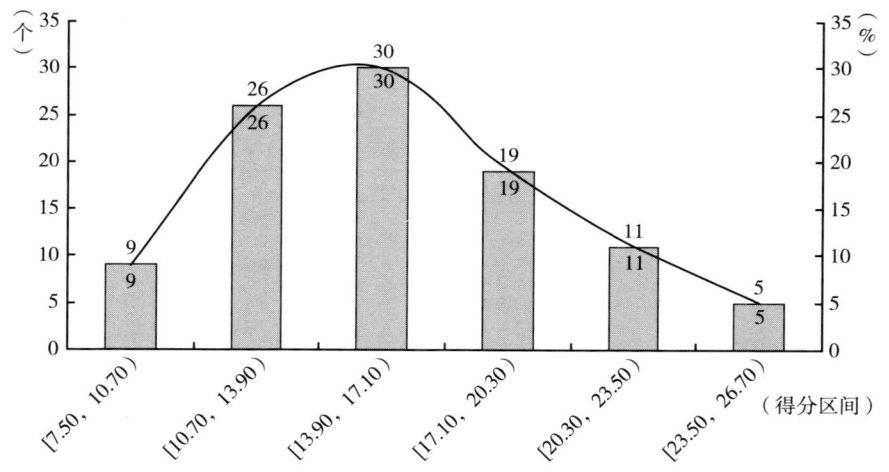

图1 双创环境支持得分的频率分布

我国双创环境良好，且有提升空间。根据表2及图1，我国双创环境100强城市中86%城市的得分集中在（10.70，23.50）区间，这说明大部分城市对于双创所需的环境支持均很重视。而根据本书所确定的指标体系，环境支持的满分为33分，双创环境支持100强城市中得分最高的是深圳，为26.62分，100强城市双创环境支持的得分均值为16.02分。这说明我国双创环境支持还有提升空间，可进一步加强，从而促进双创发展。

（三）双创环境支持的子特征分析

1. 市场结构

市场结构是指双创发展所依赖的市场中双创参与主体的结构特征。本书所确定的指标体系主要从非公有制企业数量占比、小微企业数量占比、外商投资占 GDP 比重 3 个维度来测算双创市场结构。根据本书确定的评价方法，测算的市场结构得分越高，说明其双创市场结构越完善，越有利于促进双创发展，反之则越不利于双创的发展。

根据测算，双创指数 100 强城市中市场结构得分最高的是宁波，为 5.99 分；最低的是伊犁，为 0.44 分。取区间（0.40，6.00），组数为 7，则组距为 0.8，统计 100 强城市中市场结构得分的分布。

根据表 3 和图 2，可总结出双创 100 强城市的市场结构的特征。

表 3　双创 100 强城市市场结构得分的分布

得分	城市数量（个）	占比（%）
[0.40,1.20)	3	3
[1.20,2.00)	8	8
[2.00,2.80)	16	16
[2.80,3.60)	19	19
[3.60,4.40)	24	24
[4.40,5.20)	19	19
[5.20,6.00)	11	11

（1）我国双创的市场结构还需进一步改善。根据表 3 和图 2 可以发现，近半数城市在双创市场结构上的得分不到 3.60 分，且有 11% 的城市不足 2.00 分；落在最高得分区间 [5.20，6.00) 的城市数量仅 11 个，相对于本指标体系所确定的市场结构满分 7.08 分，还存在较大提升空间。这说明我国双创的市场结构还需进一步优化，需加强发展民营企业、小微企业，提高经济开放度，促进外商投资。

（2）大部分城市的双创市场结构差异较小。根据双创 100 强城市的市

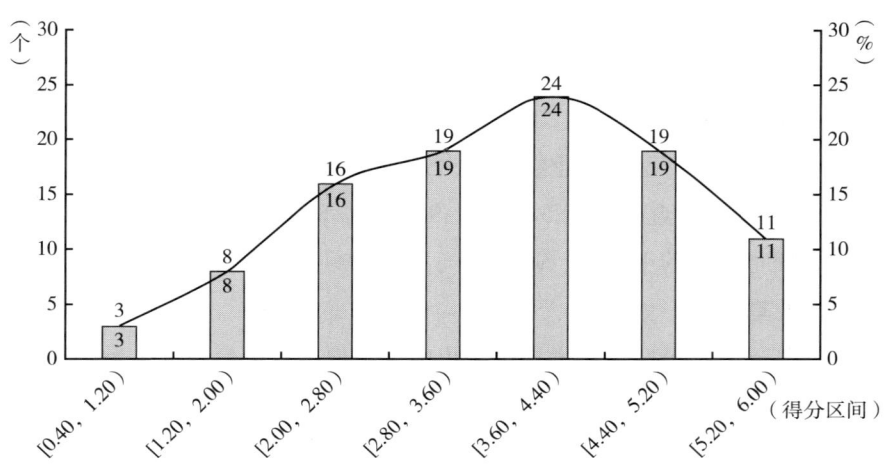

图 2　双创 100 强城市市场结构得分的频率分布

场结构得分频率分布图，可看出共有 78.00% 的城市的双创市场结构得分落在（2.00, 5.20）区间，集中度较高且相邻城市间得分差距较小，这说明大部分城市的双创市场结构差异较小。为优化城市的双创市场结构，各地区可因地制宜制定招商引资、支持民营企业和小微企业发展的相关政策。

（3）民营企业、小微企业和外商投资活跃有利于促进双创的市场结构优化。为进一步研究双创市场结构得分与城市间的关系，对比双创市场结构得分前 10 名城市。其结果如图 3 所示。

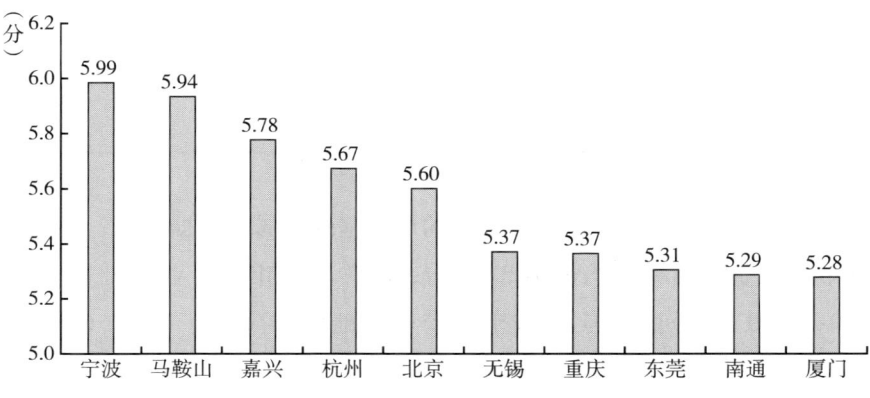

图 3　市场结构得分前 10 名城市

根据图3，宁波、马鞍山、嘉兴的市场结构得分较高，分别为5.99、5.94、5.78分。其主要原因是宁波、马鞍山、嘉兴的民营企业、小微企业占比较高且外商投资活跃。其非公有制企业数量占比分别为98.86%、97.73%、98.40%，小微企业数量占比分别为97.44%、96.43%、96.05%，外商投资占GDP比重分别为3.51%、9.44%、5.07%，高于双创100强城市在这3项指标上的平均值：96.66%、95.32%、2.43%。

2. 产业基础

产业基础是指地区经济发展中积累的、可促进双创发展的各种资源，如规模以上企业、民间资本投资等。本书所确定的双创产业基础主要通过该城市的对外进出口总额、规模以上工业总产值、民间资本固定资产投资总额占GDP比重3个指标加权测算。

根据测算，双创指数100强城市中产业基础得分最高的是深圳，为6.70分；最低的是拉萨，为1.12分。取区间（1.10，6.80），组数为6，则组距为0.95，统计100强城市中产业基础得分的分布。

根据表4和图4，可总结出双创100强城市的产业基础的特征。

表4 双创100强城市中产业基础得分的分布

得分	城市数量（个）	占比（%）
[1.10,2.05)	14	14
[2.05,3.00)	22	22
[3.00,3.95)	31	31
[3.95,4.90)	20	20
[4.90,5.85)	7	7
[5.85,6.80)	6	6

（1）整体来看，双创100强城市的产业基础偏弱。根据测算，双创100强城市的产业基础得分均值为3.43分，87%的城市的产业基础得分落在（1.10，4.90）区间，13%的城市的产业基础得分落在（4.90，6.80）区间，其中6个城市得分较高，落在（5.85，6.80）区间。本书评价方法所确定的双创产业基础得分的满分为7.08分。这说明整体来看，双创100强

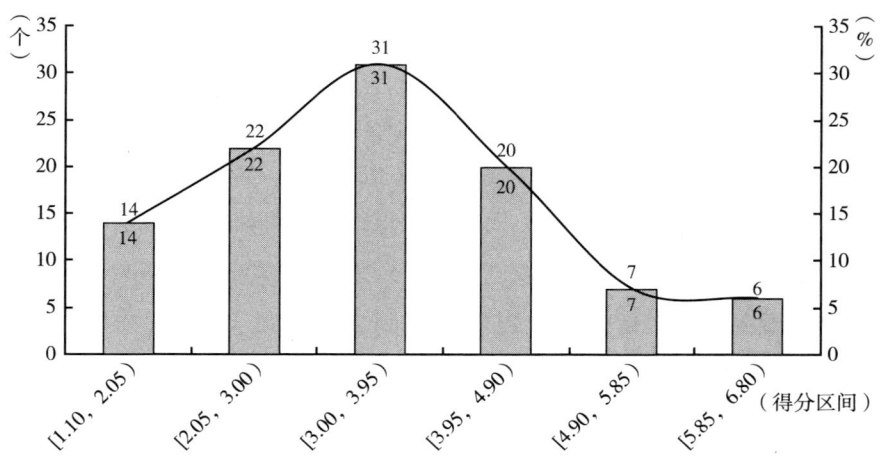

图 4　双创 100 强城市产业基础得分的频率分布

城市的产业基础偏弱。

（2）一线城市的双创产业基础扎实，非一线城市与之相比存在较大差距。为进一步研究双创产业基础得分与城市间的关系，对比双创产业基础得分前 10 名城市。其结果如图 5 所示。

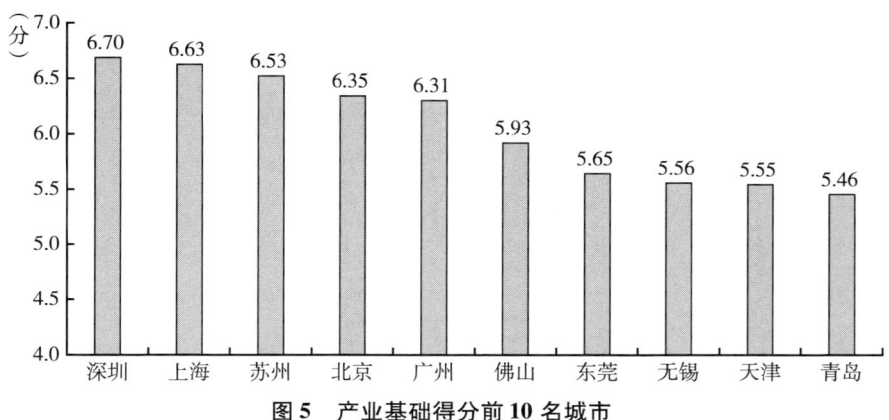

图 5　产业基础得分前 10 名城市

根据对 100 强城市中产业基础得分的分布统计，产业基础得分较高的为深圳、上海、苏州、北京、广州等一线城市，这说明深圳、上海等一线城市具有相对良好的双创产业基础，而其他非一线城市还需进一步发挥民间资本力量，夯实其产业基础。

3. 制度文化

制度文化是指城市在发展历程中所积累的促进双创发展的制度和文化基础。本书的评价方法所确定的双创制度文化主要通过该城市的政府效率指数、商业信用环境指数和每万人图书馆数量加权计算而得。该得分越高，说明双创制度文化越有利于促进双创发展，反之则越抑制双创发展。

根据测算，双创指数100强城市中制度文化得分最高的是深圳，为6.91分；最低的是拉萨，为1.52分。取区间（1.40，7.10），组数为6，则组距为0.95，统计100强城市中制度文化得分的分布。

根据表5和图6，可总结出双创100强城市的制度文化具有以下特征。

表5　100强城市中制度文化得分的分布

得分	城市数量(个)	占比(%)
[1.40,2.35)	20	20
[2.35,3.30)	27	27
[3.30,4.25)	31	31
[4.25,5.20)	17	17
[5.20,6.15)	4	4
[6.15,7.10)	1	1

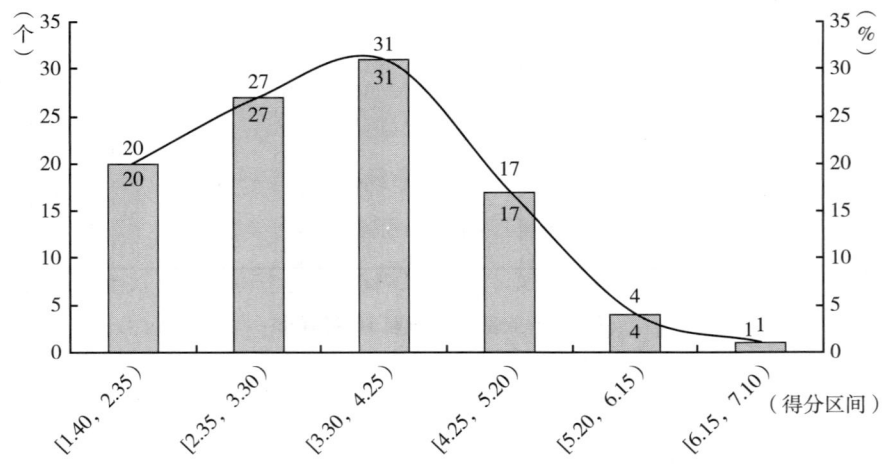

图6　双创100强城市制度文化得分的频率分布

（1）双创100强城市中大部分城市的双创制度文化建设相对较弱。根据对100强城市中制度文化得分的分布统计可知，双创100强城市的制度文化得分均值为3.43分，除去深圳、广州、东莞、上海、北京5个城市外，其他95个城市的双创制度文化得分均在5.20分以下，其中78个城市集中在（1.40，4.25）区间。这说明整体来看，双创100强城市中大部分城市的双创制度文化建设相对较弱。

（2）政府效率和公共图书馆建设有利于促进双创制度文化建设。为进一步探究双创制度文化与城市间的关系，对比双创制度文化得分前10名城市。其结果如图7所示。

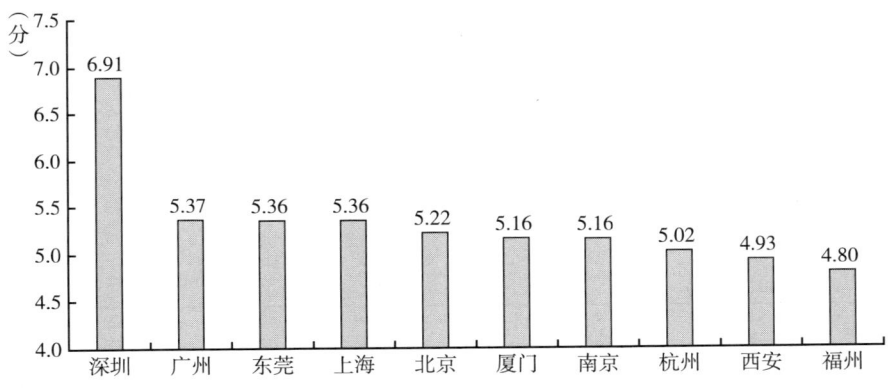

图7　双创制度文化得分前10名城市

根据测算，深圳市双创制度文化得分为6.91分，远高于排名第二的广州（5.37分）及其他城市。这主要是因为深圳市注重政府工作效率和各类公共图书馆建设。数据显示，2016年深圳市政府效率指数为0.9077，在全国排名第一。另外，截至2016年底，深圳市有各类公共图书馆623座，远高于北京（25座）、上海（24座）和广州（14座）。

4. 配套支持

配套支持是指各城市为支持双创发展所匹配的相应的措施或基础建设，如物流交通、互联网建设和综合医院建设等。本书评价方法所确定的双创配套支持主要通过被评价城市的公共陆路交通效率、物流业指数、互联网宽带普及率、综合医院占医疗机构比重和国家级科技企业孵化器数量为子指标加权计算而得。该项得分越高,说明双创配套支持力度越大,越有利于促进该地的双创发展,反之,则越不利于双创发展。

根据测算,双创指数100强城市中配套支持得分最高的是天津,为10.35分;最低的是松原,为2.48分。取区间(2.40,10.40),组数为8,则组距为1.00,统计100强城市中配套支持得分的分布。

根据表6和图8,可总结出双创100强城市的配套支持具有以下特征。

表6 双创100强城市中配套支持得分的分布

得分	城市数量(个)	占比(%)
[2.40,3.40)	9	9
[3.40,4.40)	20	20
[4.40,5.40)	26	26
[5.40,6.40)	14	14
[6.40,7.40)	15	15
[7.40,8.40)	9	9
[8.40,9.40)	6	6
[9.40,10.40)	1	1

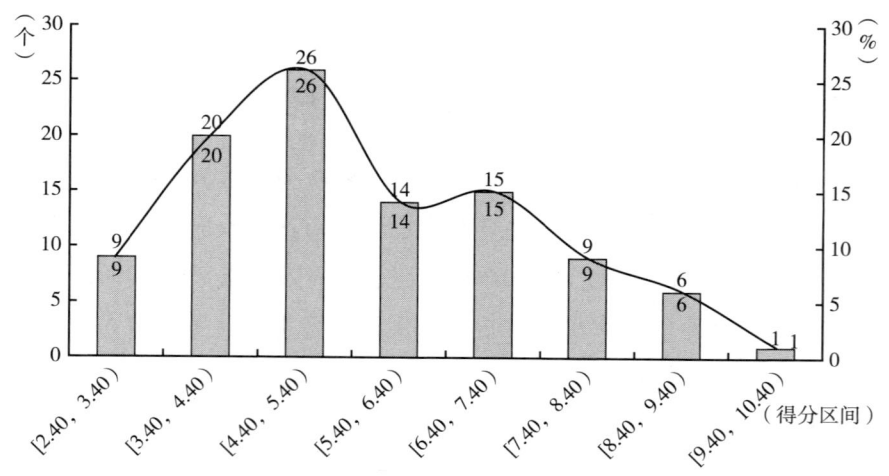

图8 双创100强城市配套支持得分的频率分布

（1）大部分城市均具有一定的双创配套支持，且可进一步提升。根据本书的评价方法及测算结果，双创100强城市中有84%的城市的双创配套支持得分集中在（3.40，8.40）区间；100强城市配套支持得分均值为5.56分，低于本书确定的满分11.80分。

（2）新一线城市正在加强双创的相关配套支持。为进一步探究双创配套支持与城市间的关系，对比双创配套支持得分前10名城市。其结果如图9所示。

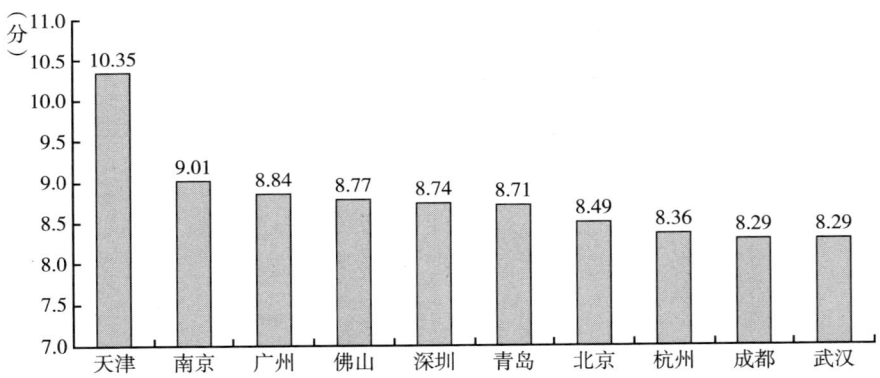

图9 双创配套支持得分前10名城市

根据对100强城市中配套支持得分的分布统计，天津、南京、青岛、杭州等新一线城市的双创配套支持得分较高。其中天津得分排名第一的主要原因在于天津市的"宽带天津"战略推动网络基础设施建设，其互联网宽带普及率达到214.45%，远高于其他城市。

二 双创资源能力分析

双创资源能力是指为该地区双创发展提供资源的能力。本书确定的双创资源能力包括人力资源和资本投入两个部分。本节主要分析双创100强城市的双创资源能力。

（一）双创资源能力得分排名

本书评价方法所确定的双创资源能力主要通过被评价城市的人力资源和资本投入两个方面共计8项指标为子指标加权计算而得。该项得分越高，说明其双创资源越丰富，越有利于促进该地的双创发展，反之，则越不利于双创发展。

根据本书确定的评价方法，测算双创100强城市的双创资源能力得分并将其排名，结果如表7所示。

表7 双创资源能力100强城市得分及排名

城市	双创资源能力	双创资源能力排名	城市	双创资源能力	双创资源能力排名
上海	30.27	1	青岛	18.11	24
广州	30.22	2	石家庄	18.01	25
北京	30.14	3	南宁	17.92	26
杭州	29.56	4	昆明	17.72	27
深圳	29.17	5	兰州	17.68	28
武汉	27.23	6	哈尔滨	17.60	29
天津	26.54	7	南昌	17.39	30
南京	26.30	8	大连	17.31	31
西安	25.70	9	常州	17.14	32
成都	25.16	10	呼和浩特	16.44	33
长沙	22.39	11	乌鲁木齐	16.44	34
苏州	22.07	12	长春	16.38	35
合肥	21.49	13	福州	16.09	36
济南	21.01	14	拉萨	15.48	37
郑州	20.67	15	威海	15.39	38
重庆	20.15	16	三亚	15.26	39
贵阳	19.98	17	海口	14.33	40
厦门	19.19	18	东莞	14.32	41
太原	18.91	19	芜湖	14.30	42
宁波	18.67	20	绵阳	14.30	43
沈阳	18.39	21	银川	13.92	44
无锡	18.25	22	西宁	13.37	45
珠海	18.12	23	马鞍山	13.35	46

续表

城　　市	双创资源能力	双创资源能力排名	城　　市	双创资源能力	双创资源能力排名
连云港	13.28	47	柳　州	11.33	74
嘉　兴	13.25	48	济　宁	11.23	75
佛　山	13.24	49	衡　阳	11.19	76
镇　江	13.21	50	湘　潭	11.09	77
包　头	13.17	51	荆　州	11.00	78
湖　州	13.17	52	泉　州	10.98	79
温　州	13.10	53	伊　犁	10.90	80
台　州	13.02	54	郴　州	10.82	81
南　通	12.95	55	九　江	10.75	82
桂　林	12.92	56	南　阳	10.57	83
中　山	12.88	57	德　州	10.53	84
惠　州	12.82	58	邯　郸	10.47	85
洛　阳	12.82	59	泰　州	10.43	86
保　定	12.68	60	常　德	10.26	87
赣　州	12.57	61	漳　州	10.22	88
株　洲	12.53	62	鄂尔多斯	10.19	89
淄　博	12.52	63	江　门	10.16	90
扬　州	12.52	64	鞍　山	10.13	91
岳　阳	12.38	65	新　乡	10.07	92
金　华	12.33	66	吉　林	9.97	93
绍　兴	12.19	67	遵　义	9.90	94
徐　州	12.18	68	湛　江	9.90	95
安　庆	12.04	69	汕　头	9.66	96
沧　州	12.03	70	榆　林	9.29	97
淮　安	11.67	71	许　昌	9.22	98
襄　阳	11.65	72	松　原	9.05	99
唐　山	11.55	73	茂　名	8.87	100

整体来看，双创100强城市的双创资源能力偏弱。根据表7可见，双创100强城市中仅有16个城市的双创资源能力得分在20.00分以上，其中30.00分以上的城市仅上海、广州、北京3个，而本书所确定的双创资源能力满分为33.00分。这说明双创100强城市的双创资源能力整体偏弱。

（二）双创资源能力得分的频率分布

为研究我国双创100强城市的双创资源能力的分布特征，需要统计其频率分布情况。根据表7，在双创指数100强城市中，双创资源能力得分最高的是上海，为30.27分；最低的是茂名，为8.87分。取区间（8.70，30.40），组数为7，组距为3.10，统计100强城市双创资源能力得分的频率分布。

根据表8和图10，可总结出双创100强城市的双创资源能力具有以下特征。

表8 双创100强城市资源能力得分的频率分布

得分	城市数量（个）	占比（%）
［8.70,11.80)	30	30
［11.80,14.90)	31	31
［14.90,18.00)	14	14
［18.00,21.10)	12	12
［21.10,24.20)	3	3
［24.20,27.30)	5	5
［27.30,30.40)	5	5

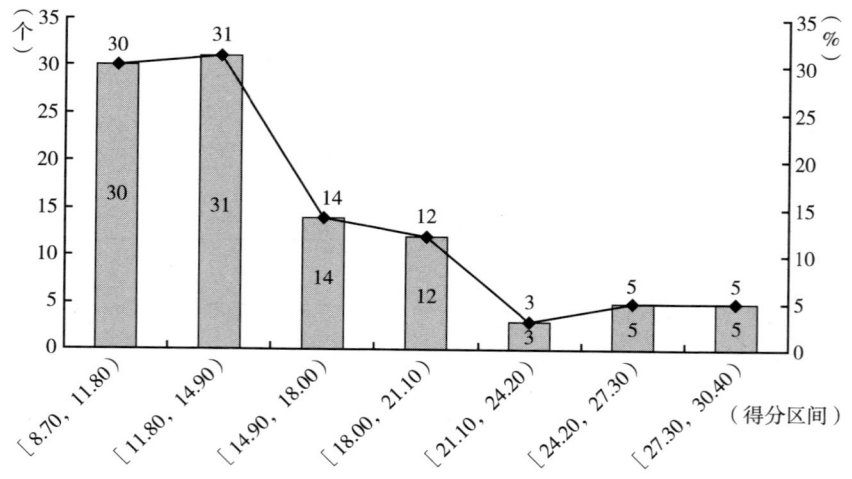

图10 双创100强城市双创资源能力得分的频率分布

（1）整体上看，双创100强城市的双创资源丰富且呈现层次性，除一线城市外其他城市还有巨大提升空间。根据双创资源能力100强城市的得分、排名及其分布，双创资源能力得分较高的是上海、广州、北京、杭州和深圳；75%的城市的得分落在（8.70，18.00）区间，且在得分区间（11.80，24.20）得分越高，城市数量越少；整体双创资源能力得分均值为15.25分，相对于本书确定的双创资源能力满分33分，还有较大提升空间。

（2）双创100强城市的双创资源能力提升后劲充足。根据双创100强城市的双创资源能力得分频率分布，可看出双创100强城市中有70%的城市的得分集中在（11.80，30.40）区间，13%的城市的双创资源能力得分集中在（21.10，30.40）区间，这说明双创100强城市的双创资源能力提升后劲充足。

（三）双创资源能力子特征分析

根据本书的评价方法，双创资源能力分为人力资源和资本投入两个子特征，本节对此予以分析。

1. 人力资源

人力资源是指参与双创的市场主体，主要包括高等学历人员、知识密集型服务业从业人员、在校大学生等。根据本书的评价体系，双创人力资源综合指标由净流入常住人口、高等学历人口比例、知识密集型服务业就业人员比例和普通高校在校生数量4个子指标加权计算得到。

根据测算，双创指数100强城市中人力资源得分最高的是广州，为16.23分；最低的是榆林，为3.45分。取区间（3.40，16.30），组数为6，则组距为2.15，统计100强城市中人力资源得分的分布。

根据表9和图11，可总结出双创100强城市的人力资源呈现以下特征。

（1）我国双创人力资源积聚在主要城市。根据对100强城市中人力资源得分的分布统计，各城市双创人力资源的得分主要集中在（3.40，12.00）

表9 双创100强城市中人力资源得分的分布

得分	城市数量（个）	占比（%）
[3.40,5.55)	39	39
[5.55,7.70)	21	21
[7.70,9.85)	12	12
[9.85,12.00)	15	15
[12.00,14.15)	7	7
[14.15,16.30)	6	6

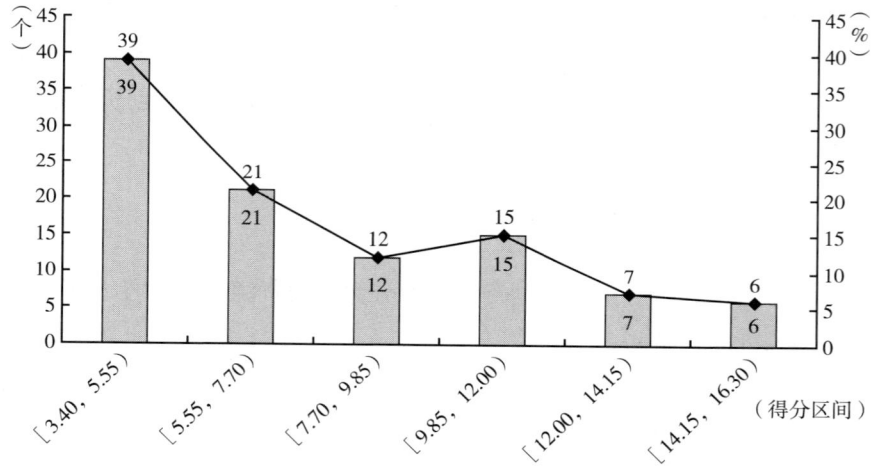

图11 双创100强城市人力资源得分的频率分布

区间，仅13个城市得分超过12.00分，其中6个城市得分落在［14.15，16.30）区间。大部分城市双创人力资源得分较低，少数城市得分较高，这种现象说明我国双创人力资源积聚在少数主要城市。

（2）大多数城市双创人力资源供给不足，双创人力资源将是未来各大城市的竞争点。根据双创100强城市的人力资源得分频率分布，可发现双创100强城市中有60%的城市的双创人力资源得分落在（3.40，7.70）区间，这说明其人力资源供给不足。在此基础上，可推测未来各大城市为推进双创发展，将在人力资源领域展开竞争。

一线城市及区域发达城市具有丰富的双创人力资源储备。为进一步探究双创人力资源与城市间的关系，分析双创人力资源得分前 10 名城市，其对比结果如图 12 所示。

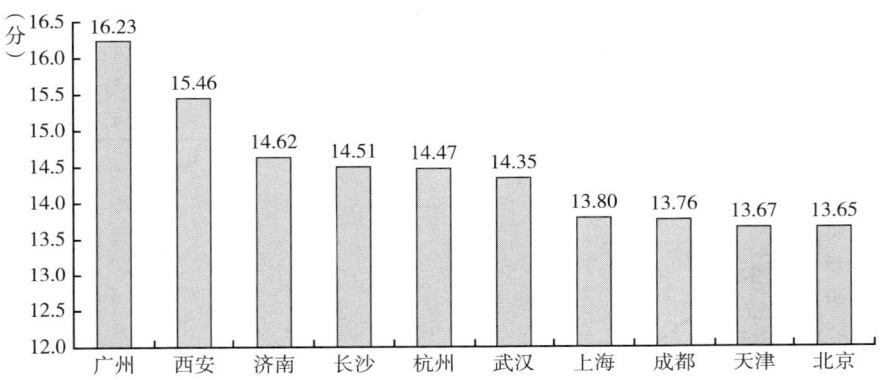

图 12　人力资源得分前 10 名城市

根据测算，双创人力资源得分较高的前 10 名城市主要是一线城市如广州、上海、北京及区域发达城市如西安、长沙、武汉、成都等。这主要是因为这些地区具有相对较多的高等学校，以其区域经济优势和区位优势，吸引了周围城市的人才向其流动。

2. 资本投入

资本投入是指为支持双创发展，各地区投入的资金。根据本书的指标评价体系，双创资本投入综合指标由科学技术支出占 GDP 比重、规模以上工业企业新产品开发经费支出、年度 IPO 规模、年度新三板上市企业数量 4 个子指标加权计算得到。

根据测算，双创指数 100 强城市中资本投入得分最高的是北京，为 16.50 分；最低的是松原，为 4.54 分。取区间（4.40，16.58），组数为 6，则组距为 2.03，统计资本投入的得分分布。

根据表 10 和图 13，可总结出双创 100 强城市的资本投入呈现以下特征。

表10 双创100强城市中资本投入得分的分布

得分	城市数量(个)	占比(%)
[4.40,6.43)	44	44
[6.43,8.46)	30	30
[8.46,10.49)	13	13
[10.49,12.52)	4	4
[12.52,14.55)	5	5
[14.55,16.58)	4	4

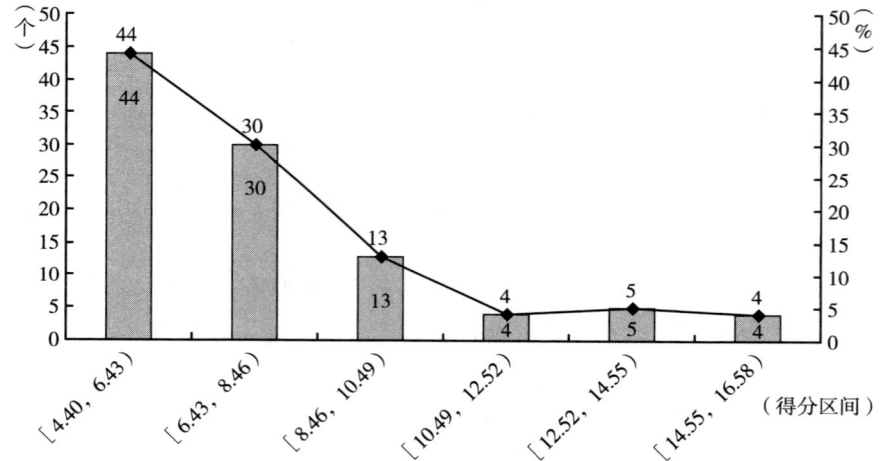

图13 双创100强城市资本投入得分的频率分布

(1) 大部分城市的双创资本投入较低。根据表10的统计，87个城市的资本投入得分集中在（4.40，10.49）区间，仅13个城市的得分超过10.49分。这说明大部分城市的双创资本投入较低。这主要是因为本书所确定的资本投入综合指标中的年度IPO规模、年度新三板上市企业数量两个指标的城市间差异较大，如上海市2016年年度IPO规模为180.57亿元，年度新三板上市企业数量为438家，而有55个城市的年度IPO规模为0，有92个城市的年度新三板上市企业数量不足100家。

(2) 双创资本投入具有马太效应。为进一步探究双创资本投入与城市间的关系，对比分析双创资本投入得分前 10 名城市的得分情况。结果如图 14 所示。根据测算，100 强城市中资本投入得分较高的城市依次为北京、深圳、上海、杭州、苏州、广州等经济发达城市。这主要是因为这些经济发达城市注重对科技研发的投入以及对科技企业的培育。另外，也正是因为这些城市经济发达，所以企业更倾向于在这些城市进行融资，从而进一步促进双创的资本投入，形成"强者恒强"的良性循环。

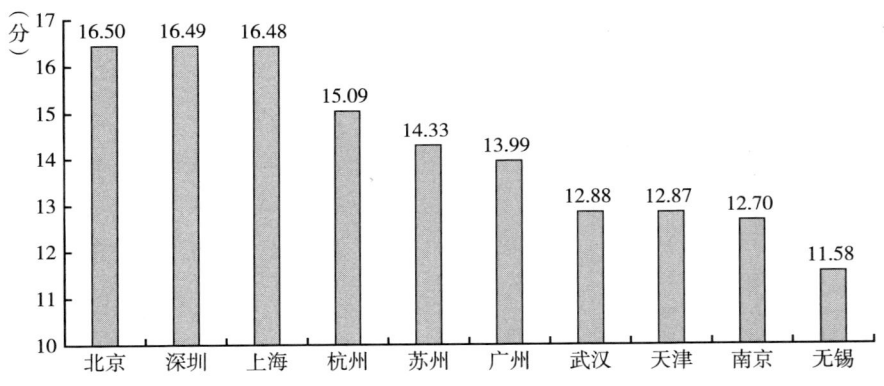

图 14 资本投入得分前 10 名城市

三 双创绩效价值分析

绩效价值是指该地区在双创环境支持下，运用双创资源能力所发挥的绩效和价值。本书确定的双创绩效价值包括产业绩效、创新绩效和可持续发展 3 个部分。本节主要分析双创 100 强城市的绩效价值。

（一）绩效价值得分排名

本书评价方法所确定的双创绩效价值主要通过被评价城市的产业绩效、创新绩效和可持续发展 3 个部分共计 8 项指标为子指标加权计算而得。该项得分越高，说明其双创绩效价值越高，其双创效益越好，反之则越差。

根据本书确定的评价方法，测算双创100强城市的双创绩效价值得分并将其排名，结果如表11所示。

表11 双创绩效价值100强城市得分及排名

城　市	绩效价值	绩效价值排名	城　市	绩效价值	绩效价值排名
深　圳	33.19	1	温　州	19.76	32
广　州	30.07	2	泉　州	19.75	33
北　京	29.03	3	福　州	19.61	34
苏　州	28.56	4	湖　州	19.26	35
上　海	28.08	5	青　岛	19.00	36
杭　州	27.76	6	威　海	18.87	37
珠　海	25.79	7	惠　州	18.85	38
佛　山	24.64	8	南　宁	18.12	39
宁　波	24.58	9	济　南	18.04	40
武　汉	24.34	10	安　庆	18.02	41
厦　门	24.22	11	湘　潭	17.85	42
东　莞	24.08	12	株　洲	17.78	43
长　沙	23.96	13	昆　明	17.78	44
合　肥	23.40	14	海　口	17.66	45
中　山	23.39	15	扬　州	17.40	46
常　州	23.34	16	柳　州	17.33	47
无　锡	22.85	17	江　门	17.18	48
南　京	22.47	18	岳　阳	17.18	49
天　津	22.41	19	漳　州	17.09	50
芜　湖	22.21	20	沈　阳	16.93	51
镇　江	21.78	21	徐　州	16.77	52
重　庆	21.74	22	襄　阳	16.74	53
西　安	21.61	23	汕　头	16.73	54
嘉　兴	21.58	24	郴　州	16.48	55
泰　州	21.22	25	湛　江	15.52	56
南　通	20.77	26	郑　州	15.28	57
成　都	20.32	27	桂　林	15.16	58
台　州	20.30	28	连云港	15.08	59
大　连	20.21	29	呼和浩特	14.98	60
绍　兴	20.18	30	淮　安	14.92	61
金　华	20.11	31	赣　州	14.83	62

续表

城　市	绩效价值	绩效价值排名	城　市	绩效价值	绩效价值排名
九　江	14.77	63	马鞍山	12.54	82
茂　名	14.73	64	荆　州	12.44	83
衡　阳	14.66	65	保　定	12.27	84
长　春	14.65	66	石家庄	12.20	85
三　亚	14.65	67	兰　州	12.14	86
榆　林	14.46	68	鞍　山	12.00	87
洛　阳	14.11	69	遵　义	11.99	88
鄂尔多斯	13.50	70	许　昌	11.94	89
常　德	13.44	71	伊　犁	11.76	90
绵　阳	13.36	72	南　阳	11.57	91
包　头	13.30	73	太　原	11.26	92
南　昌	13.27	74	拉　萨	11.10	93
德　州	13.10	75	沧　州	11.03	94
吉　林	13.08	76	新　乡	10.15	95
淄　博	13.02	77	西　宁	10.03	96
哈尔滨	13.00	78	乌鲁木齐	9.86	97
松　原	12.94	79	唐　山	8.98	98
贵　阳	12.75	80	银　川	8.92	99
济　宁	12.58	81	邯　郸	8.86	100

整体来看，双创100强城市的双创绩效价值具有两极分化的特征。由表11可见，双创绩效价值得分最高的是深圳，为33.19分；最低的是邯郸，为8.86分；高于20.00分的城市有31个，低于15.00分的有41个。根据本书的评价方法，双创绩效价值的满分为34.00分。这说明从整体上看，双创100强城市的双创绩效价值具有两极分化的特征。

（二）绩效价值得分的频率分布

为研究我国双创100强城市的双创绩效价值的分布特征，需要统计其频率分布情况。根据测算，双创指数100强城市中绩效价值得分最高的是深圳，为33.19分；最低的是邯郸，为8.86分。取区间（8.80，33.40），组数为6，则组距为4.10，统计100强城市的绩效价值得分分布。

根据表12和图15，双创100强城市的绩效价值呈现以下特征。

表12 100强城市中绩效价值得分的分布

得分	城市数量（个）	占比（%）
[8.80,12.90)	21	21
[12.90,17.00)	29	29
[17.00,21.10)	25	25
[21.10,25.20)	18	18
[25.20,29.30)	5	5
[29.30,33.40]	2	2

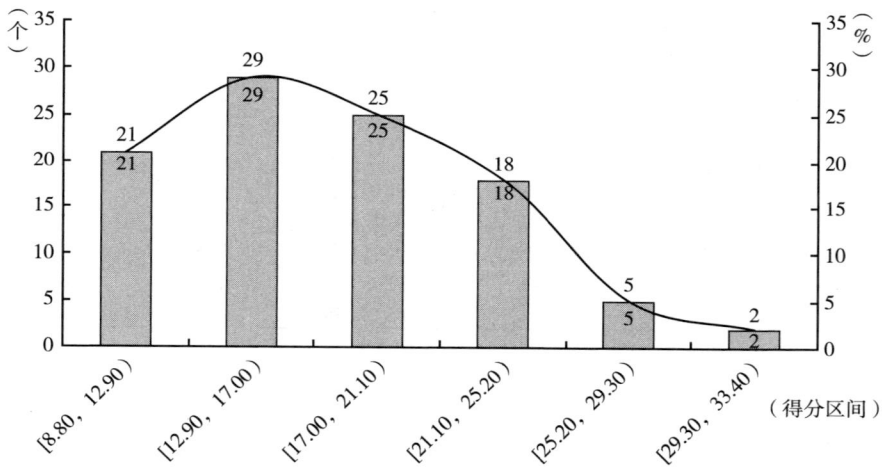

图15 双创100强城市绩效价值得分的频率分布

（1）我国双创绩效价值整体偏下，个别城市优势明显。根据前述100强城市中绩效价值的得分、排名及分布结果，100强城市中绩效价值得分均值为17.45分，大部分城市的得分均低于25.20分，仅有深圳、广州的绩效价值得分超过30分，呈现出整体绩效价值偏下、个别城市突出的特征。

（2）双创绩效价值与城市发展路径息息相关。根据测算结果，深圳、广州、北京、苏州、上海等城市的双创绩效价值较高，这主要是由于这些城市重视对高技术产业的投入，注重集约式的可持续发展，鼓励创新发明。而双创绩效价值得分较低的城市则主要是西部地区城市,这些地区大多采用粗放型的经济发展模式。

(三)双创绩效价值的子特征分析

1. 产业绩效

产业绩效是指各城市在双创环境支持下,通过双创活动使得该地区在经济发展、企业成长等方面达到的状态。根据本书的评价方法,产业绩效综合得分是由各城市的人均 GDP、高技术产业增加值占 GDP 比重和规模以上工业企业新产品产值 3 个指标加权计算而得。得分越高说明产业绩效越高,反之则越低。

根据测算,双创指数 100 强城市中产业绩效得分最高的是深圳,为 12.74 分;最低的是遵义,为 2.20 分。取区间(2.00,12.80),组数为 6,则组距为 1.80,统计 100 强城市中产业绩效的得分分布。

根据表 13 和图 16,可总结出双创 100 强城市的产业绩效具有以下特征。

表 13 双创 100 强城市中产业绩效得分的分布

得分	城市数量(个)	占比(%)
[2.00,3.80)	16	16
[3.80,5.60)	32	32
[5.60,7.40)	26	26
[7.40,9.20)	16	16
[9.20,11.00)	6	6
[11.00,12.80)	4	4

(1)双创 100 强城市的双创产业绩效整体不突出。根据对 100 强城市中产业绩效得分的分布统计,仅有 10 个城市的双创产业绩效得分超过 9.20 分,其中 4 个城市的得分超过 11.00 分。其他 90 个城市的得分集中在(2.00,9.20)区间,这说明大部分城市的双创产业绩效整体不突出,还需进一步提升。这主要是因为目前大部分城市的双创发展还处于起步摸索阶段,产业绩效的凸显还需要时间。

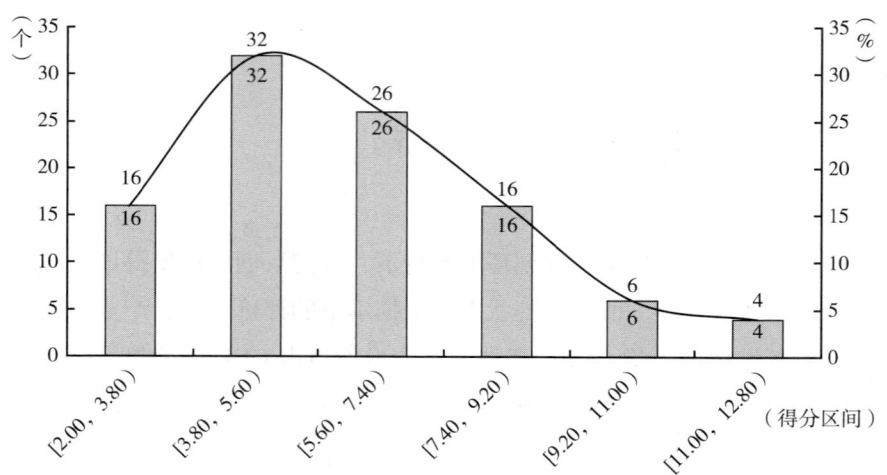

图 16　双创 100 强城市产业绩效得分的频率分布

（2）双创产业绩效与城市经济发展水平紧密相关。为进一步探究双创产业绩效与城市间的关系，对比分析双创产业绩效得分前 10 名城市，其结果如图 17 所示。

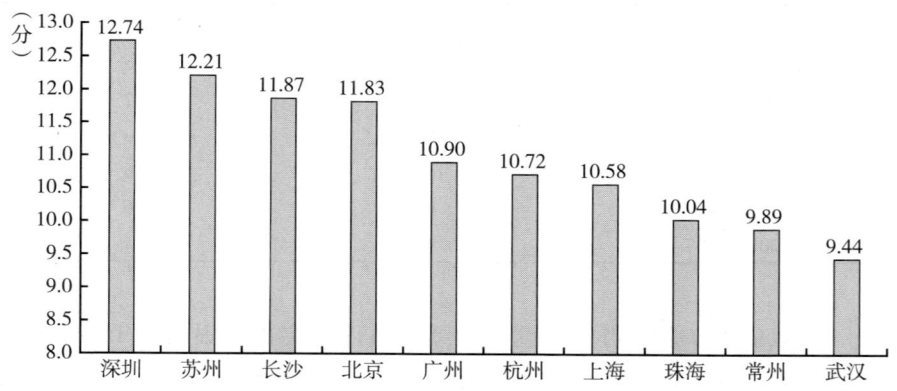

图 17　产业绩效得分前 10 名城市

从图 17 可看出，双创产业绩效得分前 10 名城市是深圳、苏州、长沙、北京、广州、杭州、上海等经济较为发达的城市，这说明双创产业绩效与城市经济发展水平紧密相关。

2. 创新绩效

创新绩效是指各城市在双创环境支持下,通过双创活动使得该地区在创新、专利增加等方面的绩效。根据本书的评价方法,创新绩效综合得分是由各城市的专利授权量、每万人国内发明专利申请量和"互联网+"数字经济指数3个指标加权计算而得。得分越高说明创新绩效越高,反之则越低。

根据测算,双创指数100强城市中创新绩效得分最高的是深圳,为12.74分;最低的是松原,为3.24分。取区间(3.20,12.80),组数为6,则组距为1.60,统计创新绩效得分分布。

根据表14和图18,可总结出双创100强城市的创新绩效呈现以下特征。

表14 双创100强城市中创新绩效得分的分布

得分	城市数量(个)	占比(%)
[3.20,4.80)	47	47
[4.80,6.40)	20	20
[6.40,8.00)	14	14
[8.00,9.60)	8	8
[9.60,11.20)	5	5
[11.20,12.80)	6	6

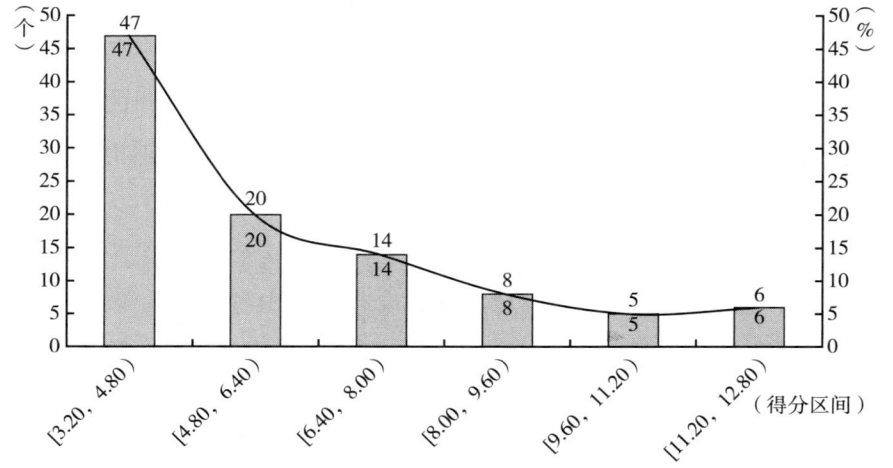

图18 双创100强城市创新绩效得分的频率分布

（1）双创100强城市的创新绩效整体较弱。根据对双创100强城市中创新绩效得分的分布统计，81个城市的创新绩效得分低于8.00分，这说明整体上双创100强城市的创新绩效相对较弱。这主要是因为目前各大城市的每万人国内发明专利申请量整体偏低，双创100强城市的每万人国内发明专利申请量均值为11.20件。

（2）双创的创新绩效与城市发展水平息息相关。为进一步探究创新绩效与城市间的关系，对比分析创新绩效得分前10名城市，结果如图19所示。

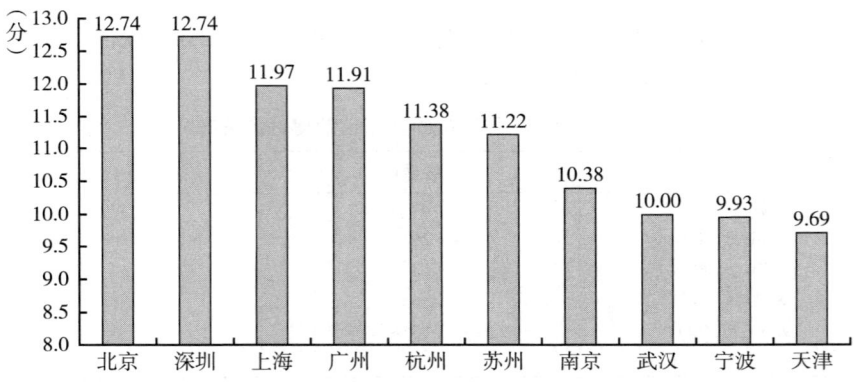

图19　创新绩效得分前10名城市

根据图19创新绩效得分的排序，北京、深圳、上海、广州的创新绩效得分较高，这主要是因为北京、深圳、上海、广州等一线城市具有较大的人才优势和资金优势，有利于创业、创新。

3. 可持续发展

根据本书的评价方法，可持续发展综合得分是由各城市的单位GDP能耗、空气质量优良（二级及以上）天数占比两个指标加权计算而得。得分越高说明可持续发展程度越高，反之则越低。

根据测算，双创指数100强城市中可持续发展得分最高的是汕头，为8.06分；最低的是唐山，为1.25分。取区间（1.10，8.30），组数为6，则组距为1.20，统计可持续发展得分分布。

根据表15和图20，可总结出双创100强城市的可持续发展呈现以下特征。

表15　双创100强城市中可持续发展得分的分布

得分	城市数量(个)	占比(%)
[1.10,2.30)	4	4
[2.30,3.50)	6	6
[3.50,4.70)	20	20
[4.70,5.90)	21	21
[5.90,7.10)	26	26
[7.10,8.30)	23	23

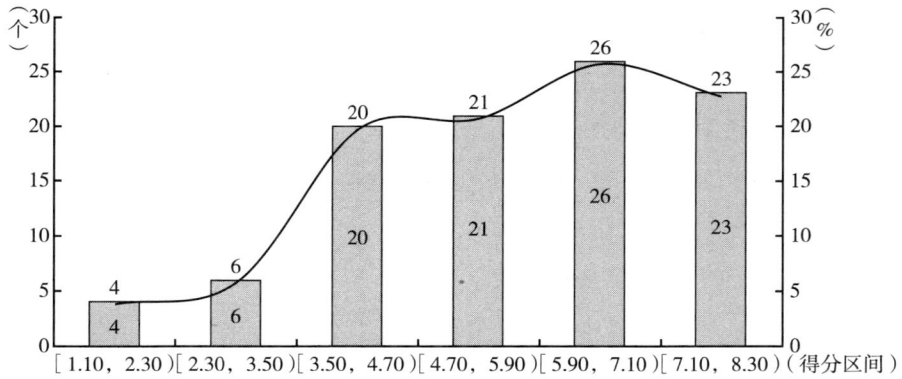

图20　双创100强城市可持续发展得分的频率分布

（1）整体上看，大部分城市的双创是绿色双创。根据100强城市可持续发展得分的分布，90个城市双创的可持续发展得分集中在（3.50，8.30）区间，仅10个城市得分较低，不足3.5分。这说明大部分城市在双创的同时，也注重科学发展、可持续发展。

（2）沿海城市的绿色双创优势明显。为进一步探究双创的可持续发展与城市间的关系，对比分析双创可持续发展得分前10名城市，结果如图21所示。

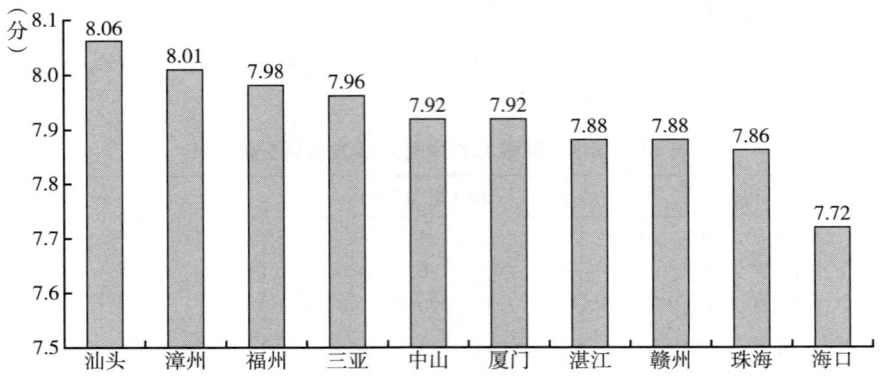

图 21　可持续发展得分前 10 名城市

根据图 21 可发现，双创可持续发展得分前 10 名城市中除赣州市外，其他 9 个城市均是东部沿海城市。这主要是由于这些东部沿海城市在空气质量优良（二级及以上）天数占比这个指标上具有优势。这说明从区域来看，沿海城市的绿色双创优势明显。

B.4
双创主要指标分析

魏建漳　周明旸*

摘　要： 通过对影响双创的关键指标进行比较分析与相关分析，更加深入地理解全国"大众创业、万众创新"活动的总体形势和发展特征。通过对双创环境支持、双创资源能力和双创绩效价值间的关系进行量化分析，更好地理解双创结构。从分析结果来看，双创是一个各维度影响因素相互联系、相互促进的复杂系统，推动双创更好地发展需要重点加强双创环境建设。

关键词： 双创指标　比较分析　相关分析

一　关键指标比较分析

关键指标是指总报告中确定的共计30项具体指标中对双创活动或双创子特征具有显著影响的指标。由于相关系数反映了两个变量每单位变化时的相似程度，因此显著影响以具体指标与双创指数或双创子特征的相关系数来界定，且取相关系数较大的指标作为关键指标并进行分析。

---

* 魏建漳，经济学博士，"一带一路"国际合作发展（深圳）研究院研究员，主要研究领域为创新创业、产业政策、产业规划；周明旸，深圳市实维经济咨询有限公司研究院，主要研究领域为指数评估体系、产业政策。

（一）双创环境支持关键指标分析

通过测算双创环境支持下共计 14 个子指标与双创环境支持得分的相关系数可知，指标规模以上工业总产值①、国家级科技企业孵化器数量、对外进出口总额与双创环境支持得分的相关系数较高，依次为 0.8034、0.7529 和 0.6847。据此对该 3 项指标进行分析，同时对其他几个指标如政府效率指数、商业信用环境指数等进行简要分析。

1. 规模以上工业总产值

规模以上工业总产值反映了地区规模以上工业企业的生产情况，规模以上工业总产值越高，说明该地区的规模以上企业数量越多，工业越发达，分工越精细。

在本书所确定的双创指数 100 强城市中 2016 年度规模以上工业总产值最大的是上海，为 31323 亿元；最小的是三亚，为 55 亿元；平均值为 7330 亿元。双创指数 100 强城市规模以上工业总产值分布情况如表 1 所示。

表 1　规模以上工业总产值城市分布情况

规模以上工业总产值范围（亿元）	城市数量（个）	主要城市
10000 以下	76	德州、绍兴、石家庄、合肥等
10000～20000	19	佛山、广州、北京、青岛等
20000～30000	3	天津、深圳、重庆
30000 以上	2	上海、苏州

（1）双创指数 100 强城市 2016 年度的规模以上工业总产值主要集中在 20000 亿元以下。根据表 1，可发现双创指数 100 强城市规模以上工业总产

---

① 规模以上工业总产值是指规模以上工业企业在一定时期内生产的以货币形式表现的工业最终产品和提供工业劳务活动的总价值量，包括生产的成品价值、对外加工费收入、自制半成品在制品期末期初差额价值 3 个部分。其中，规模以上工业企业是指年主营业务收入 2000 万元及以上的法人工业企业。

值的分布特征：小于 10000 亿元的城市有 76 个；大于 10000 亿元小于 20000 亿元的城市共计 19 个；20000 亿元以上 30000 亿元以下的城市共计 3 个；30000 亿元以上的城市共计 2 个。

（2）双创环境支持与规模以上工业企业存在较大相关性。根据测算，在双创环境支持得分与其各子指标的相关系数中，规模以上工业总产值与环境支持得分的相关系数为 0.8034，是双创环境各子指标中相关系数最高的。双创指数 100 强城市 2016 年度规模以上工业总产值与双创环境支持得分对比如图 1 所示。

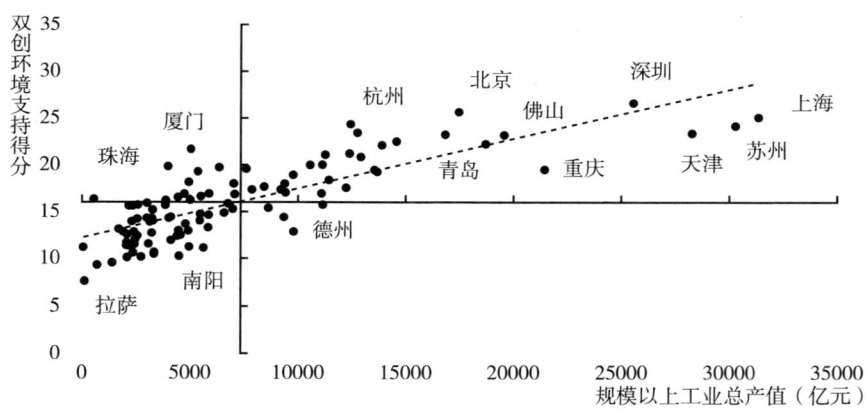

图 1　各地区规模以上工业总产值与双创环境支持得分对比

通过绘制双创指数 100 强城市规模以上工业总产值与双创环境支持得分对比图可发现，处于第一象限的城市主要是上海、深圳、苏州、北京、佛山、重庆等规模以上工业总产值较高的城市，这些城市的规模以上工业总产值与双创环境支持得分均高于 100 强城市平均水平；而处于第三、第四象限的如南阳、拉萨等城市，其规模以上工业总产值与双创环境支持得分均较低，低于 100 强城市平均水平。这说明双创环境支持与规模以上工业企业存在较大相关性，各城市可通过培育规模以上工业企业来提高其双创的环境支持得分。

2. 外商投资占 GDP 比重

外商投资包括外商直接投资（foreign direct investment，FDI）和其他投资，外商直接投资是指外国投资者在我国境内通过设立外商投资企业、合伙企业、与中方投资者共同进行石油资源的合作勘探开发以及设立外国公司分支机构等方式进行投资。外商其他投资是指除对外借款和外商直接投资以外的各种利用外资的形式。

外商投资占 GDP 比重（FDI/GDP），即外资依存度，是吸收利用外商直接投资对经济增长重要性的标志之一。吸收和利用外资具有双重效应，既有正效应，也有负效应。

在双创 100 强城市中，外商投资占 GDP 比重最高的是马鞍山，为 9.44%；最低的是拉萨，为 0；100 强城市外商投资占 GDP 比重的均值为 2.46%。

表 2 双创 100 强城市中外资依存度较高的城市

城 市	实际利用外商直接投资(亿美元)	增速(%)	GDP(亿元)	增速(%)
马鞍山	21	8	1493.76	9.00
天 津	101	12.20	17885.39	9.00
长 春	65	14.70	5928.5	7.80
东 莞	39.26	-26.20	6827.67	8.10
珠 海	22.95	5.40	2226.37	8.50
嘉 兴	26.84	7.60	3517.06	7.00
芜 湖	25.11	9.20	2699.44	9.70
九 江	18.03	10.6	2096.13	9.40
西 安	45.05	14.0	6257.18	8.50

资料来源：各城市 2016 年国民经济和社会发展统计公报。

由表 2 可见，外资依存度较高的城市主要集中在中西部和东北地区，且这些地区实际利用外资的增速较快，基本高于其 GDP 增速。这表明这些地区的招商引资力度在不断加大。

3. 政府效率指数

政府效率是指政府从事公共管理过程中以较低的成本、较少的资源实现政府最优产出，达到预定行政目标的水平和能力。政府效率指数衡量了这种水平和能力的高低与大小。该指标越大，说明该地区政府执政水平越高，越有利于该地区双创的发展。

本书采用由北京师范大学、江西师范大学两校专家组成的"中国地方政府效率研究"课题组联合研发并于 2016 年 11 月 26 日发布的最新成果《2016 中国地方政府效率研究报告》作为各城市政府效率指数的数据。

根据该研究报告，双创 100 强城市中深圳以 0.9077 排全国第一。政府效率与区域经济社会发展水平具有一定的正相关性。城市政府效率指数与城市人均 GDP 对比如图 2 所示。

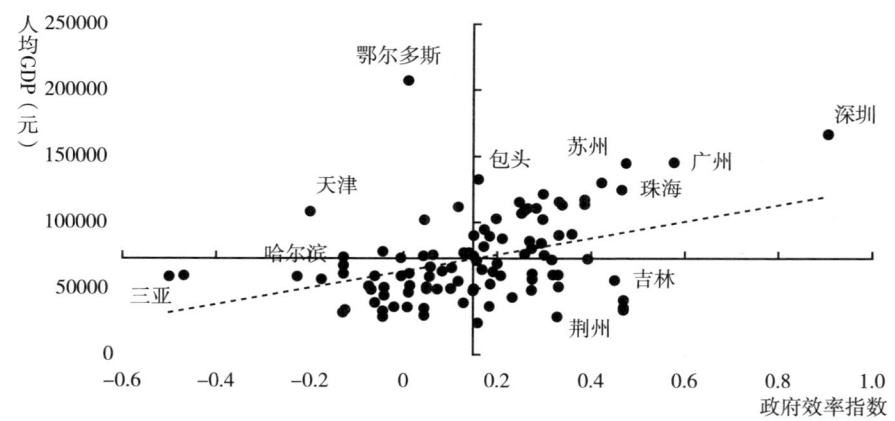

图 2　样本城市政府效率指数与其人均 GDP 对比

由图 2 可见，城市政府效率与城市经济社会发展水平具有一定的正相关性，Person 相关系数为 0.4012，这说明较高的政府效率是促进区域经济社会发展的有利因素。

4. 商业信用环境指数

商业信用环境指数（commercial credit environment index，CCEI）在宏观层面反映出各城市的信用经济发展、市场信用交易、市场经济秩序等状况及

其发展趋势。从微观具体应用角度看，该指数可用于评价一个城市的市场信用环境优劣，其主要用途包括评价一个城市的当地市场的信用交易风险程度、信用环境对企业生存和发展的影响、城市信用体系（各子系统）的完善程度和运行情况、城市信用经济发展的潜力及各城市之间的信用经济发展差异等。

本书商业信用环境指数采用中国城市商业信用环境指数课题组编制的《2015中国城市商业信用环境指数（CEI）蓝皮书》中的各城市数据。根据该蓝皮书，双创100强城市中城市信用环境指数排名前10的城市依次为北京（86.858）、上海（84.304）、贵阳（77.898）、重庆（77.499）、杭州（77.353）、深圳（77.349）、武汉（77.316）、兰州（77.065）和海口（76.997）。双创100强城市商业信用环境指数具体数据如表3所示。

表3 双创100强城市商业信用环境指数

城 市	商业信用环境指数	城 市	商业信用环境指数
北 京	86.858	三 亚	70.91
上 海	84.304	无 锡	70.753
贵 阳	77.898	绍 兴	70.746
重 庆	77.499	南 通	70.655
杭 州	77.353	泉 州	70.331
深 圳	77.349	常 州	70.279
武 汉	77.316	马 鞍 山	70.247
兰 州	77.065	淮 安	70.151
海 口	76.997	淄 博	70.11
天 津	76.794	桂 林	69.932
福 州	76.724	柳 州	69.917
西 安	76.698	茂 名	69.701
合 肥	76.653	绵 阳	69.64
广 州	76.627	威 海	69.6
成 都	76.419	徐 州	69.587

续表

城　　市	商业信用环境指数	城　　市	商业信用环境指数
沈　　阳	76.347	保　　定	69.537
厦　　门	76.21	泰　　州	69.519
南　　京	76.205	湖　　州	69.493
济　　南	76.024	邯　　郸	69.373
银　　川	75.418	德　　州	69.314
南　　宁	75.224	江　　门	69.239
呼和浩特	75.109	济　　宁	69.135
宁　　波	74.891	荆　　州	69.034
大　　连	74.72	鞍　　山	69.021
西　　宁	74.65	湘　　潭	69.004
南　　昌	74.635	中　　山	68.958
长　　沙	74.593	鄂尔多斯	68.737
哈尔滨	74.257	唐　　山	68.651
青　　岛	74.209	襄　　阳	68.6495
石家庄	74.11	株　　洲	68.577
郑　　州	73.753	沧　　州	68.499
昆　　明	73.686	汕　　头	68.386
长　　春	73.646	漳　　州	68.292
太　　原	73.186	洛　　阳	68.262
芜　　湖	72.976	连云港	68.17
扬　　州	72.51	郴　　州	67.957
温　　州	72.313	赣　　州	67.896
金　　华	71.871	湛　　江	67.854
乌鲁木齐	71.806	镇　　江	67.854
伊　　犁	71.806	九　　江	67.182
东　　莞	71.632	南　　阳	67.049
遵　　义	71.478	许　　昌	67.011
嘉　　兴	71.47	新　　乡	66.841
佛　　山	71.319	常　　德	66.774
珠　　海	71.319	岳　　阳	66.711
包　　头	71.181	衡　　阳	66.555
台　　州	71.166	吉　　林	66.11
惠　　州	70.967	松　　原	66.105
安　　庆	70.954	拉　　萨	64.675
苏　　州	70.948	榆　　林	64.675

资料来源：《2015中国城市商业信用环境指数（CEI）蓝皮书》。

由表3可知，在双创100强城市中，一个城市的商业信用环境指数的高低与该地的GDP没有直接关系。例如，贵阳市2016年的GDP为3157.70亿元，远低于深圳市2016年的GDP 19492.60亿元，但其商业信用环境指数在双创100强城市中排名第3，高于深圳市。城市商业信用环境指数与人均GDP对比情况如图3所示。

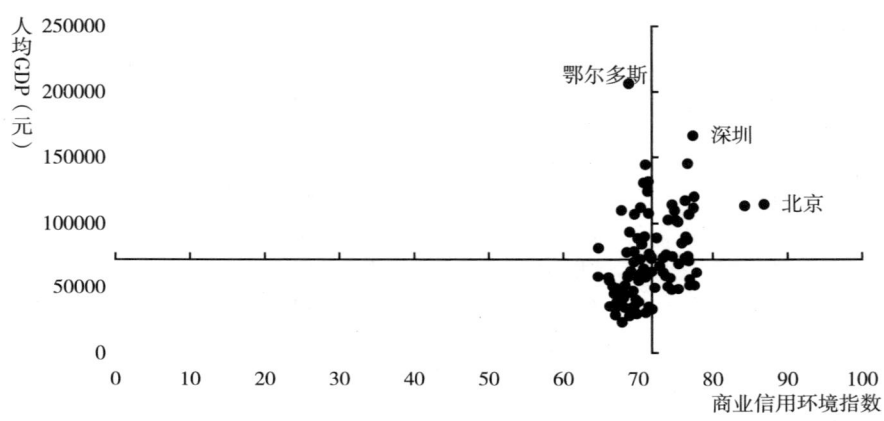

图3　城市商业信用环境指数与人均GDP对比

5. 每万人图书馆数量

在双创100强城市中，东莞、深圳是"图书馆之城"，在双创文化建设上具有绝对优势。截至2016年末，东莞市拥有公共图书馆641个。这主要是因为2001年东莞市委、市政府提出实施"文化新城"战略，努力打造图书馆之城、博物馆之城、广场文化之城。之后，作为"三城"建设之一的"图书馆之城"建设在全市铺开，使东莞市图书馆事业得到了快速发展。2016年末，东莞市每万人图书馆数量为0.7759个。

深圳也于2003年提出建设"图书馆之城"。目前，深圳市拥有公共图书馆623座，远高于上海（24座）、北京（25座）、广州（14座）等城市。2016年末，深圳市每万人图书馆数量为0.5232个。

除东莞、深圳两个城市以外，双创100强城市中其他城市的每万人图书馆数量基本集中在（0.00，0.10）区间。这说明双创100强城市整体差异不大。

6. 国家级科技企业孵化器数量

科技企业孵化器主要为新创办的科技型中小企业提供物理空间、基础设施支持，开展创业辅导、技术转移、人才引进、金融投资、市场开拓、国际合作等一系列服务，是促进科技成果产业化、培育科技企业和企业家的重要载体。其中国家级科技企业孵化器，是指经各省级科技主管部门评审推荐，国家火炬中心组织专家审核通过的科技企业孵化器。截至2016年底，我国共有862家国家级科技企业孵化器。

一个地区的国家级科技企业孵化器数量在一定程度上反映了该地区的双创环境。国家级科技企业孵化器的分布如图4所示。

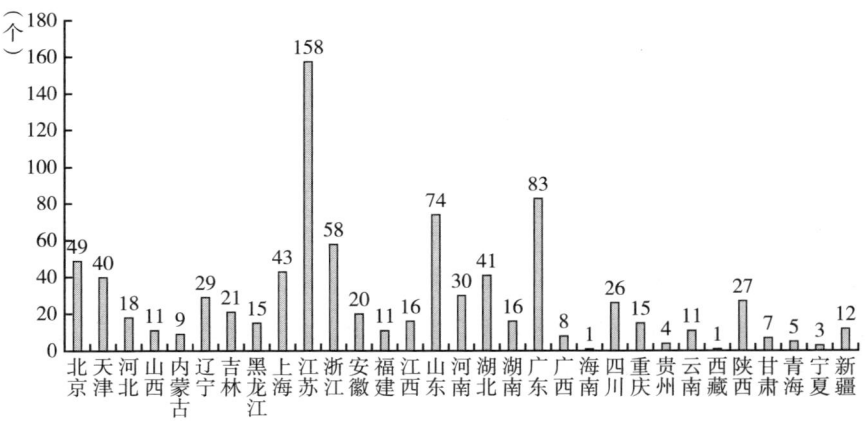

图4 国家级科技企业孵化器的分布

资料来源：根据科技部火炬中心资料整理。

（1）国家级科技企业孵化器集中分布在经济发达省份。根据图4，国家级科技企业孵化器数量最多的省份依次是江苏（158个）、广东（83个）、山东（74个）、浙江（58个）和北京（49个）等。这主要是因为国家级科技企业孵化器是依托企业建立的，且这些省份高科技企业数量众多。

（2）国家级科技企业孵化器有利于促进双创环境的提升。根据测算，国家级科技企业孵化器与双创环境支持得分的相关系数为 0.7529，正相关性明显。双创 100 强城市 2016 年度国家级科技企业孵化器数量与双创环境支持得分对比如图 5 所示。

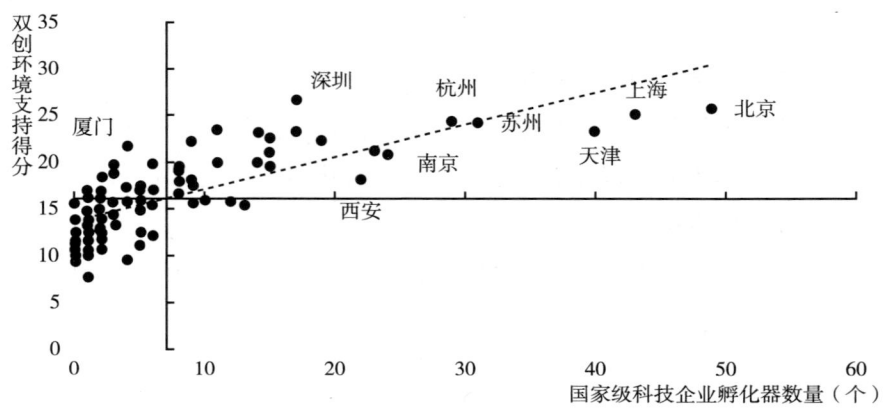

图 5　各地区国家级科技企业孵化器数量与双创环境支持得分对比

通过图 5 可发现，处于第一象限的国家级科技企业孵化器数量较多的城市北京、上海、天津、苏州、杭州、南京、西安、深圳，其双创环境支持得分也较高。而双创 100 强城市大部分集中在第三象限，其双创环境支持得分和国家级科技企业孵化器数量均低于双创 100 强城市的平均值。这说明国家级科技企业孵化器有利于促进双创环境的提升，各地区可通过培育各类科技企业孵化器来改善其双创环境。

7. 对外进出口总额

对外进出口总额是指实际进出我国国境的货物总金额。可用来观察一个国家或地区在对外贸易方面的总规模，也可反映出该地区的经济开放程度。在双创 100 强城市中，2016 年对外进出口总额最大的是上海市（28664.27 亿元）；最小的是榆林市（9.70 亿元）；双创 100 强城市 2016 年对外进出口总额的平均值为 2212.80 亿元。双创 100 强城市 2016 年对外进出口总额分布如表 4 所示。

表 4　2016 年对外进出口总额分布

对外进出口总额范围(亿元)	城市数量(个)	主要城市
5000 以下	91	南京、成都、重庆、武汉、郑州等
5000~10000	3	天津、广州、厦门
10000~20000	4	北京、苏州、东莞、宁波
20000 以上	2	深圳、上海

(1) 双创 100 强城市对外进出口规模主要集中在 5000 亿元以下。根据表 4，双创 100 强城市 2016 年对外进出口总额在 5000 亿元以下的城市有 91 个；5000 亿元以上 10000 亿元以下的有天津、广州、厦门 3 个城市；10000 亿元以上 20000 亿元以下的有北京、苏州、东莞、宁波 4 个城市；20000 亿元以上的仅有深圳、上海 2 个城市。

(2) 提高经济开放程度有利于提升双创环境。根据测算，双创 100 强城市的对外进出口总额与双创环境支持得分的相关系数为 0.6847，正相关性明显。双创 100 强城市的对外进出口总额与双创环境支持得分的对比如图 6 所示。

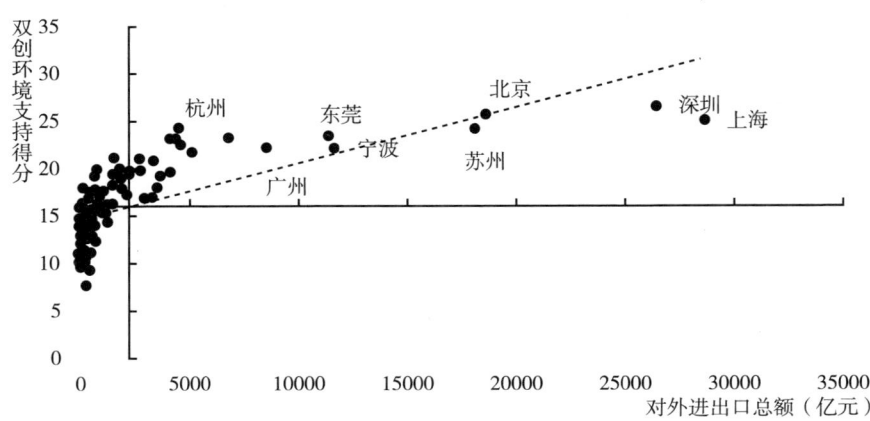

图 6　各地区对外进出口总额与双创环境支持得分对比

根据双创 100 强城市对外进出口总额与双创环境支持得分对比图可以发现，处于第一象限的对外进出口总额较高的城市如上海、深圳、北京、苏州等,其双创环境支持得分也较高。而处于第三象限的大部分城市的对外进出口总额与双创环境支持得分均低于双创100强城市的均值。这说明提高经济开放程度,加强对外合作与贸易有利于提升城市双创环境。

(二)双创资源关键指标选取与分析

双创资源包括人力资源和资本投入两个部分,本节分别选取人力资源和资本投入中与双创资源相关性较高的净流入常住人口、高等学历人口比例与年度IPO规模作为双创资源关键指标予以分析。

1. 净流入常住人口

净流入常住人口在一定程度上反映了一个城市对外来人口的吸引力。一般来说,经济发达的城市凭借优质的社会公共资源和良好的就业机会对流动人口形成了强大的吸引力,大量的流动人员到大城市后,具有融入大城市的愿望。

本书以各城市2016年国民经济和社会发展统计公报和统计年鉴为数据来源,计算各城市的净流入常住人口。测算结果发现,2016年净流入常住人口较多的城市为广州(54.2万人)、深圳(52.9万人)、重庆(31.88万人)、长沙(21.33万人)、成都(17.31万人)、杭州(17.0万人)、武汉(15.8万人)、郑州(15.56万人)、天津(15.17万人)和西安(12.7万人)。

由图7可见,珠三角的广州、深圳净流入常住人口最多,其次是最大直辖市重庆市以及主要的中西部省会城市。广州、深圳作为珠三角的经济发达城市,对企业和人才的吸引力始终存在,但随着近年来沿海产业的加速西进,一些电子产业、机械制造业等均往中西部迁移,如富士康落户郑州、一大批电子信息巨头落户重庆等,均使得大量劳动力选择就近就业,而不是去沿海就业,从而使得该地区的常住人口增加。

从图8来看,双创100强城市的人均GDP和净流入常住人口数量存在一定相关性。人均GDP越高的城市,其净流入常住人口数量越多。这说明经济发达城市在双创资源方面具有"盆地聚集效应",即经济发达城市会吸

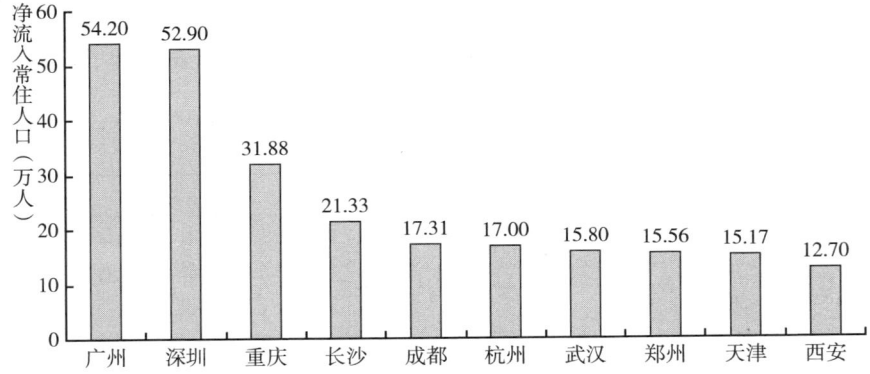

图7 双创100强城市中净流入常住人口前10名城市

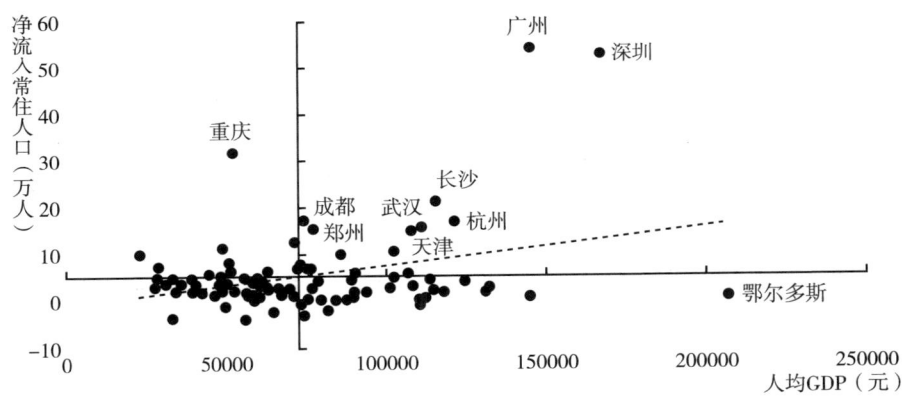

图8 双创100强城市人均GDP和净流入常住人口对比

引包括人力资源在内的各类双创资源积聚。

2.高等学历人口比例

高等学历人口是指接受过高等教育的人口与正在接受高等教育人口的总称。高等教育是指大学专科以及以上层次的教育，包括大学专科、大学本科和研究生，涵盖普通高等教育和成人高等教育。

高等学历人口比例是一个城市高等学历人口占其常住人口的比例，该比例反映了该城市人力资源的丰裕程度。在双创100强城市中，高等学历人口比例最高的是北京市，为35.65%；最低的是赣州，为3.92%；均值为11.81%。双创100强城市中高等学历人口比例分布如表5所示。

表5 双创100强城市中高等学历人口比例分布

高等学历人口比例（%）	城市数量（个）	主要城市
10.00以下	52	重庆、银川、唐山、保定、拉萨等
10.00~20.00	36	杭州、苏州、成都、长沙、石家庄等
20.00~30.00	10	深圳、上海、广州、武汉、西安等
30.00以上	2	北京、南京

（1）双创100强城市中高等学历人口比例集中在20.00%以下。根据表5可看出，双创100强城市中高等学历人口比例10.00%以下的共有52个，在10.00%与20.00%之间的城市有36个。高于20.00%的城市仅12个，其中北京为35.65%，南京为35.33%，这主要是因为北京、南京均有较多国家重点高校以及研究所。

（2）高等学历人口与双创资源能力紧密相关。根据测算，双创100强城市中高等学历人口比例与双创资源能力得分的相关系数为0.8450，相关性明显。双创100强城市中高等学历人口比例与双创资源能力得分对比如图9所示。

根据图9，处于第一象限的高等学历人口比例较高的城市如北京、南京、上海、广州、杭州等，其双创资源能力得分也较高；而处于第三象限的高等学历人口比例较低的城市如赣州、榆林等，其双创资源能力得分均低于双创100强城市均值。

2. 年度IPO规模

IPO即首次公开募股（initial public offerings），是指一家企业第一次将它的股份向公众出售。年度IPO规模是指地区一年内所有新上市公司实际募资规模。年度IPO规模在一定程度上反映了该地区新兴企业的成长速度以及该地区对企业的资本投入力度。

在双创100强城市中，年度IPO规模最大的是上海市，为180.58亿元；

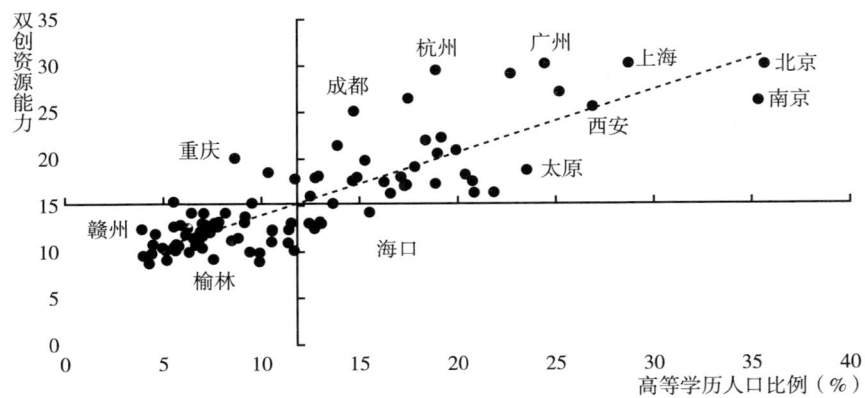

图9 高等学历人口比例与双创资源得分对比

最低的是 0；均值为 13.62 亿元。双创 100 强城市年度 IPO 规模分布如表 6 所示。

表6 双创 100 强城市年度 IPO 规模分布

年度 IPO 规模（亿元）	城市数量（个）	主要城市
10 以下	77	西安、长沙、郑州、南昌、昆明等
10~50	14	广州、武汉、天津、成都、重庆等
50~100	5	苏州、南京、贵阳、合肥、威海
100 以上	4	深圳、北京、上海、杭州

双创 100 强城市年度 IPO 规模主要集中在 10 亿元以下。根据表 6 可以看出，双创 100 强城市中有 77 个城市如西安、长沙、郑州、南昌、昆明等的年度 IPO 规模集中在 10 亿元以下，其中 48 个城市 2016 年度 IPO 规模为 0。2016 年度 IPO 规模较大的城市是深圳（146.97 亿元）、北京（130.32 亿元）、上海（180.58 亿元）和杭州（120.52 亿元）。

（三）双创绩效价值关键指标的选取与分析

双创绩效价值是指各城市在双创环境支持下，运用各种双创资源所产生的绩效价值。双创绩效价值主要包括产业绩效、创新绩效和可持续发展 3 个方面。本节分别从这3个方面选择人均GDP、专利授权量、单位GDP能耗3个指标作为双创绩效价值关键指标予以分析。

1. 人均GDP

人均GDP是了解和把握一个国家或地区宏观经济运行状况的有效指标，该指标反映了该地区的经济发展水平。

在双创100强城市中，2016年人均GDP最高的是鄂尔多斯，为207163元（这主要是因为鄂尔多斯市人口较少，2016年底，全市常住人口为205.53万人）；最低的是赣州，为23148元；均值为72687元。双创100强城市人均GDP分布如表7所示。

表7 双创100强城市人均GDP分布

人均GDP(万元)	城市数量(个)	主要城市
5以下	25	江门、西宁、南宁、济宁、连云港等
5~10	53	中山、厦门、绍兴、扬州、淄博等
10~15	20	广州、苏州、包头、无锡、珠海等
15以上	2	鄂尔多斯、深圳

（1）在双创100强城市中，2016年人均GDP主要集中在5万~10万元。根据表7，在双创100强城市中，2016年人均GDP在5万元以下的城市有25个；5万~10万元的城市有53个；10万元以上的城市共22个，其中鄂尔多斯（207163元/人）和深圳（167411元/人）超过15万元。

（2）双创活动对人均GDP有显著促进作用。根据测算，双创100强城市2016年人均GDP与双创绩效价值得分的Pearson相关系数为0.6234，相关性显著。双创100强城市2016年人均GDP与双创绩效价值得分相关性如图10所示。

根据图10可看出，双创绩效价值得分越高的城市如深圳、广州等，其人均GDP也越高。这说明双创活动对人均GDP有显著促进作用。

2. 专利授权量

专利授权量是指一定时期内专利行政部门授予专利权的件数，是发明、

双创主要指标分析

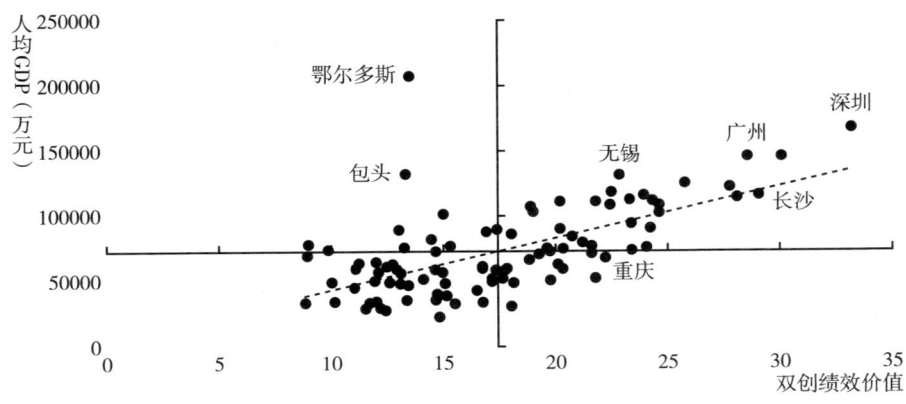

图 10　人均 GDP 与双创绩效价值得分对比

实用新颖、外观设计 3 种专利授权数的总和。一个地区的专利授权量反映了该地区的发明创新能力。

在双创 100 强城市中，2016 年专利授权量最多的城市是北京，为 100578 件；最低的是拉萨，为 92 件；均值为 13249 件。双创 100 强城市 2016 年专利授权量分布如表 8 所示。

表 8　双创 100 强城市专利授权量分布

专利授权量（件）	城市数量（个）	主要城市
2000 以下	22	襄阳、荆州、遵义、柳州、呼和浩特等
2000～5000	25	绵阳、洛阳、贵阳、威海、马鞍山等
5000～10000	14	惠州、芜湖、珠海、沈阳、长春、淮安等
10000～15000	10	长沙、镇江、湖州、扬州、泰州、哈尔滨等
15000～20000	6	无锡、合肥、郑州、常州、金华、济南等
20000 以上	23	北京、深圳、上海、苏州、广州、重庆等

（1）专利授权量与经济发展水平息息相关。根据表 8，在双创 100 强城市中，有 78 个城市的专利授权量在 2000 件以上，其中 23 个城市的专利授权量在 20000 件以上，这些城市主要是北京、深圳、上海、苏州、广州、重庆等经济发展水平较高的城市。

（2）专利授权量和城市互联网发展水平紧密相关。根据测算，双创100强城市的专利授权量与各城市的"互联网+数字经济"指数的相关系数为0.8409，相关性显著。双创100强城市专利授权量与各城市的"互联网+数字经济"指数相关性如图11所示。

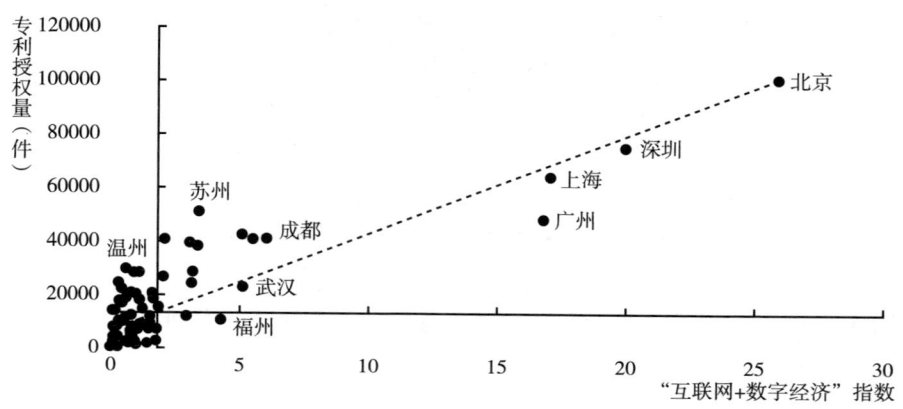

图11　专利授权量与"互联网+数字经济"指数对比

2016年以来，在"大众创业、万众创新"的背景下，中国互联网企业在专利关注程度和专利质量方面，都走在了时代前列，与国际巨头相比毫不逊色。互联网科技企业所表现出的推动作用与日俱增。数据显示，在发明专利授权率方面，互联网企业的授权率均高于60%。BAT的发明专利授权率约为70%，而360更是达到94.50%，远远高于其他公司。在发明申请授权量方面，360公司授权量超过400件，排名第2。

3. 单位GDP能耗

单位GDP能耗是指一定时期内一个国家（或地区）每生产一个单位的国内（或地区）生产总值所消耗的能源，是一个能源利用效率指标。该指标说明一个国家（或地区）经济活动中对能源的利用程度，反映经济结构和能源利用效率的变化。该指标越高说明能源利用效率越低。

在双创100强城市中，2016年单位GDP能耗最高的城市是银川，为1.95吨标准煤/万元；最低的是福州，为0.18吨标准煤/万元；均值为

0.60吨标准煤/万元。双创100强城市2016年单位GDP能耗分布如表9所示。

表9 双创100强城市2016年单位GDP能耗分布

单位GDP能耗 （吨标准煤/万元）	城市数量 （个）	主要城市
0.50以下	49	福州、绵阳、长沙、广州、北京、深圳、中山等
0.50~1.00	38	天津、武汉、海口、荆州、呼和浩特、安庆、苏州等
1.00~1.50	9	鄂尔多斯、唐山、太原、贵州、拉萨、马鞍山等
1.50以上	4	银川、南昌、伊犁、乌鲁木齐

（1）双创100强城市的单位GDP能耗集中在1.00吨标准煤/万元以下。根据表9可见，双创100强城市2016年单位GDP能耗在1.00吨标准煤/万元以下的城市有87个，其中低于我国2015年0.63吨标准煤/万元的城市有73个，低于0.50吨标准煤/万元的城市有49个。这说明双创100强城市的能源利用效率较高。

（2）中西部地区单位GDP能耗较高。根据表9可见，单位GDP能耗高于1.50吨标准煤/万元的城市是银川、南昌、伊犁、乌鲁木齐，单位GDP能耗在1.00~1.50吨标准煤/万元之间的城市是鄂尔多斯、唐山、太原、贵州、拉萨、马鞍山、兰州、包头、邯郸。

二 双创指标相关分析

双创结构是指双创环境支持、双创资源能力和双创绩效价值间的关系。本节主要分析双创结构间的关系。

（一）双创竞争力与经济发展水平的关系

竞争力是指竞争参与双方或多方的一种角逐或比较而体现出来的综合能力。双创竞争力则是指各城市在"大众创业、万众创新"竞争中的综合能力。该综合能力可用本书所测算的双创指数来衡量。

经济发展水平是指一个国家或地区的经济发展规模、速度和所达到的水平。反映一个国家或地区经济发展水平的常用指标有国民生产总值、国民收入、人均国民收入、经济发展速度、经济增长速度等。本书采用人均GDP来衡量城市的经济发展水平。

理论上，城市的双创竞争力越强，说明其创新能力和创业积极性越高，经济活力越强，经济发展速度越快。

根据测算，本书所测算的各城市双创指数与其人均GDP的Pearson相关系数为0.6748，相关性显著。各城市双创指数与其人均GDP对比如图12所示。

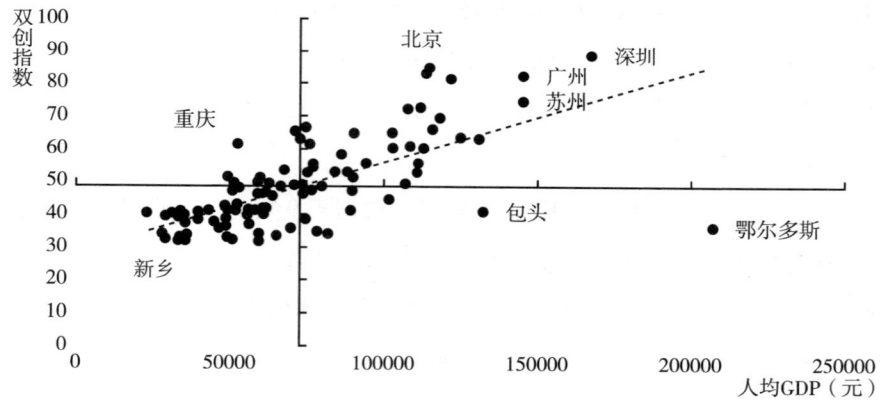

图12　各城市双创指数与其人均GDP对比

双创竞争力与经济发展水平有着密切联系。通过用反映经济发展水平的人均GDP和双创指数绘制的相关图可见：第一象限的城市的人均GDP和双创指数高于双创指数100强城市的平均水平，多数城市为前文所述的双创核心城市或枢纽城市；第四象限的城市的人均GDP高于双创指数100强城市的平均水平，但其双创指数低于双创指数100强城市的平均水平，少数城市为双创潜力城市。该图可说明双创竞争力与经济发展水平有着强相关性。

（二）双创环境支持与资源能力的相关性分析

如前所述，双创环境支持是指对双创发展具有良好促进作用的社会、经济、文化、物质等方面的因素，包括市场结构、产业基础、制度文化和配套支持4个方面。双创资源能力是指能为该地区双创发展提供资源、支持双创发展的能力，包括人力资源和资本投入两个部分。理论上，双创环境的提升将有助于双创资源的集聚，即城市双创环境的提升有助于促进双创的人力资源和资本向该城市集聚。

根据本书的评价方法，前文已构建双创100强城市的双创环境支持和双创资源能力的综合指标，为考察双创环境支持与双创资源能力之间的关系，本节以前文构建的双创环境支持和双创资源能力的综合指标作为研究对象。

通过测算，双创环境支持和双创资源能力综合指标的相关系数为0.7171，相关性较强。

由图13可见：处于第一象限的城市如深圳、北京、广州、天津、苏州、西安等，双创环境支持和双创资源能力得分均高于双创100强城市的平均水平，这些城市大多数为双创核心城市或枢纽；第四象限的城市如佛山、泉州等，其双创环境支持得分高于双创100强城市的平均水平，但其双创资源能

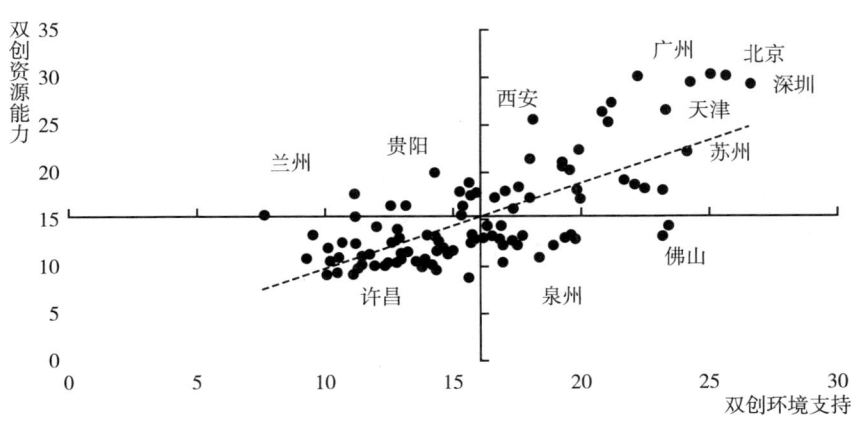

图13　双创环境支持和双创资源能力综合指标相关图

力得分低于双创100强城市的平均水平,且这些城市仅少数为双创节点城市或潜力城市。该图可以说明双创环境支持与双创资源能力的强相关性,即双创环境的提升将有利于促进双创资源的集聚。

(三)双创环境支持与绩效价值的相关性分析

理论上,双创环境支持的加强,将会提高城市的双创效率,从而提高双创绩效价值。为考察双创环境支持与双创绩效价值之间的关系,本节以前文构建的双创环境支持和双创绩效价值综合指标作为研究对象。

通过测算,双创环境支持和双创绩效价值的相关系数为0.8285,正相关性显著。

由图14可见:整体来看,双创100强城市的双创环境支持和双创绩效价值呈现出双创环境越好,其双创绩效也越高的特征。第一象限的城市如深圳、北京、广州、苏州、天津等,其双创环境支持和双创绩效价值得分均高于双创100强城市的平均水平。同时,双创环境支持得分越高,双创绩效价值和双创城市的层次也将提升,由节点城市逐渐提升到枢纽城市、核心城市。图14可以说明双创环境支持与双创绩效价值的强相关性,即双创环境支持的加强将有利于促进双创绩效价值的提升。

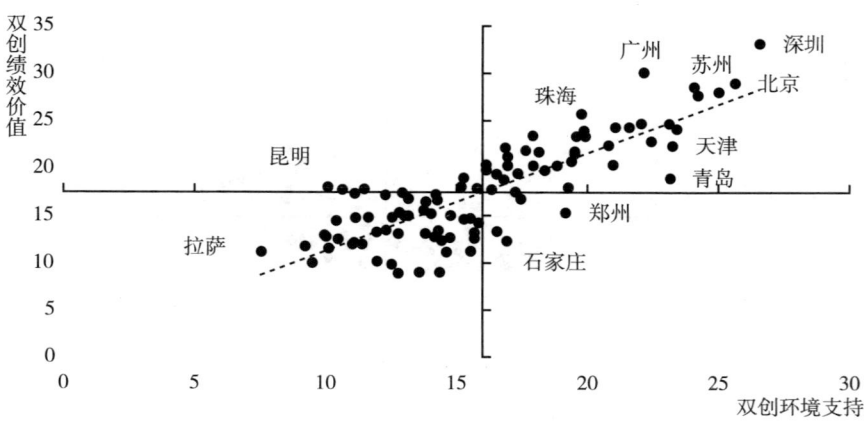

图14 双创环境支持和双创绩效价值综合指标相关图

（四）双创资源能力与绩效价值的相关性分析

资源供给能力对绩效价值的提升是一种约束。双创的实质是改革，是在有限资源供给能力的条件下，充分发挥创造能力、创新能力，提高资源利用效率，提高产业绩效和创新绩效，促进可持续发展。本节根据本蓝皮书所构建的双创资源能力与双创绩效价值的综合指标，考察双创资源能力与双创绩效价值的关系。

通过测算，双创资源能力和双创绩效价值的相关系数为0.6456，正相关性显著。

双创资源能力对双创绩效价值具有促进作用，但不及双创环境支持。根据图15可见：整体来看，双创100强城市呈现出双创资源能力越丰强，其双创绩效价值越高的特征。然而，结合图14来看，其相关性不如双创环境支持和双创绩效能力显著，这也在一定程度上说明了双创绩效价值更加注重双创环境的支持。

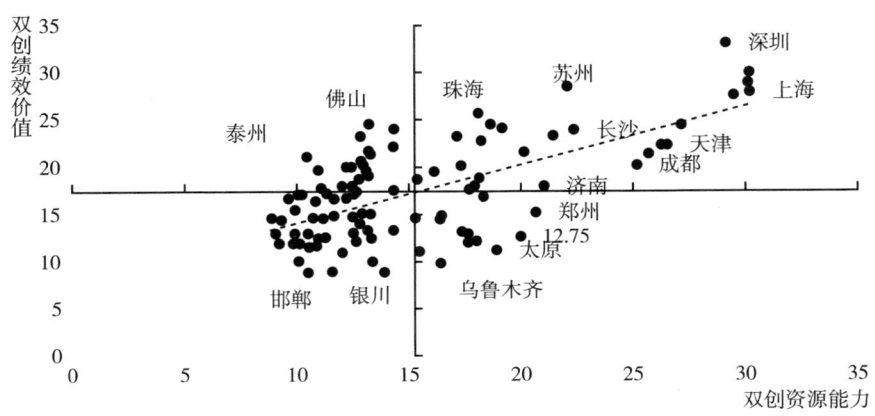

图15　双创资源能力和双创绩效价值综合指标相关图

区 域 篇

Regional Articles

　　中国双创指数篇就双创的主要指标与数据、双创100强城市双创指数评价，以及这些城市双创指数的子特征进行了详细分析。本篇接着上一篇的思路，将双创样本城市分成若干个"大"区域，从而更加简洁明要地对双创指数进行区域概括并得出直观结论。之后，将最具代表性的双创城市——深圳，作为区域研究专题的样本城市，以"小"区域的视角分别介绍深圳国家创新示范区的建设，以及南山区科技金融创新。最后，对我国创客发展面临的挑战及双创模式的新探索进行了分析，提出相应的结论，给予合理的建议，并对双创的未来进行了一定的展望。

B.5 基于双创指数的区域总体情况分析

于潇 王学龙*

摘　要： 为系统了解我国双创发展形势，本报告从区域的视角发现双创活动的特征，通过对比分析等方式，揭示我国创业、创新面临的挑战，并探索双创发展新模式。通过中国双创指数评价体系分析，我国双创区域发展特征明显。总体而言，我国东部双创发展强势，其他地区仍有待加强。此外，深圳市双创发展活跃，在指数评价中位居城市榜首，正由新兴赶超阶段迈向高端引领阶段。但其科技创新系统与国际比较而言，仍存在缺少世界级企业支撑、人才国际化程度较低等问题，未来需突破当前发展阶段所面临的多重约束，加强研发创新国际化，推动区域创新一体化。并且，深圳市南山区科技金融生态体系完备，发展较好，为双创发展打开了新思路。一般而言，对双创发展的支持，既包括软环境的鼓励，也不能缺少硬环境的支撑。目前我国双创发展仍存在一定的挑战，未来需大力推动大企业对全球创新资源的布局，探索创业、创新的新模式，密切关注双创热点行业趋势。

关键词： 区域分析　深圳　双创特征　双创展望

---

* 于潇，经济学博士，中央民族大学生命与环境科学学院讲师，主要研究方向为土地资源管理；王学龙，经济学博士，"一带一路"国际合作发展（深圳）研究院研究员，主要研究领域为产业政策、社会流动、劳动力流转。

一 区域视角下双创指数特点

中国双创指数篇对双创 100 强城市进行了分析,在此基础上本报告对几个典型的指标进行城市所属区域的简要分析。由于中国双创指数篇对城市双创指数各项指标已有详细分析,故本报告只是将双创指数、双创环境支持、双创资源能力及双创绩效价值的区域特征进行简要的归纳。

根据总报告中表 7 对城市区域的划分,将我国创业、创新的特点总结如下:东部双创发展强势,中部、西部、东北发展相当①。在双创指数 100 强城市中,有 49 个东部城市,24 个中部城市,20 个西部城市和 7 个东北地区城市。在双创指数平均得分上,东部城市为 53.54 分,中部城市为 44.93 分,西部城市为 43.41 分,东北城市为 43.36 分(见图 1)。东部城市平均双创指数高于中部、西部和东北地区,中部、西部和东北地区则相差不大。

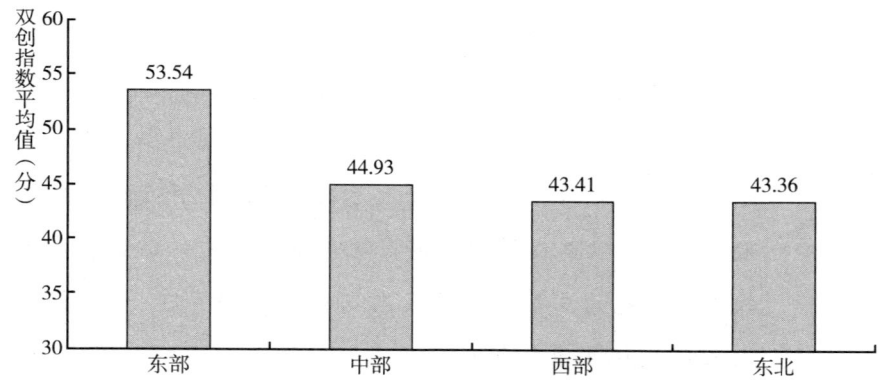

图 1 不同区域双创指数平均得分

---

① 区域是分为东部、中部、西部和东北。东部 10 省(市)包括北京、天津、河北、上海、江苏、浙江、福建、山东、广东和海南;中部 6 省包括山西、安徽、江西、河南、湖北和湖南;西部 12 省(区、市)包括内蒙古、广西、重庆、四川、贵州、云南、西藏、陕西、甘肃、青海、宁夏和新疆;东北 3 省包括辽宁、吉林和黑龙江。划分标准来源于国家统计局。

根据本书测算的双创指数 100 强城市及其得分，统计其所在区域的分布情况，结果如表 1 所示。

表 1 双创指数 100 强城市区域分布

单位：个

双创指数分数段	东部	中部	西部	东北	合计
[30,40)	10	6	9	3	28
[40,50)	16	13	6	2	37
[50,60)	7	2	2	2	13
[60,70)	9	2	3	0	14
[70,80)	2	1	0	0	3
[80,90)	5	0	0	0	5
合计	49	24	20	7	100

根据表 1，将区域双创的特点归纳如下。

首先，区域双创呈现出东部强于中部、中部强于西部、西部强于东北的特征。根据表 1，东部城市在各个分数段内均有分布，而中部地区城市主要集中在 70 分以下，西部地区城市主要集中在 60 分以下，东北地区则主要集中在 50 分以下。

其次，东部双创进一步提升的基础夯实。根据表 1 可发现，东部城市在双创指数得分区间 [30，40) 和 [40，50) 上分布较多，分别占该分数段的 35.71% 和 43.24%。这说明东部城市具有良好的双创提升基础。

再次，中部城市双创的发展态势良好。根据表 1，中部共有 24 个城市进入双创 100 强城市名单，且除了没有城市落在 [80，90) 区间，其他得分区间均有分布，最高为武汉，得分为 72.75 分。中部 24 个城市中有 18 个城市的双创指数得分在 40.00 以上，这说明中部城市双创的整体态势良好。

最后，西部和东北地区的双创整体偏弱。西部和东北地区共计 27 个城市进入双创 100 强城市名单，但仅有成都、西安、重庆 3 个城市的双创指数处于 [60，70) 区间。这说明西部和东北地区的双创整体偏弱，还需进一步提升。

二 区域视角下双创环境支持的特征及对比

为研究双创100强城市的双创环境支持的区域分布特征,统计双创100强城市双创环境支持的子特征。根据本书所确定的评价方法,双创环境支持的子特征具体是指该区域支持双创发展的市场结构、产业基础、制度文化和配套支持。具体测算结果及区域对比情况如表2和图2所示。

表2 不同区域双创环境支持子特征平均得分情况

单位:分

地区	市场结构	产业基础	制度文化	配套支持
东部	4.07	4.14	3.75	6.27
中部	3.55	2.93	2.80	4.75
西部	2.69	2.21	3.32	5.09
东北	3.17	3.49	3.47	4.42

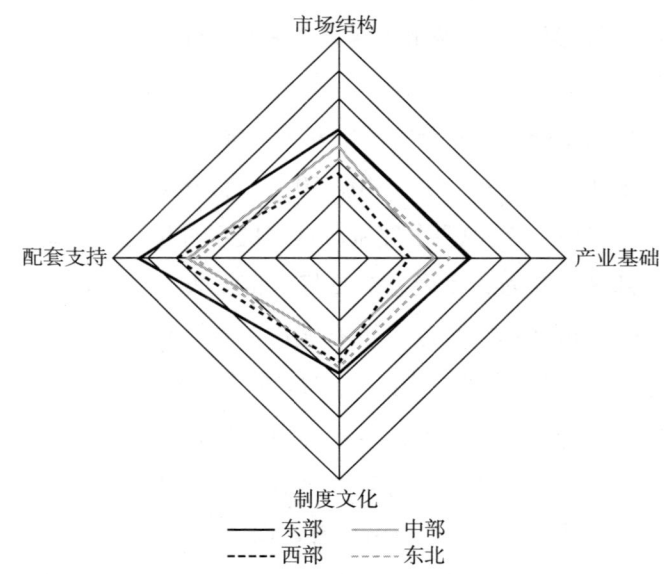

图2 不同区域双创环境支持子特征平均得分对比

根据表2和图2，可总结出双创环境支持具有以下区域分布特征。

首先，东部城市注重双创环境的配套支持建设。根据测算，东部城市在双创环境方面的市场结构、产业基础、制度文化和配套支持子特征上均领先于中西部及东北地区，其中在配套支持上，东部城市得分均值为6.27分，而中部、西部和东北地区城市在配套支持上的得分均值分别为4.75、5.09和4.42分，东部城市远远领先于其他地区城市。

其次，中部城市双创的产业基础和制度文化薄弱。根据测算，中部地区23个主要城市在产业基础和制度文化上的得分均值分别为2.93和2.80分，远低于东部城市的4.14和3.75分，也低于东北地区城市的3.49和3.47分。这一方面有中部城市的地理原因，经济开放程度低于东部城市，民间投资活跃度低；另一方面有历史原因，产业基础不及东北地区。

再次，西部城市双创的市场结构和产业基础薄弱。根据测算，西部21个主要城市在市场结构和产业基础上的得分均值分别为2.69和2.21分，远低于东部城市的4.07和4.14分，中部城市的3.55和2.93分，东北城市的3.17和3.49分，也低于该项指标的满分7.08分。这主要是由于地理原因，外商投资较少，经济开放程度较低。

最后东北城市双创和环境基础扎实，但需进一步提升双创环境支撑效率。根据测算，东北7个主要城市在双创环境支持的市场结构、产业基础、制度文化及配套支持上得分较高且较均衡，但是东北城市的双创环境支撑效率有待进一步提升。

三 区域视角下双创资源能力的特征及对比

为了研究双创100强城市双创资源能力的区域分布特征，统计双创100强城市双创资源能力的子特征得分情况，根据本书所确定的评价方法，具体测算结果及区域对比情况如表3和图3所示。

根据表3和图3，可总结出双创100强城市的双创资源能力呈现以下特征。

表3　不同区域双创资源能力子特征平均得分情况

单位：分

得分	人力资源	资本投入
东部	7.36	8.46
中部	7.35	6.77
西部	8.79	6.80
东北	8.39	5.73

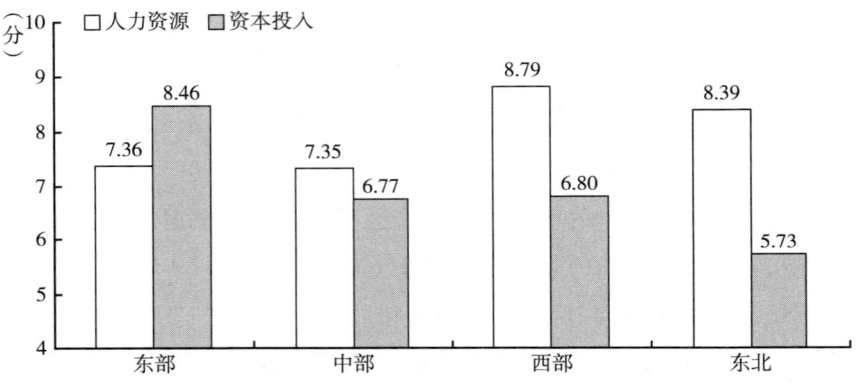

图3　不同区域双创资源能力子特征平均得分情况

首先，西部、东北地区具有丰富的双创人力资源。根据测算，西部地区、东北地区双创人力资源的平均得分分别为8.79和8.39分，均超过了东部的7.36分和中部的7.35分。这主要是因为在西部的西安、成都、重庆及东北的哈尔滨、沈阳、长春，高校较多，普通高校在校生数量较多，且相对于东部地区人口密度较低，其高等学历人口比例相对较高，所以表现为西部、东北地区的人力资源得分较高。

其次，目前我国双创资本投入普遍较低，特别是中西部、东北地区的双创资本投入较低。根据测算，东部、中部、西部和东北地区双创资本投入平均得分分别为8.46、6.77、6.80和5.73分，远低于本书所确定的满分16.50，这说明目前我国双创资本投入仍较低，还需经一步加大科技研发和新产品研发支出，促进创业、创新。

四 区域视角下双创绩效价值的特征及对比

为研究双创100强城市双创绩效价值的区域分布特征，统计双创100强城市双创绩效价值的子特征得分情况，具体测算结果及区域对比情况如表4和图4所示。

表4 不同区域绩效价值子特征平均得分情况

单位：分

得分	产业绩效	创新绩效	可持续发展
东部	6.87	6.80	5.99
中部	5.69	4.99	5.33
西部	4.70	4.84	4.94
东北	4.93	4.63	5.12

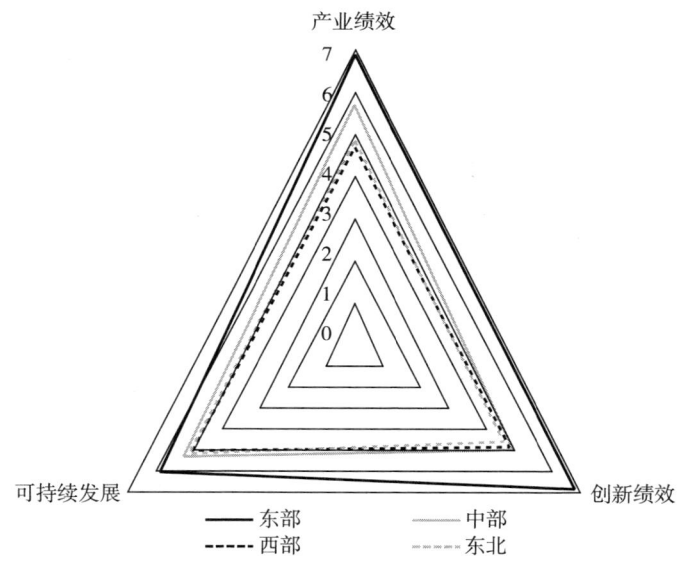

图4 不同区域绩效价值子特征平均得分情况

根据表4和图4，可总结出双创100强城市的双创绩效价值具有以下特征。

首先,东部城市的创新绩效优势明显。根据测算结果,东部城市在产业绩效、创新绩效和可持续发展上的平均得分分别为6.87、6.80和5.99分,高于中部城市的5.69、4.99和5.33分,西部城市的4.70、4.84和4.94分,以及东北城市的4.93、4.63和5.12分。其中创新绩效远远高于其他地区。

其次,中部地区城市的创新绩效相对较低。根据测算结果,中部城市在创新绩效上的平均得分低于产业绩效和可持续发展得分,且也远低于东部城市的得分。这主要是由于中部城市在"互联网+数字经济"方面相对薄弱,远低于东部城市水平。

最后,西部、东北地区双创绩效价值各方面均有较大提升空间。根据测算结果,西部、东北地区的产业绩效、创新绩效、可持续发展3个方面的得分较为均衡,西部城市在3项子特征上的得分集中在4.80左右,东北城市在3项子特征上的得分集中在4.90左右,但与东部、中部地区存在一定差距。

B.6 深圳市国际科技产业创新中心建设路径

魏建漳[*]

摘 要： "创新能力—创新趋势—经济发展水平"三维图谱揭示的科技产业创新中心发展规律表明，世界科技创新中心的演变分为4个阶段：种子培育阶段、新兴赶超阶段、高端引领阶段和僵化下滑阶段。深圳已经进入新兴赶超阶段中期，正在迈向高端引领阶段。深圳打造国际科技创新中心可以采用"内外远近，两个平衡"的发展思路。"内外远近"：一是在国内实现区域创新一体化；二是在国际上实现研发创新国际化；三是在远期着重提升创新要素效率；四是在近期努力推动国际创新要素集聚。"两个平衡"：一是平衡赶超式创新与颠覆式创新的资源分配；二是平衡科技中心与金融中心的战略资源分配。

关键词： 三维图谱　发展阶段　科技创新中心　发展策略

一 深圳肩负建设国际科技创新中心的使命

（一）国际科技创新中心的内涵

国际科技创新中心的概念最早[①]由《连线》杂志于2000年提出，是指全

---

[*] 魏建漳，经济学博士，"一带一路"国际合作发展（深圳）研究院研究员，主要研究领域为创新创业、产业政策、产业规划。
[①] 杜德斌认为，在国家层面，最早可追溯至英国学者贝尔纳于1959年提出的"世界科学活动中心"，日本学者汤浅光朝于1962年提出一个地区一定时间段内科学成果占全世界科学成果比例超过25%的界定方法。在城市层面，最早提出世界科技创新中心的是《连线》杂志。

球先进文化、先进技术和先进制度的先行者，全球科技创新资源集聚、创新活动活跃、创新成果引领全球、创新能力持续且灵活应对变化、创新文化多元，在全球科技创新网络中处于支配地位的城市或地区①。

国际科技创新中心的要素包含4个层次：创新资源——高校和研究机构培养技能劳动力或创造新技术的能力；创新载体——带来专业知识和经济稳定的大型企业和跨国公司；创新动机——创办新企业的积极性；创新环境——促使好创意成功进入市场的风险资本可得性。

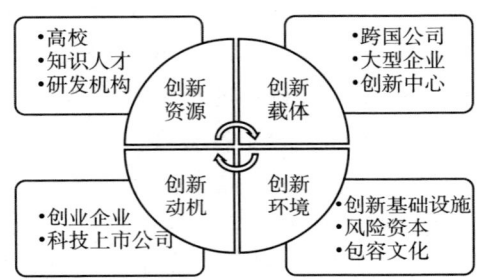

图1 国际科技创新中心的4个层次要素

资料来源：屠启宇、张剑涛等：《全球视野下的科技创新中心城市建设》，上海社会科学院出版社，2015，第4页。

国际科技创新中心的分类有多种方式，经常被采用的有两种。一种是按照规模和地位划分，可分为地区节点型科技创新中心、区域中心型科技创新中心、全球支配型科技创新中心（见图2）；另一种是按照国际产业分工和功能划分，可分为综合型科技创新中心、研发型科技创新中心、专业技术型科技创新中心②。当某个地区创新发展的产业具有占地规模大的特征时，如美国的底特律和日本的丰田市，创新成果更加专业化，该区域就会成为专业

---

① 综合了《连线》、理查德·佛罗里达（Richard Florida）、杜德斌等研究的概念。杜德斌：《全球科技创新中心：动力与模式》，上海人民出版社，2015，第26页；理查德·佛罗里达：《创意阶层的崛起》，司徒爱勒译，中信出版社，2010。
② 屠启宇、张剑涛等：《全球视野下的科技创新中心城市建设》，上海社会科学院出版社，2015，第3页。

技术型科技创新中心；当某地区具有院校高度密集特征时，如日本的筑波和德国的慕尼黑，则其更倾向于发展成为研发型科技创新中心；当某地区的创新更加灵活且具有轻资产特征时，该地区更容易发展成为综合型科技创新中心。

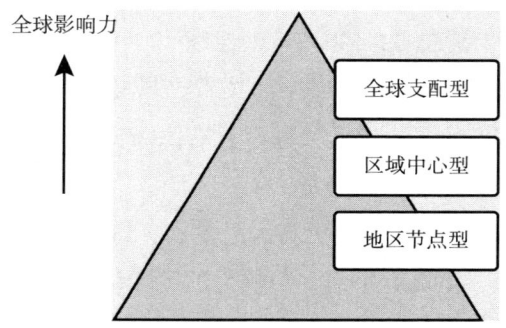

图2　国际科技创新中心的分类及全球影响力

国际科技创新中心的发展，都经历了从区域创新中心到国家创新中心，再到国际创新中心的过程。在国际科技创新中心的成长过程中，多种因素的制约和影响决定了其发展方向和成效。

要回答"深圳建设成具有世界影响力的一流科技创新中心应该怎么做"这个问题，首先应考察国际科技创新中心的发展规律，及其不同发展阶段的影响因素，进而结合具有世界影响力的科技创新中心发展经验及深圳自身特点，提出富有针对性的发展策略。

（二）由国内创新中心转向国际创新中心

根据世界银行划分的人均收入水平4个阶段，中国已经进入中等收入国家行列，正面临从要素驱动转向创新驱动的关键时期，即将从参与低水平国际竞争转向参与高水平国际竞争。面对以创新战略为核心的高水平国际竞争舞台，中国需要在空间上形成率先参与国际创新竞争的开放平台，集聚国内外高端创新资源，走出一条引领全国的新型开放创新发展道路。综观世界经济发展史，承担这一历史使命并成功引领全国向创新驱动转型成功的城市，都成功构建了具有世界影响力的科技创新中心。

深圳具备建设国际创新中心的发展基础。创新强度已达到世界发达国家水平，深圳2015年全社会研发投入占GDP比重达4.05%，超过韩国。专利产出达到全国创新中心的水平，2015年，深圳市PCT国际专利申请量达1.3万件，占全国申请总量的46.9%，连续12年居全国各城市的首位。部分技术领域具备国际水平，深圳在4G技术、超材料、基因测序等领域的核心技术已经具备国际水平。因此，建设具有国际竞争力的城市，融入全球经济体系和创新体系，深圳责无旁贷。

"十三五"期间，深圳将向更高水平发展，着力打造成为更高水平的国家自主创新示范区，更具竞争力、影响力的国际化城市。在经济进入新常态的背景下，实现上述发展目标，需要更加强调以创新驱动为主引擎，实现新旧增长动力转换。建设更高水平的国家自主创新示范区，不仅是深圳"十三五"时期的发展目标，也是深圳"十三五"规划得以实现的基础条件，是深圳践行"创新、协调、绿色、开放、共享"五大发展理念的历史使命。

继续引领国内科技创新潮流，瞄准国际科技创新中心的发展水平，研究国际科技创新中心的发展规律，借鉴国际科技创新中心的发展经验，是深圳落实创新驱动、努力建成更高水平的国家自主创新示范区的重要路径。建设国际科技创新中心是深圳又一次肩负开放"试验田"历史重任，在激烈的国际竞争中"杀出一条血路"，在观念创新、实践创新和制度创新上为全国做出贡献的重大机遇。

二　深圳所处科技创新中心的发展阶段

（一）国际科技创新中心的发展规律

1. 创新中心的发展是从低级到高级的演进过程

本报告采用OECD区域数据，选取40个国家共170个城市（大都市区）

作为考察对象，分析当前全球科技创新中心的发展规律和分布格局。这170个样本城市大部分属于地区节点型和区域中心型的科技创新中心，并不都是具有世界影响力的科技创新中心，但它们基本反映了世界科技创新中心的演变历程和发展方向。

城市选取标准如下：①数据可获取，1998~2012年，数据可获取的国家有40个；②选取2012年申请专利数量占国家申请专利总数比例排名前5的城市；③已选取城市专利占比加总超过80%时，不再选取其他城市；④具有多个创新中心的大国，适度增选1~2个城市或大都市区。

依据国际科技创新中心发展的动态格局、发展历程与创新过程，将世界科技创新中心的演变分为4个阶段：种子培育阶段、新兴赶超阶段、高端引领阶段和僵化下滑阶段。

图3中横坐标为以购买力平价测算的城市人均GDP，代表专利价值在城市经济价值中的体现；纵坐标为1998~2012年专利年均增长速度，代表创新集群的专利成长情况；图中圆圈的大小为1998~2012年的专利申请总量，代表创新集群的规模。

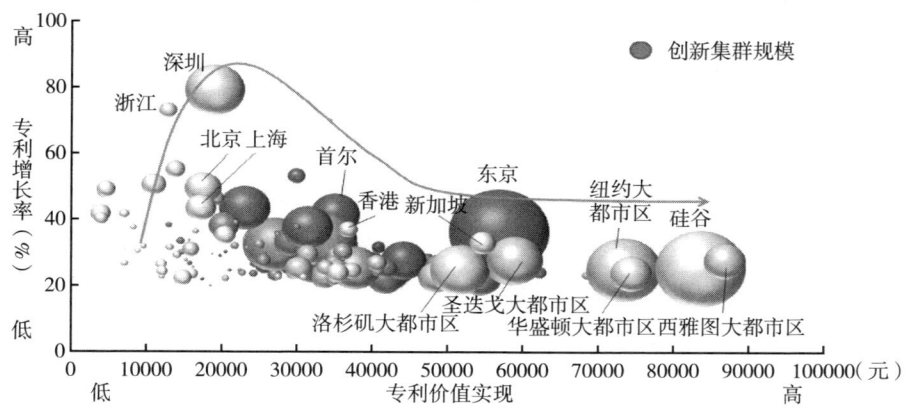

图3　国际科技创新中心发展动态格局（1998~2012年）

种子培育阶段——位于国际科技创新中心发展动态格局图的左下角。在这一阶段，城市开始通过制度重建、要素集聚、市场开发等各种途径发展产业，并尝试在某个产业领域建立一定的比较优势，通过模仿、引进、联合开发等方式实现了专利的初步积累。专利数量快速增加，与之对应的是劳动生产效率大幅提升，人均GDP增长加快，进而带来了更多的教育投资和人才培养。产业的某个领域在区域范围内形成比较优势，成为全国重要的节点。产业大规模的生产积累了利润，人力资本投资积累了知识吸收能力和创新能力，为下一阶段的专利研发投入和产出提供了可能。深圳经历早期20年的改革开放已经成功完成了初步的资本积累和人力资本积累，并获得了计算机信息通信产业的快速发展和专利积累，在珠三角的小区域范围内具备了比较优势。世界上大量的区域性中心城市目前都处于这一阶段。

新兴赶超阶段——对应国际科技创新中心发展动态格局图的左上角。这一阶段的典型特征是确定了创新发展的理念，逐渐成长为国家或大区域的科技创新中心，在特定的产业领域显示出一定的国际影响力。在这一时期，大量的资本积累为创新基础设施建设和市场体制的改善提供了可能。一些企业在特定的领域取得更多的专利，专利增长加快，因专利而获得竞争优势确保了更高的回报。更多的企业加入创新的行列，创新人才加快向城市集聚。同时，资本开始探索在其他产业领域投资的可能性，期待参与更高风险和更多回报的产业领域。产业领域更加多样化，专利产出更加多样化。同期，服务业快速发展，产业结构更趋于全面和合理，创新的动力、主体、方式、生态等更加全面。印度的班加罗尔，中国的深圳、上海等都具备这一时期的典型特征。

高端引领阶段——对应国际科技创新中心发展动态格局图的右上角。这一阶段的典型特征是城市获得了国际产品市场和要素市场的定价权和配置权，在多个领域获得持续引领的能力，具备了广泛的国际影响力，成长为成熟的国际科技创新中心。专利的广泛布局已初步完成，注重专利质量及专利的回报，因此专利规模虽然增长，但增长率开始回归到中高速。人均GDP持续提升。在多样化布局的产业中，每一个产业的专利都呈现快速的扩张，保持了专利中高速增长的可能。同时带来多个产业的创新集群虹吸效应，全球配置资源的企业增多，为实现一个目标而促使全球创新资源联动的能力加强，在模式创新、技术创新、产业创新、创新规模、创新效率等方面都对世界垂直产业链和水平产业链产生直接的影响。美国六大创新都市圈、日本东京都市圈、英国大伦敦都市圈等都体现了这一时期的特征。

僵化下滑阶段——对应国际科技创新中心发展动态格局图的右下角（专利长期平均增长率下降到20%以下）。这一阶段的典型特征是创新活动的活跃度下降，专利增长率持续下滑，新兴产业发展动力不足。人均GDP虽然保持较高水平但增长乏力，部分城市人均GDP出现长期停滞甚至衰退，创新引领能力逐渐被其他新兴城市所取代。

2. 创新中心的发展伴随对多重约束的不断突破

国际科技创新中心城市的跨阶段发展，犹如"惊险一跳"，很多没有实现跨越的城市逐渐失去竞争力，甚至陷入了停滞、衰退。经考察，资本、人才、市场和制度四大约束的相互作用，是每个阶段的跳跃都必须面对的重要问题。但是，每个阶段所面对的主要约束关系又具有差异性。

从种子培育阶段进入新兴赶超阶段，建立初步的研发、产业和政府的三螺旋创新体系是突破制约的关键。

从新兴赶超阶段向高端引领阶段发展，需要解决的核心问题是突破固有的利用国内资源和市场的观念，搭建沟通国际产品市场和要素市场的桥梁，建立全球领先的知识创新要素分配体系和知识产权保护体系。吸引国际创新资本、创新智力，进入国际创新市场和产品市场，建立国际创新网络，提高多种创新资源的互动效率是"惊险一跳"的关键。

表1 国际科技创新中心发展阶段的核心制约因素和特征

阶段	资本	人才	市场	制度
种子培育阶段	（以FDI为主）制造资本投入和积累	吸收制造技术与管理技术方面的国内人才	被动、垂直进入国际低端产品市场	取消FDI进入壁垒，建立完善的市场体系
新兴赶超阶段	政府教育和研发支出、创新创业资本	技术创新、制造创新和服务创新方面的人才	国内市场提升，主动进入国际产品市场	国家创新体系
高端引领阶段	全球创新创业资本、文化资本	具有创意的国际知识人才汇聚地	主动与国际要素市场和高端产品市场融合	国际创新网络
僵化下滑阶段	制度创新不足制约要素效率，要素资源成长性差			

（二）深圳所处阶段与未来形势

1. 深圳正由新兴赶超阶段迈向高端引领阶段

根据世界科技创新中心的发展规律及深圳经济发展指标，深圳已经进入新兴赶超阶段。如图4所示，使用购买力平价计算的人均GDP表明，深圳的发展水平已经接近柏林，达到东京的68%。但深圳与发展水平更高的纽约、洛杉矶还有相当大的差距，人均GDP仅为洛杉矶的42%、纽约的41%。优化创新系统，保持创新动力，突破当前发展阶段，迈向高端引领阶段，是深圳未来的发展方向。

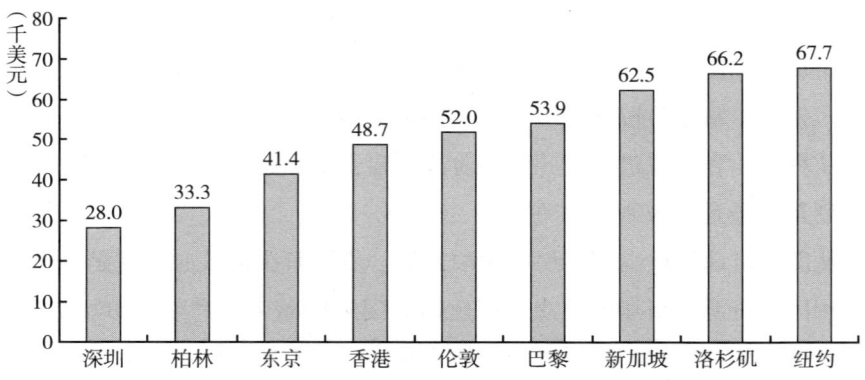

图4　购买力平价人均GDP对比

注：人均GDP根据2013年购买力平价计算。
资料来源：NewYork City Global Partners提供的Global City Data，http：//www. nyc. gov/html/ia/gprb/html/global/global. shtml。

2. 深圳迈向高端引领阶段需要突破两道关口

人均GDP 4万美元和6万美元，是科技创新中心发展的两个关键点。将全球170个主要城市分成16组（组距5920美元），考察国际科技创新中心城市不同发展阶段的分布状况。在2万~4万美元这个区间，聚集了最多的科技创新中心城市（占61.2%）；在4万~6万美元这个区间，城市数量锐减（占17.6%）；人均GDP在6万美元以上的城市比例很低（占5.3%）。

深圳迈向高端引领阶段，需要突破人均GDP 4万美元和6万美元两道关口。

结合2thinknow发布的国际创新城市指数排名，从国际科技创新中心发展动态格局可知，样本城市人均GDP达到4万美元即进入国际科技创新中心的行列。但要发展成为国际一流科技创新中心，还需经历两个发展阶段：首先，进入4万~6万美元区间；其次，突破6万美元。2015年，深圳市人均GDP为2.6万美元，处于新兴赶超阶段中期。国际科技创新中心发展动态格局反映了科技创新中心的发展演化，意味着深圳迈向高端引领阶段需要突破两道关口。

三 深圳科技创新系统的国际比较

（一）创新主体的国际比较

1. 企业：缺少世界级企业支撑

研发创新需要产业支撑，需要强有力的企业将新技术与市场结合。世界级的企业是世界级科技创新中心的核心动力源。从2013年世界500强的城市分布来看，总部在东京的世界500强企业占比高达10.2%；总部在巴黎、纽约的世界500强企业的占比分别为5.0%和3.6%；总部在洛杉矶和伦敦的世界500强企业的占比均为3.2%；总部在香港的世界500强企业的占比为0.8%；总部在深圳的世界500强企业的占比为0.4%（见图5）。在拥有

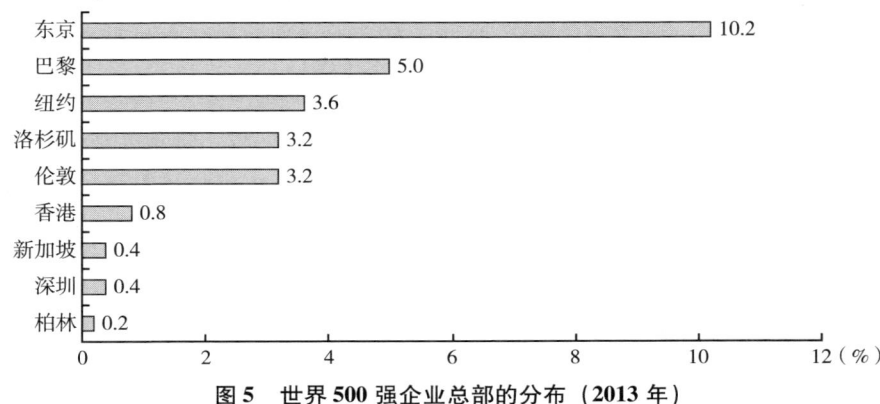

图5 世界500强企业总部的分布（2013年）

资料来源：New York City Global Partners 提供的 Global City Data，http://www.nyc.gov/html/ia/gprb/html/global/global.shtml。

世界500强企业的数量上,深圳与东京、纽约的差距较大。

经过两年的发展,深圳在2015年有4家企业上榜世界500强,占比升至0.8%(见表2)。随着新能源汽车产业迎来良好发展契机,比亚迪有可能在未来几年成为世界500强。但总体而言,深圳拥有的世界500强企业总部的数量和排名还是远远落后于东京、纽约、洛杉矶等世界级科技创新中心。

表2 深圳2015年上榜世界500强的4家企业

2015年排名	2014年排名	公司名称	营业收入(百万美元)
96	128	中国平安保险(集团)股份有限公司	86021.8
228	285	华为投资控股有限公司	46774.1
235	350	招商银行	45613.8
247	295	正威国际集团	43611.7

资料来源:《财富》官方网站。

2. 高校与科研机构:数量不足

科研机构是组织智力资源、承担科研任务、培养可持续创新能力的重要平台。世界级科技创新中心统统具备高质量、大规模的高等教育机构作为支撑。2013年数据显示,东京拥有136家高等教育机构,纽约拥有110家,远超其他科技创新中心城市(见图6)。除此之外,东京和纽约的高等教育机构质量也有目共睹。东京的东京大学、东京理工大学具有强大的科研实力和国际影响力;纽约的哥伦比亚大学、纽约大学都是世界公认的名校,研究实力雄厚。

相比而言,深圳在高等院校建设方面远远落后。不仅数量上难以与世界级科技创新中心匹敌,质量上也是不尽如人意。随着深圳向世界级科技创新中心迈进,高等院校支撑不足的弊端将日益严重。

3. 政府:对基础科研投入较少

市场失灵理论和科技创新的发展趋势、国家竞争战略的实践,都为政府推动科技创新提供了有力支撑。即便是在市场原教旨主义和新自由主义占主导的美国,政府对科技创新的干预也一直存在,并有新自由主义和国家干预

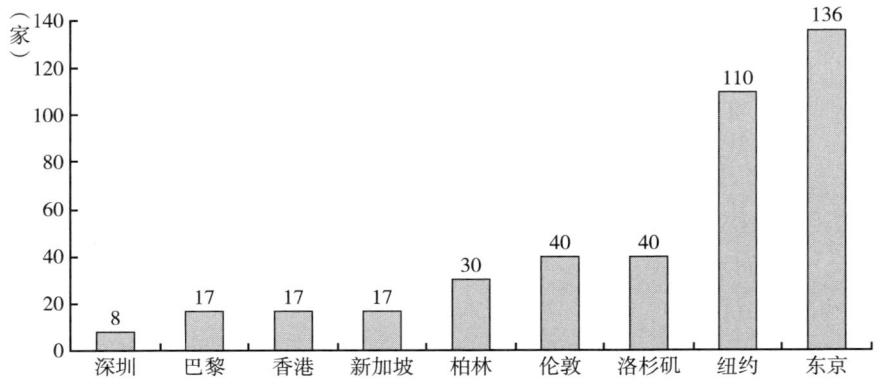

图6 高等教育机构数量（2013年）

资料来源：New York City Global Partners 提供的 Global City Data, http://www.nyc.gov/html/ia/gprb/html/global/global.shtml。

主义相融合的趋势。

美国政府的资金投入和项目市场运作机制，保障了美国在国防科技、能源、生物、健康、信息等重要领域的科技研发保持世界领先地位。美国政府将国内生产总值的3%投资于研发，鼓励学生主修科学、技术、工程和数学领域的专业，通过改革移民政策吸引高素质移民，推进无线和宽带网络技术的进一步发展和普及。美国国家科学基金会每年能获得政府拨款约60亿美元，用于支持人才培养、项目研发，由以大学为主的科研机构自由申请，其中近一半资金用于支持创意的实施。

相比而言，深圳政府对科技创新的投入较少。深圳科技创新投入的90%集中在企业。从资金投入来看，深圳政府应当对科技创新尤其是基础科研进行更多的投入。

（二）创新资源的国际比较

1. 人才：国际化程度较低

（1）外国出生人口比重较低

智力资源是科技创新中心最宝贵的资源，国际化的人才是世界级科技创新中心最重要的支撑条件。绝大多数世界级科技创新中心均具有很高的人才国际化程度。如图7所示，纽约、洛杉矶外国出生人口在当地人口中所占比重分别达29.49%和32.53%。香港、伦敦外国出生人口所占比重分别为38.43%和37.70%。官方语言并非英语的巴黎，外国出生人口比重也高达17.74%。民族性、封闭性相对较强的日本东京，外国出生人口所占比重也有3.33%。深圳外国出生人口所占比重仅为0.28%，不及东京的1/10，不及纽约的1/100。

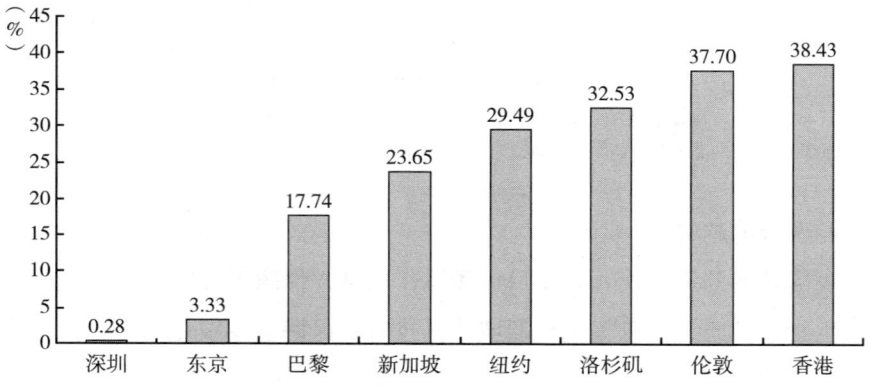

图7　外国出生人口所占人口比重

资料来源：东京数据取自日本数据网站，http://stats-japan.com/t/kiji/11639；纽约、香港、洛杉矶、巴黎、新加坡取自维基百科，https://en.wikipedia.org/wiki/Foreign_born#Cities_with_largest_foreign_born_populations；深圳数据根据新闻报道推算而得，http://www.sznews.com/news/content/2014-10/17/content_10533716.htm。

（2）国际交流程度相对较低

在常住人口国际化程度较低的情况下，深圳外籍访客所占比重也并不高。如图8所示，洛杉矶和伦敦外籍访客占全部访客的比重为57.79%。香港和柏林外籍访客所占比重分别为51.75%和34.87%。深圳外籍访客所占比重为31.05%，高于纽约和巴黎。但需要注意的是，在深圳外籍访客中，绝大多数是香港居民。如果在外籍访客统计中除去香港居民，则深圳外籍访客的国际化程度将下降很多。这意味着深圳人员的国际交流程度还有很大提升空间。

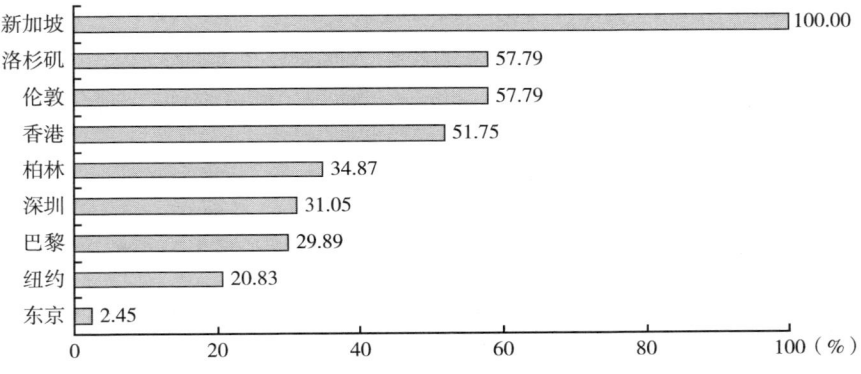

图 8　外籍访客占全部访客比重

资料来源：New York City Global Partners 提供的 Global City Data，http：//www.nyc.gov/html/ia/gprb/html/global/global.shtml。

（3）平均人口素质水平较低

深圳人才国际化程度较低，但这并不是因为深圳本地人才已经能够满足高端研发创新的需要。事实上，深圳的人口素质远远不能满足其成为世界级科技创新中心的要求。如图9所示，从受过高等教育的人口占城市人口比重来看，东京、洛杉矶、巴黎均高于40%，香港、伦敦、纽约均在30%左右，

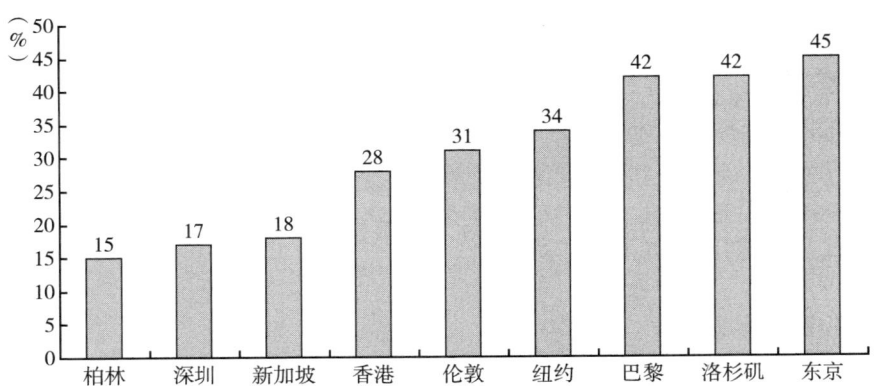

图 9　城市中受过高等教育的人口所占比重

资料来源：New York City Global Partners 提供的 Global City Data，http：//www.nyc.gov/html/ia/gprb/html/global/global.shtml。

而深圳仅为17%。由于德国特别强调制造业，重视"工匠精神"，因此德国的教育更突出职业教育，将近80%的年轻人接受的是职业教育，大学生在人口中所占比例较低。从国际比较来看，深圳打造世界级科技创新中心，还需在提升人口素质方面做出更多努力。

2. 资本：风险投资规模相对较小

有关研究显示，2015年深圳的风险资本总额仅为1.17亿美元，排在亚洲第11位，占亚洲风险资本投资的1.93%，占全球风险资本投资的0.28%（见表3）。远远低于在亚洲排名第1和第2的北京和上海，排名甚至低于成都。根据软银中国的调查统计，上海成为风险投资机构最希望落户的地区，选择上海的机构的比例达到28.84%，21.72%的机构选择落户北京，只有10.13%的机构选择深圳。

表3 2015年全球主要城市与深圳风险资本投资对比

全球排名	城市	总风险资本（亿美元）	占全球比重（%）
1	硅谷	106.46	24.3
7	伦敦	8.42	2.00
9	北京	7.58	1.80
14	上海	5.10	1.21
—	特拉维夫	2.50	0.59
—	深圳	1.17	0.28

资料来源：Martin Prospperity Institute，Rise of The Global Startup City。http：//martinprosperity.org/media/Rise - of - the - Global - Startup - City.pdf，课题组整理。

（三）创新环境的国际比较

1. 制度环境

在科技创新过程中，政府担当的角色是科技创新的保护者、相关配套制度的建设者、创新文化的倡导者以及具体科技创新与产业政策的制定者，而非科技创新工作具体从事者。

从全球范围来看，美国是科技创新制度发展完善的代表性国家。富有创新精神的文化传统，鼓励自由市场经济的政治体制，保障创新成果的法律法规，促进创新发展的研发教育投入和鼓励个人创新的社会环境，使美国成为一个创新型科技强国。

相比之下，深圳科技创新相关知识产权保护、专利转移等方面的法律法规及其执行还有很大提升空间，科技创新的制度环境建设还有很长的路要走。

2. 科技中介

科技中介是指为科技创新主体提供社会化、专业化服务以支撑和促进创新活动的机构。科技中介面向社会开展技术扩散、成果转化、科技评估、创新资源配置、创新决策和管理咨询等专业化服务，对知识流动和技术转移发挥着关键的促进作用，能够有效降低创新成本、化解创新风险、加快科技成果转化、提高整体创新功效。

发达国家已经设立多种类型的中介机构，为研发创新提供服务支撑。美国的研发中介机构包含3个层次。第一，孵化、转化型科技中介机构。它以企业孵化器的形式出现，其中包括4种类型：一是政府或非营利性组织主办的企业孵化器，二是私营的企业孵化器，三是与高等院校、科研单位有关的企业孵化器，四是公私合营的企业孵化器。第二，咨询服务型中介机构。如美国的国家技术信息中心，由联邦政府资助建立，主要为中小企业提供技术信息咨询。第三，技术转移、推广型中介机构。包括3种类型：一是美国联邦实验室技术转移联合体，二是美国的大学—产业合作研究中心，三是政府在各大科研机构设科技转移办公室。

深圳科技服务业尚处于发展初期，当前科技中介和技术推广类机构平均规模较小，技术转移转化服务渠道不够宽，未来提升空间较大。借助毗邻香港的区位优势，充分利用香港资源，是推动深圳科技服务业快速发展的重要方式。

（四）国际比较启示

1. 深圳突破当前发展阶段面临多重约束

深圳正处于科技创新中心发展的新兴赶超阶段，正在向高端引领阶段迈

进。在此阶段需要解决的核心问题是打破固有的利用国内资源和市场的观念，搭建沟通国际产品市场和要素市场的桥梁，建立全球领先的知识创新要素分配体系和知识产权保护体系。此阶段面临的主要约束是人才国际化、国际资本、国际市场，以及制度环境。

(1) 人才国际化

硅谷的发展历程就是不断实现人才国际化的过程。硅谷的外国人出生率高达37%，且近十年的外国人才迁入净值都处于较高水平。人才国际化也是东京、纽约、伦敦、香港、新加坡等进入高端引领阶段的重要支撑条件。各个国家和城市都建立和完善了移民政策，为人才的跨国流动提供便利，同时提供了高效的本地服务，为人才的安居提供了保障。

(2) 国际资本

创新资本中的天使资本和风险资本都是高端引领阶段创新发展最为重要的投入要素，但资本的投入并不限于资金，而是资本和知识的双重融合，先进的投资理念和伴随资本而来的多种管理、关系等要素的投入是无形资产，甚至是创新企业未来成功的关键。而处于新兴赶超阶段的城市还缺乏相应资本。

(3) 国际市场

高端产业的发展必然要求高利润率，高利润的产品往往具有定价权，需要具有购买力的市场。一个国家的市场通常被分为满足基本需求的产品市场和高端市场，且往往高端市场的比重相对较低，因此高新产业的发展需要在全球高收入人群中寻找市场，必然要求进入国际市场。同时，在新兴赶超阶段累积起来的制造能力，在本地成本上升后，将开始寻求进入国际更广泛的市场，以获得同等技术条件下的规模效应。20世纪三次产业转移浪潮就是与美国、欧洲、日本的创新中心崛起同时发生的，同期的硅谷、纽约、东京、伦敦、新加坡等城市和地区开始在全球布局，成为全球市场一体化的推动者。

(4) 制度环境

无论是人才的国际化、市场的国际化还是资本的国际化，都需要在多个领域与国际市场对接和融合，即需要深化地区和城市的与创新相关的制度体系安排。无论是美国、欧盟、日本还是新加坡,都在不同时期改革了本地的人才政策体系、市场体系、金融体系、知识产权保障制度、法律法规,为从新兴发展阶段迈向高端引领阶段提供了强有力的支撑。

2. 研发创新国际化是深圳打破约束的重要方式

世界级科技创新中心的重要特征,就是充分利用世界研发资源,实现研发创新国际化。纽约、洛杉矶、东京等世界级科技创新中心,十分强调联合创新、开放创新。1998~2010 年,纽约联合研发专利占专利申请量的比重始终保持在 70% 左右,2004 年之后联合研发专利的比重还在不断上升,到 2010 年高达 76.7%(见图 10)。在此期间,伦敦联合研发专利占专利申请量的比重最低值也高于 55%。

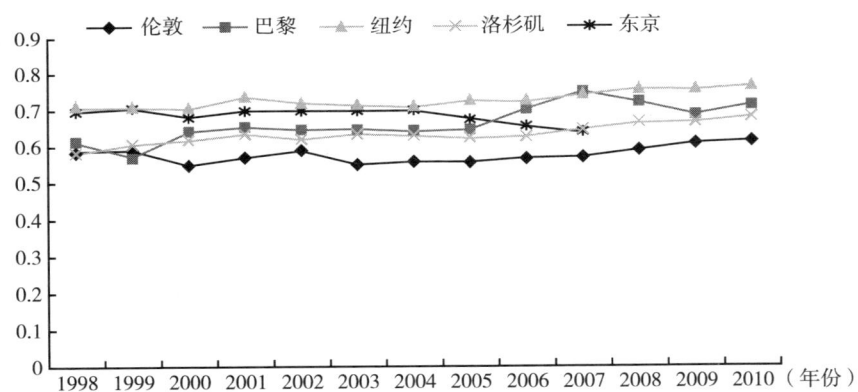

图 10　联合研发专利占专利申请量的比例

注:联合研发专利是指共同研发取得的专利成果,专利归属为共同所有。联合研发专利占专利申请量的比例 = 联合研发专利数量/该区域当年 PCT 专利申请量。

资料来源:OECD 数据库,http://stats.oecd.org。

由于世界级科技创新中心致力于引领全球技术进步,直面科技最前沿,必须在全球视野下配置研发资源。因此,世界级科技创新中心都具有"全球城市"的特点,具有良好的国际化环境。

3. 区域创新一体化是研发创新国际化的必要支撑

世界级科技创新中心的发展需要区域经济一体化的支撑。其根本原因在

于，一方面，科技创新中心在发展过程中需要通过产业集聚降低综合创新成本；另一方面，要求区域内要素自由流动，依照市场规则将其配置到效率最高的部门。当新兴产业快速发展，每个产业领域向专业化方向发展时，更多的空间需求随之而来。因此当国际人才、国际资本进入本地时，会产生不同程度的挤出效应，尤其是对传统资源、低收入人群、传统产业的挤出效应更为明显，产业的发展需要腹地扩展。硅谷和东京京滨产业带案例即是典型。

从纽约、东京等城市来看，大都市区是科技创新中心发展的必然结果。大都市区核心城市往往辐射数十倍于其自身的外围空间，形成产业充分融合、要素充分流动的国际大都会。如图11所示，纽约核心城市面积为789平方公里，但纽约大都会面积为31815平方公里，核心城市辐射了40.3倍的外围空间。东京核心城市面积为2188平方公里，但东京都市圈面积高达13368平方公里，辐射倍数为6.1倍。柏林核心城市面积仅为892平方公里，但柏林大都会面积为30373平方公里，辐射倍数为34.1倍。辐射能力最强的巴黎，辐射了114倍于其核心城市面积的外围空间。由此可见，世界级科技创新中心均在发展过程中，与周边地区实现了良好融合，完成了区域经济一体化。相比而言，深圳对周边区域的辐射能力还比较有限。

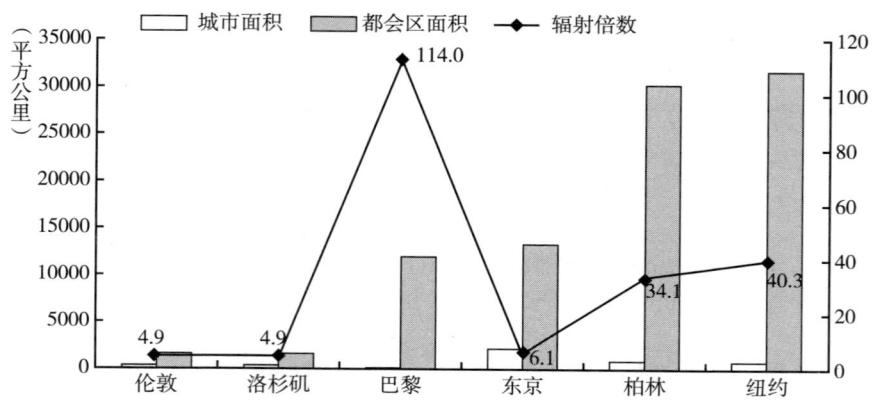

图11　核心城市对外围空间的辐射能力

注：城市面积表示该城市自身面积，而辐射倍数＝城市大都会面积/核心城市面积。
资料来源：New York City Global Partners 提供的 Global City Data，http://www.nyc.gov/html/ia/gprb/html/global/global.shtml。

四 深圳打造世界级科技创新中心的政策建议

深圳打造国际科技创新中心，需要重点做好两个转型：从国内移民城市向国际移民城市转型；从传统金融中心向科技金融中心转型。在政策方面可以从硬件、软件等不同层面构建支撑体系。

（一）形成对接国际创新资源的城市硬件系统

从国内科技创新中心走向国际科技创新中心，要求深圳从国内移民城市向国际移民城市转型发展，打造成为"会聚国际创新人才、集聚国际创新企业、对接国际制度规范"的全球城市。

一是建立"深圳国际人才城"，以点带面打造人才大都会。以福田保税区及周边规划填海造陆区域为发起点，构建国际人才集聚区，以点带面推进深圳人才国际化建设。建立"深圳国际人才城管理委员会"，加强国际人才城基础设施、生活配套、制度环境建设，带动深圳全市人才国际化发展。

二是加强离岸创业、创新基地建设，减少海外人才来深圳的担忧。探索完善面向海外人才的"基地注册、海内外经营"离岸模式，打造具有引才引智、创业孵化、专业服务保障等功能的综合性国际化创业平台，为有意向在前海自贸试验区创业的海外人才提供政策、知识产权、技术、投资对接等整体前置服务。通过"海外预孵化"，使创业人才在海外完善团队或项目，提高海外人才落地创业的成功率，减少海外人才来深圳创业的顾虑。

三是加强城市交通设施国际化，增强深圳与国际城市的联系。强化深圳在国际航空、国际铁路、国际港口的枢纽作用，着力打造海陆空综合枢纽城市和"一带一路"双枢纽城市。增加宝安机场国际航线数量，对接更多国际科技创新中心。提升港口在国际贸易中的运输和信息节点作用，依托盐田港深水港优势和深圳湾信息港优势，建设"临港国际创新区"。

四是完善国际化城市生活基础设施，打造高标准"全球城市"。借鉴国际科技创新中心城市规划建设经验，在英文标识、路牌、招牌、地图指引、公交站点等细处着眼，为国际交流合作准备硬件条件。聘请具有丰富海外留学、工作经验的顾问团队，对深圳城市建设国际化方面急需解决的问题进行研究，形成系列专题研究报告，为城市建设提供"有高度、有细节"的国际化专项建议。

（二）优化吸引国际创新人才的城市软件系统

一是成立"深圳国际移民办公室"，优化国际人才服务机制。优化深圳市外国专家局（深圳市涉外就业管理办公室）服务机制，在深圳市外国专家局下设"深圳国际移民办公室"，统筹外国人才移民事务与公共服务，实现一站式服务，提高服务内容英语化程度。为国际人才提供线上和线下免费语言学习服务。

二是完善永居申请及居住证制度，给予外籍人才国民待遇。优化外籍人才永居积分制度，降低外籍人才永居申请门槛。建立高端外籍人才"永居直通车"服务，对高端外籍人才简化永居申请流程，凭深圳主管部门认定书可直接申请永居资格。优化国际人才就业、留学、创业、居住等的申请流程，给予国际人才在社保、医疗、教育等方面的国民待遇。

三是进一步扩大留学生数量，打造多层次国际交流体系。优化面向发展中国家的国际留学政策，为优秀国际人才提供全额奖学金。建立留学生留深创业、就业基金，鼓励高校及科研机构为优秀留学生留深创业、就业提供法律、信息、资金等多方面支持。以博士后建设为突破口，提升高等院校人才国际化水平。通过短期访学、短期工作等方式，加强外籍人才对深圳的认知；通过外籍人才集聚，进一步提升深圳对外籍人才的吸引力。

四是启动政策法规文件翻译工程，加强法规、政策宣传，使主要法律、法规、政策均有对应英文版本。减少法律、法规、政策的原则性表述，提升实操性内容。撰写不同语言版本的政策指引，以图文并茂、中英对照等形式，加强法规、政策宣传。建立国际化便民服务网站，展示深圳国际相关法规、政策。

（三）从传统金融中心向科技金融中心转型发展

汇聚知识型资本，发展科技金融，促进金融服务科技创新，是调和金融中心与科技中心内在矛盾的必然选择，是避免传统金融侵蚀科技创新基础要素的有效路径。

一是着力发展知识型资本，打造国际创新资本集聚地。改革科技金融领域的外商投资制度，积极引进国际知名天使投资、风险投资，鼓励国内知名创新资本与国际知名创新资本合作，支持国际创新资本吸引国际创新项目到深圳发展。

二是大力发展科技金融，推动金融资源为科技创新服务。鼓励银行建设更多的科技金融支行和科技金融特色支行，以政府基金分担部分风险的方式，带动银行审批权下放，提高银行对科技企业投资的灵活性。完善科技金融平台，优化平台企业的资源分配方式，提高平台投融资主体对接效率。争取入围国家"投贷联动"试点城市，推动贷、债、股投资联动机制良性互动，满足不同成长阶段企业的差异化投融资需求。

三是集聚国际组织，丰富科技金融中心的基础创新资源。吸引全球有影响力的国际智库、国际组织和协会在深圳设立总部、分支机构和研发中心。与香港高校建立更加紧密的交流关系，为香港科技创新资源来深圳孵化、成长创造便利条件。积极举办国际活动，提升深圳的国际知名度。以企业、NEO组织、社区、创客中心、社群组织等为主体，持续开展国际文化交流活动。

（四）打造开放、协调的区域创新资源网络

打造开放、协调的区域创新资源网络，有助于为国际科技创新中心提供良好的腹地支撑，有助于促进创新要素自由流动、实现市场效率，有助于提高科技创新效率与综合水平。

一是与周边区域共建创新集群，形成区域化分工格局。深圳、香港以科技创新和服务创新作为大都市区内核，东莞、惠州、汕尾、河源等地以流程

创新和产品创新作为大都市区腹地支撑，共同构建科技创新圈。发展外溢经济，与周边地区合作打造产业转移工业园，在产业转移过程中实现创新发展的多赢格局。发挥深汕特别合作区邻近深圳的区位优势，使其发展为深圳产业拓展支撑区。

二是探索区域人才安居工程，优化创新资源共享体系。探索"3+2"人才保障房供给体系：深圳市政府出资金和配套公共服务支持，莞、惠、汕、河四地供给土地，共建人才保障房，突破深圳市空间资源约束。探索"3+2+1"创新券制度：深、莞、惠、汕、河、港六地联合供给创新券，属地企业可以在科技服务和科技金融发达的香港和深圳购买服务，打破创新券的地域限制，实现区域创新资源深度整合与协同效果。

三是探索建立"深港特别合作区"，加强深港创新合作。在深港相邻处选址，充分发挥香港的法律、制度、人才、金融与服务业资源优势，结合深圳科技企业、人才与政策优势，共同打造深港科技创新合作新模式。在试验区探索国际人才流动、国际资本流动和国际创新合作等领域的制度突破和融合，吸引全球创新人才和创新项目集聚。

四是加强贸易对象国研究，为企业国际化提供信息支撑。以政府购买服务的方式，研究主要贸易对象国及"一带一路"沿线国家的政治、经济、文化、外交情况，为企业步入国际市场、整合国际创新资源提供基础信息支撑。研究成果向社会公开，鼓励学者充分利用相关数据展开富有针对性的理论与政策研究。

五是建立"3+2+1"科技创新协调组织，优化创新要素流动。调动社会力量，共同打造"3+2+1"创新都市区联合体，以区域创新分工促进区域创新体系建设。打造《深港创新圈合作协议》2.0版本，在创新体制、政策和体系上进一步融合，从制度层面解决深港跨境人才流动和科研资金跨境使用的难题，加速"深港创新同城化"。

B.7
深圳市南山区科技金融发展模式

黄恒中*

摘　要： 科技金融是国家科技创新体系和金融体系的重要组成部分。发展面向中小科技企业的科技金融，是推动"大众创业、万众创新"、实现产业转型升级的有效路径，是夯实颠覆式创新基础、实现持续创新的重要举措。南山区集聚了大量优质科技创新资源，具备发展科技金融的先天优势。南山区秉持"政府引导、市场化运作"的思路，构建了以"一个平台、一个系统、三个联动、八项产品"为特征的科技金融生态体系。进一步完善科技金融在线平台，优化科技金融运行机制，培养科技金融专业人才，发展科技金融中介机构，打造"政府引导的开放式、市场化投融资平台"，可以更好地发挥科技金融对科技创新的支撑作用，形成科技与金融紧密配合的长效机制。

关键词： 南山区　科技金融　发展模式　生态体系

本报告主要以深圳市南山区这一典型的区域为研究地点，对南山区科技金融模式进行梳理，并为我国其他区域的双创开展及模式选择提供有意义的参考。

---

* 黄恒中，高级经济师，北京大学深圳研究院研究员，主要研究方向为科技金融。

一 南山区科技金融发展背景

科技金融是促进科技开发、成果转化和高新技术产业发展的一系列金融工具、金融制度、金融政策与金融服务的系统性、创新性安排,是由向科学与技术创新活动提供融资资源的政府、企业、市场、社会中介机构等各种主体及其在科技创新融资过程中的行为活动共同组成的一个体系,是国家科技创新体系和金融体系的重要组成部分①。

南山区科技金融的发展实践,以深圳市打造科技创新中心、落实国家自主创新示范区为背景。南山区积极发展面向中小企业的科技金融,助力"大众创业、万众创新",推动深圳科技创新持续发展,为其他地区的科技金融发展实践提供了经验借鉴。

(一)发展科技金融的重要意义

1. 双创试点:助力"大众创业、万众创新"

中国经济已经进入新常态,正在从要素驱动阶段转向效率和创新驱动阶段。"大众创业、万众创新"是激发社会力量、推动经济转型的积极举措,是保证中国跨越中等收入陷阱、迈向发达阶段的重大战略。双创不仅提升了全社会的创新动力,更巩固了颠覆式创新的发展基础,优化了科技创新的资源结构②。

对于深圳这样处于颠覆式创新前沿的城市,双创具有更为重要的战略意义。目前发达国家的再工业化政策意味着国际分工产能转移的结束,也意味着深圳追赶型发展阶段的结束。未来深圳在打造世界级科技创新中心的过程

---

① 此处科技金融的定义是目前比较权威并得到广泛认可的定义,取自原四川大学副校长赵昌文在《科技金融》中的表述。

② 对于后发经济体而言,科技创新包含两种类型:赶超式创新与颠覆式创新。赶超式创新是指在技术水平相对落后的状态下,向比较明确的技术前沿进行科技创新的过程。颠覆式创新是指放弃既有技术路线,采用全新的技术系统进行产品设计与制造。

中，应当更加重视颠覆式创新的重要性，注意平衡赶超式创新与颠覆式创新资源分配。为此，应当完善产业梯队建设，深刻认识中小企业作为颠覆式创新主体的重要意义，为中小企业实现颠覆式创新准备充足的人才与资本，为"大众创业、万众创新"备足资源、打牢基础①。

南山区作为双创的先发地区，于 2016 年 5 月被确定为全国首批双创示范基地。通过发展科技金融，有助于优化配置科技创新资源，为"大众创业、万众创新"提供强有力的支撑，降低双创的成本，提升双创的成功概率，巩固社会颠覆式创新发展基础。

2. 供给侧改革：推动深圳科技创新持续发展

深圳在科技创新方面已经取得突出成就。从创新强度来看，深圳 2015 年全社会研发投入占 GDP 的比重为 4.05%，已达到世界发达国家水平。从专利产出来看，2015 年深圳市 PCT 国际专利申请量达 1.33 万件，占全国申请总量的 46.9%，连续 12 年居全国各城市首位。此外，深圳在部分技术领域具备国际水平，4G 技术、超材料、基因测序等领域的核心技术已经达到国际先进标准。

"十三五"期间，深圳将向更高水平发展，着力打造成为更高水平的国家自主创新示范区、更具竞争力影响力的国际化城市。在经济进入新常态的背景下，实现上述发展目标，需要更加强调以创新驱动为主引擎，实现新旧增长动力转换。发展科技金融，实现深圳金融中心与科技创新中心的融合发展，是推动深圳科技创新持续发展的必然要求。

（二）南山区科技金融发展基础

科技金融的发展离不开科技资源的支撑。深圳市南山区作为全国科技创新标杆地区，集聚了大量高新技术企业，拥有众多科技发明专利，积累了规模巨大的创新载体、研发资金等科技创新资源，为南山区科技金融发展奠定

---

① 中小企业对科技创新的贡献力非常大。例如，美国科技创新有一半以上来自中小企业。20 世纪 80 年代美国科学基金会数据显示，美国大公司工业革新所需要的费用是中小企业的 2 倍。这说明中小企业对科技创新的贡献和成功率要高于大公司。

了坚实基础。

1. 高新技术企业数量

南山区高新技术企业数量及其产值,始终保持稳定增长态势(见图1)。2010年南山区高新技术企业677家,2011年为832家,2012年为996家,2013年为1080家,2014年为1463家。2015年,南山区国家级高新技术企业增至1641家,占全市的29.7%。2010~2015年,南山区高新技术企业数量增长了142.39%。

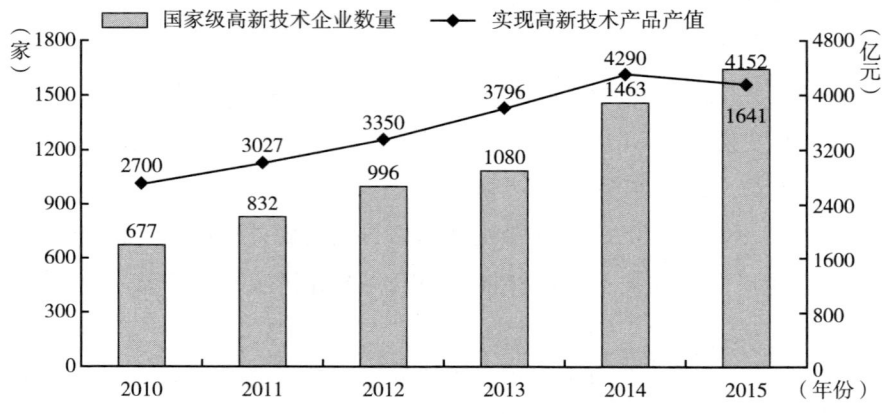

图1 南山区历年高新技术企业数量及产值

从高新技术产品产值来看,南山区2010年高新技术产品产值为2700亿元,2011年为3027亿元,2012年为3350亿元,2013年为3796亿元,2014年为4290亿元,2015年为4152亿元。2010~2015年,南山区高新技术产品产值增幅达53.78%。

全区拥有境内外上市企业111家,占全市的37%,是全国上市企业分布最为密集的行政区。腾讯、中兴等领军企业竞争力不断提升,光启、大疆科技、柔宇科技、怡丰机器人、优必选机器人等一批优秀创新型中小企业不断涌现。

2. 发明专利数量

南山区丰富的发明专利为科技金融发展提供了基础性资源。2015年南山区 PCT 国际专利申请量达 5221 件，占全国的 21%；每万人发明专利拥有量为 280 件，居全国区（县）首位。南山区 2010~2015 年专利申请量分别为 19205 件、21358 件、21063 件、23575 件、22875 件和 31308 件（见图 2）。

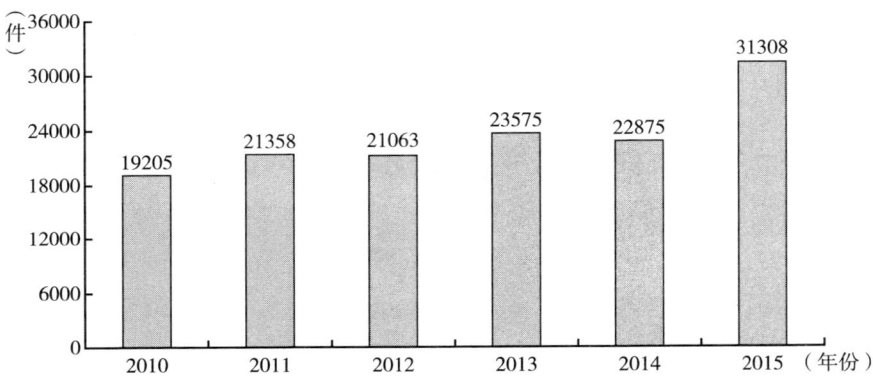

图 2　南山区历年专利申请情况

3. 创新载体建设

南山区集聚了深圳市绝大多数高校和科研机构，共有全日制综合性高等院校 3 所，211 高校研究生院 3 所，市政府与国家科教机构合办的重点科研机构 4 个，香港地区大学深圳产学研基地 5 个，国内著名大学深圳产学研基地 8 个，虚拟大学园成员高校 57 所。光启研究院、中科院深圳先进技术研究院等新型研发机构在科技创新中发挥了引领作用。

2015 年南山区科技创新资源进一步集聚。清华-伯克利深圳学院挂牌成立并落户南山智园，国家重点实验室等创新载体增至 750 家，占全市的 58%。创新载体主要分布在新一代信息技术和生物等战略性新兴产业领域。南山区有各类孵化器 46 个，其中国家级孵化器 9 个。2015 年，完成"一街道一园区"项目 15 个，新增创新产业空间 260 万平方米。设立了南山国际创新驿站、蛇口创新谷、中国科技开发院预孵化器等创业苗圃，与中国科学院深圳先进技术研究院合作，成立国际创客中心。

4. 研发创新投入

如图3所示，南山区全社会研发投入占本地GDP的比重逐年提升。2010年全社会研发投入占本地GDP的比重为4.90%，2011年为5.21%，2012年为5.49%，2013年为5.60%，2014年为5.80%。2015年，南山区全社会研发投入占GDP比重的保持在5.80%，全社会研发投入达到215亿元，相当于国际创新型社会水平。全社会研发投入从2010年的不到100亿，增长至2015年的215亿，增长幅度近120%。

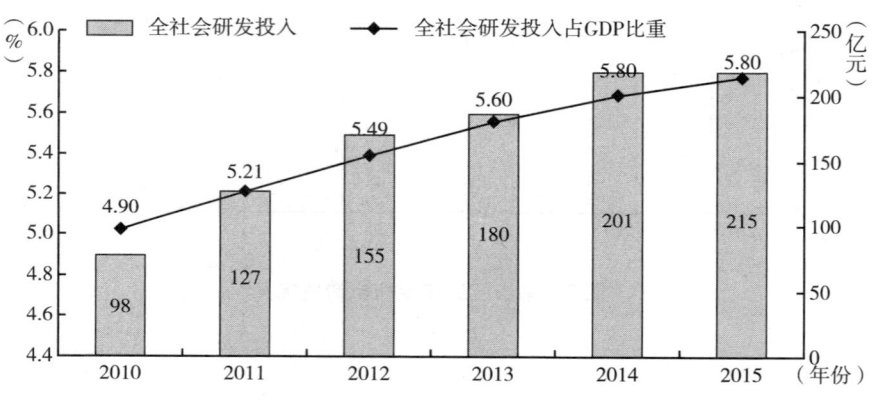

图3 南山区历年研发投入情况

（三）南山区科技金融演进历程

1. 南山区科技金融发展历程

深圳市南山区作为科技金融起步较早、体系较为完善的区域，在科技金融创新方面进行了大胆而有效的尝试，形成了良好的科技金融生态，在深圳市乃至全国产生了较强的示范效应。南山区科技金融经历了政府直接参与，到政府利用财政杠杆间接参与，再到政府搭建平台、多主体参与的良性金融生态演变过程。

（1）政府直接参与阶段。2007年，南山区政府联合担保机构共同为区内中小科技企业提供无息借款，方式是把财政资金免息借给企业，由担保机构提供担保。2008年，为应对金融危机，南山区实施中小科技企业产业化扶持计划。2009年，实施中小企业融资贷款计划，多渠道为区内科技企业提供资金支持。

（2）政府利用财政杠杆间接参与阶段。从2010年开始，随着银行对中小科技企业业务的逐步重视，南山区政府与银行展开直接合作，为企业提供贷款支持。2010~2014年，南山区科技金融产品日渐丰富，从最早1个产品发展到"孵化贷""成长贷""知识产权质押贷""集合担保信贷""银保贷""创新研发贷""科技保理贷""三板贷"8个产品。

（3）政府搭建平台、多主体参与阶段。从2014年下半年开始，南山区推出南山科技金融在线平台，全面采用线上化、电子化审批，南山区科技金融工作全面跨入信息化、数据化时代。2015年，科技金融产品全面上线，与深交所合作开通股权融资服务平台。2016年，完善大数据平台建设，加快互联网金融推进步伐。南山科技金融在线平台的建设，为"政府引导、市场主导"的科技金融资源对接模式提供了信息化基础，显著提升了南山区科技金融的运作效率。

2. 南山区科技金融当前架构

南山区政府不遗余力地推动科技金融发展壮大，构建了以"一个平台、一个系统、三个联动、八项产品"为特征的科技金融生态体系。"一个平台"是指以南山科技金融在线平台为依托，形成汇集企业、银行、保险、担保等多元主体的生态圈，实现资金供需方的无缝对接。"一个系统"是指以科技企业创新能力综合评价指标系统为基础，构建"创新能力、管理能力、外部评价、财务指标"四位一体的评价系统，遴选出高成长潜力企业，提高科技金融效率。"三个联动"是指构建政企联动、银保联动和投贷联动的运作机制，通过政府搭建平台，提供配套政策，引导资金供求方的高效率对接，实现政企联动。通过与深交所共建平台，引导直接融资与间接融资深度对接，实现投贷联动。通过积极引入保险、担保、保理等机构，与银行形成互补，实现银保联动。南山区科技金融的"八项产品"充分立足于科技中小企业不同阶段的融资需求，构建满足企业从初创到拟上市的全生命周期融资需求的科技金融创新产品。针对科技企业的无形资产设计系列信用贷款产品，充分盘活科技企业的无形资产。针对科技企业体量小、轻资产的特点，以集合打包的形式，为中小科技企业整体增信，同时降低金融机构的业务成本。

二 南山区科技金融生态体系

经过不断探索与努力，南山区构建了以"一个平台、一个系统、三个联动、八项产品"为特征的科技金融生态体系，有效推动了科技创新，促进了产业转型升级（见图4）。

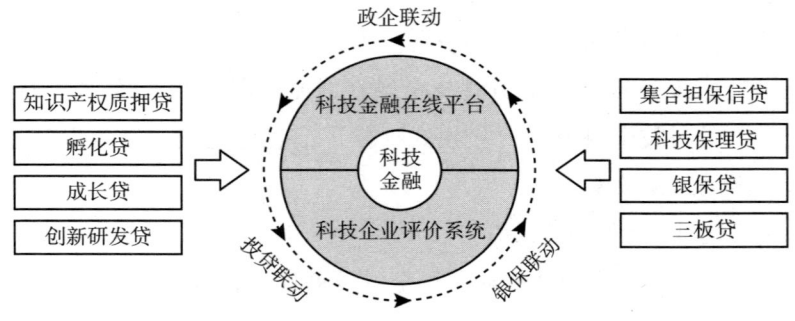

图4 南山区科技金融运作机制

（一）南山科技金融在线平台

1. 发展历程

南山科技金融在线平台由南山区科技创新局主导开发完成，于2014年11月正式上线。平台的产生缘起于南山区科技金融项目增加带来的审批需要。在平台推出之前，科技金融项目申请全部采用专家线下评审的模式，存在工作量过大、贷款过程不可追踪、企业信息无法实时统计、评价方式单一等弊端。科技金融在线平台的推出，大大提升了科技金融工作效率。截至2015年，科技金融在线平台企业分布情况如表1所示。

深圳市南山区科技金融发展模式

表1 科技金融在线企业分布情况

单位:家

行业领域	注册企业数	已评企业数	已贷款企业数	企业转化率(%)
新一代信息技术	286	149	94	63
节能环保	55	33	19	58
生物	38	22	16	73
互联网	80	39	15	38
高端装备制造	41	34	14	41
新能源	26	15	10	67
新材料	23	12	8	67
生命健康	27	21	6	29
航空航天	11	6	5	83
海洋	6	6	2	33
其他产业	137	74	34	46
总计	730	411	223	54

2015年6月,南山科技金融在线平台和深圳证券交易所下属的中国高新区科技金融信息服务平台联合建设的创新企业股权融资服务平台正式启动,该平台是首个深交所与地方政府共建的企业股权融资路演平台。通过股权融资服务平台和企业上市培育基地,在南山区科技金融在线注册的公司能够以零成本方式与深交所中国高新科技区科技金融信息服务平台上的3200家投资机构实现无缝对接。

平台的未来发展方向是成为区域的综合性投融资服务平台、科技行业大数据平台以及中小科技企业信用平台。

2. 服务内容

如图5所示,南山科技金融在线平台的服务内容包括以下4个方面。

(1)业务管理。作为南山区科技金融贷款计划申报的唯一官方入口,该平台基本实现了全业务线上处理,为企业提供一站式服务。

(2)企业评估。申请南山区科技金融项目的企业均需通过平台内嵌的"中小科技企业创新能力综合评价系统"进行评估,评级结果是金融机构发

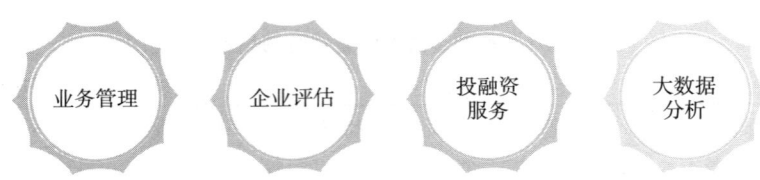

图 5 南山科技金融在线平台服务内容

放贷款的重要参考,并且是政府配置补贴额度的准入条件。

(3)投融资服务。该平台以"中小科技企业创新能力综合评价系统"为核心,一端连接企业,另一端连接合作金融机构及其开发的金融产品,可促进融资供给与融资需求的快速对接,降低交易成本。

(4)大数据分析。通过对不同产业、不同领域企业在线填报信息及平台交易数据的动态监控,形成分产业、分领域的科技企业创新能力及融资需求统计分析数据,为政府进行产业数据分析及科技金融政策调整提供数据支撑。

3. 运作机制

南山科技金融在线平台以"中小科技企业创新能力综合评价系统"为依托,形成汇集企业、金融机构、担保机构、保险机构、深交所等多元主体的科技金融生态圈。企业在线注册入驻平台,凭借评级结果选择与其融资需求和自身条件相匹配的金融产品。金融机构、担保机构、保险公司等通过资质审核入驻平台,根据不同成长阶段的企业差异化的融资需求定制设计多样化的金融产品。南山区政府与深交所合作推出股权融资平台,可满足企业的股权融资需求。南山区科技创业服务中心通过设定规则、双向补贴等吸引多元主体的参与。

4. 发展经验

如图 6 所示,南山科技金融在线平台的发展经验包括以下 4 个方面。

(1)限定贷款利率与贴保贴息相结合,有助于解决中小企业"融资贵"问题。政府通过对银行贷款利率上浮比例进行限定并结合贴保贴息,降低了中小企业融资成本,增强了科技型中小企业的竞争力。贷款贴保贴息机制的

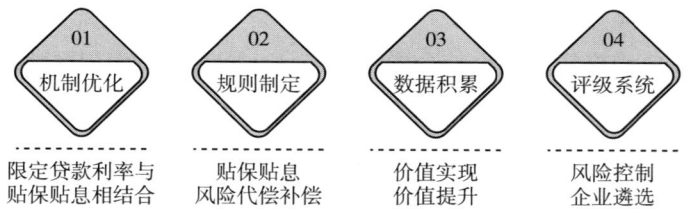

图6 南山科技金融在线平台发展经验

优化设计,可以有效解决企业"融资贵"问题,促进中小型科技企业高速发展。

(2)代偿规则与补偿机制设计,是平台良性运转的保障。基于综合性投融资平台的定位,南山区科技创业服务中心作为实施主体,在吸引多元主体入驻平台方面进行了有益的尝试。政府出资对银行坏账进行一定比例的风险代偿,并给予金融机构贷款奖励,提高金融机构参与的积极性。双向补贴机制的设计,符合平台运营初期企业及合作机构数量都较少的特点,可促进金融生态圈的发展壮大。

(3)数据积累是平台价值实现与提升的基础。充分发挥平台数据的沉淀效应,通过对不同产业、不同领域企业在线填报信息及平台交易数据的动态监控,了解整个行业的发展态势,为科技金融政策的制定提供数据支撑。同时也有助于企业跟踪评估机制的建立,及时发掘有高增长潜力的科技型中小企业。

(4)信用评级系统是平台风险控制的有力工具。平台的评级设计可为科技型中小企业提供信用积累与信用凭证,也可为金融机构放贷提供依据。

(二)科技企业创新能力评价系统

"中小科技企业创新能力综合评价系统"(以下简称"评价系统")由南山区科技创新局主导开发,用来对参与南山区科技金融项目的企业进行评价分级,旨在筛选一批增长潜力大的科技型中小企业。

1. 基本构成

评价系统内嵌于南山科技金融在线平台，所有参与南山区科技金融项目的企业必须先通过该系统进行评价，并形成评级。评价系统主要分为5个等级，分别是AAAA级、AAA级、AA级、A级和B级，其中B级企业不能申请政府贴息。评价系统实行动态管理，按季度进行数据更新。目前南山区已评级企业共有438家，其中AAA级企业12家，AA级企业138家，A级企业261家，A级及以上企业占比达到94%。

评价系统由4个板块、80余项指标构成，从创新能力、管理能力、财务指标和外部评价4个部分对企业进行全方位的评测（见图7）。指标设计的原则是充分兼顾金融机构、政府部门的关注点，聚焦企业的创新能力，弱化财务指标。

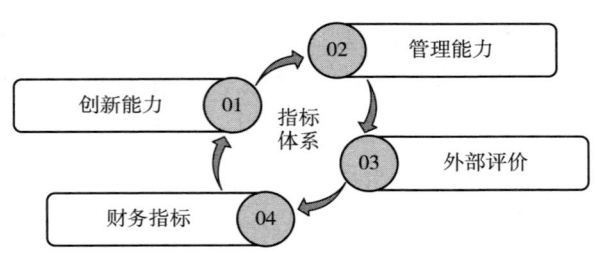

图7　南山区科技企业创新能力评价系统指标构成

2. 运作机制

企业需登录南山科技金融在线平台进行信息填写，由平台运营团队参照《企业评价资料核实标准》进行现场核实，核实完成后确定企业评级。南山区科技创业服务中心根据评级结果给企业匹配相应的补贴额度（见图8）。

企业评级结果在A级及以上，并获取政府补贴额度后，可选择合适的科技金融产品以及合作金融机构，并可在额度内享受政府贷款贴保贴息支持。合作金融机构走正常审贷流程，并在南山区科技创业服务中心获取《项目放款确认书》后给企业放款。

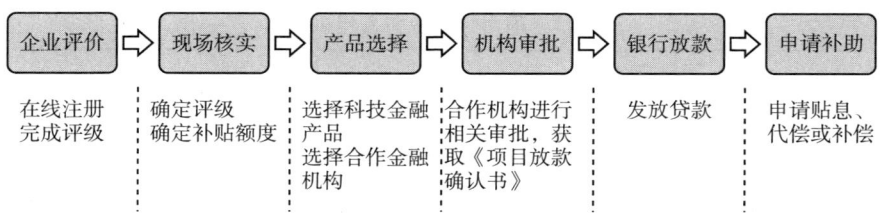

图 8　南山区评价系统指标操作流程

3. 发展经验

评价系统的设计需立足于科技型中小企业的自身特点，进行多维指标的组合评价。科技型中小企业具有资产轻的特点，传统的以财务单一指标对其进行价值评判的方式并不适用，也无法达成遴选出有高增长潜力的科技型中小企业的目标。南山区科技创业服务中心在指标设计时充分兼顾政府、金融机构及企业的诉求，综合运用创新能力、管理能力、财务指标和外部评价多维指标，并设置不同权重来实现多方共赢。

创新的评级设计可有效地甄别出不同成长阶段的企业不同的融资需求，进而匹配相应的金融产品和资助额度，可实现较为精准的资助扶持。对于金融机构而言，评价等级的确定可为其放款提供依据参考。南山区科技创业服务中心通过企业数据的动态更新并结合实地考察，可追踪企业的经营状况，也可验证评价指标的真实性、准确性以及有效性，有助于实现指标的持续优化。

（三）科技金融机构

1. 总体概况

南山区科技金融以南山科技金融在线平台为依托，构建了多主体参与的科技金融生态圈。如表 2 所示，目前参与到南山科技金融的金融机构多达 28 家，其中交易所 1 家，银行 19 家（涵盖了中国银行、中国建设银行等大型国有银行，招商银行、兴业银行等股份制商业银行，江苏银行、杭州银行等全国性城市商业银行），类金融机构 8 家（包括 4 家担保机构、2 家保理机构、1 家保险公司以及 1 家其他机构）。

表2 南山科技金融合作机构

序号	机构类别	机构名称
1	交易所	深圳证券交易所
2	银行	江苏银行股份有限公司
3		上海浦东发展银行股份有限公司
4		招商银行股份有限公司
5		中国银行股份有限公司
6		中国建设银行股份有限公司
7		兴业银行股份有限公司
8		杭州银行股份有限公司
9		广发银行股份有限公司
10		北京银行股份有限公司
11		包商银行股份有限公司
12		中国光大银行股份有限公司
13		华夏银行股份有限公司
14		交通银行股份有限公司
15		宁波银行股份有限公司
16		平安银行股份有限公司
17		广东南粤银行股份有限公司
18		深圳南山宝生村镇银行股份有限公司
19		深圳农村商业银行
20		浙商银行股份有限公司
21	担保机构	深圳市高新投融资担保有限公司
22		深圳市力合智通融资担保有限公司
23		深圳市兴业融资担保有限公司
24		深圳市中小企业信用融资担保集团有限公司
25	保险公司	华安财产保险股份有限公司
26	保理机构	金诺（天津）商业保理有限公司
27		深圳鑫科国际商业保理有限公司
28	其他机构	深圳南北互联网金融服务有限公司

如图9和图10所示，2015年，各机构发放科技金融贷款326笔，放款金额18.29亿元，其中深圳市高新投融资担保有限公司无论贷款笔数还是贷款金额，都稳居第一。从发放贷款金额来看，深圳市高新投融资担保有限公司发放金额为5.2亿元，比第二位江苏银行的2.5亿元超出2.7亿元。位居

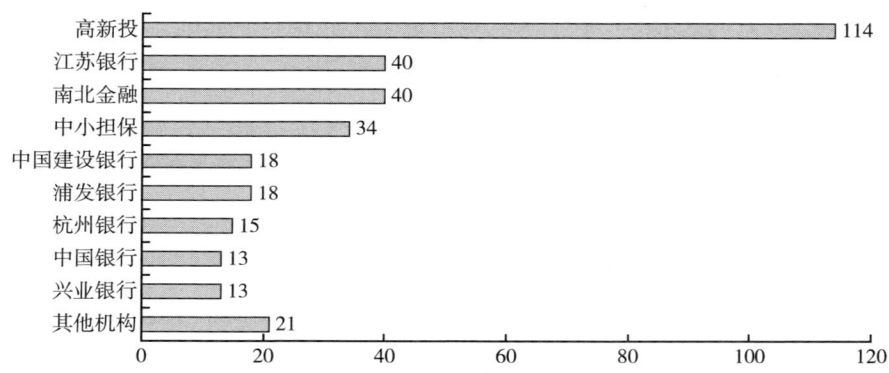

图9　2015年南山区科技金融合作机构发放贷款笔数

第三的深圳市中小企业信用融资担保集团有限公司发放金额为2.1亿元，紧随其后的中国银行发放1.6亿元，深圳市南北互联网金融服务有限公司发放1.5亿元，浦发银行发放1.4亿元，中国建设银行发放1.4亿元。

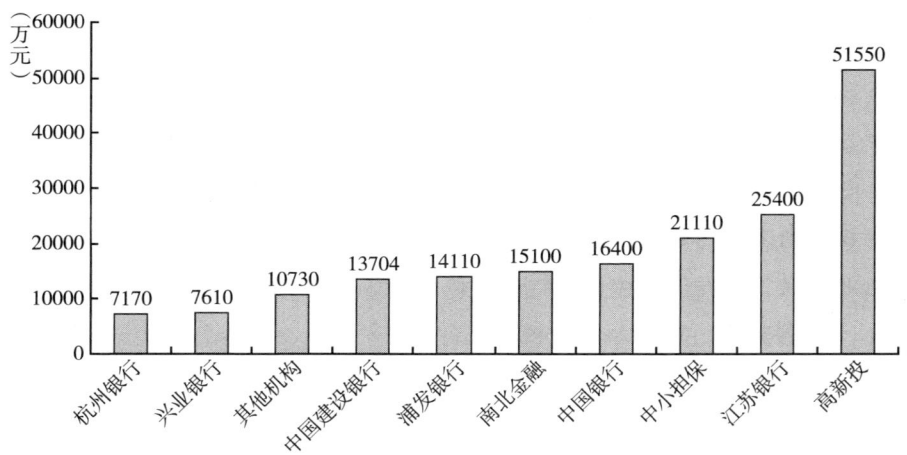

图10　2015年南山区科技金融合作机构发放贷款金额

南山区科技金融机构单笔贷款均额与金融机构属性具有较强关联性。发放贷款每笔均额最小的是南北金融，为378万元；其次是高新投和杭州银行，分别为452万元和478万元（见表3）。较小的每笔贷款均额说明，上述金融机构与中小科技企业对接更为紧密。中国银行贷款每笔均额为1262万元,中国建设银行每笔均额为761万元。

表3 2015年南山区科技金融合作机构发放贷款笔数及金额

单位:万元

合作机构	贷款笔数	贷款金额	每笔均额
高新投	114	51550	452
江苏银行	40	25400	635
南北金融	40	15100	378
中小担保	34	21110	621
中国建设银行	18	13704	761
浦发银行	18	14110	784
杭州银行	15	7170	478
中国银行	13	16400	1262
兴业银行	13	7610	585
其他机构	21	10730	511
总　　计	326	182884	561

注:数据统计日期为2015年1月1日至2015年12月30日,统计时间以《项目放款确认书》发放时间为准;以风险主要承担方为统计口径。例如,包含担保机构的贷款,统计口径统一为担保机构,不再重复计算在各银行发放贷款数据内。

2.科技金融专营机构

目前南山区已建成1家科技支行和5家科技金融特色支行,其针对科技金融业务设置了专门的业务流程、考核办法、客户经理以及产品系列。

(1)科技支行:江苏银行科技支行

江苏银行科技支行以服务地区科技型中小微企业为基本定位,开展专业化科技金融业务,重点支持高科技产业发展,旨在打造科技型小微企业的金融孵化器。科技支行只服务符合科技型企业认定标准的企业,优先支持各级政府认定或实行名单制管理的科技型企业和科技人才。按照"专项规模、专职团队、专属产品、专业流程、专门风控、专有考核"的"六专"运营模式,充分发挥科技支行对科技金融业务的牵头营销和管理职能,打造集金融政策、金融产品、金融服务于一体的创新性服务平台(见图11)。

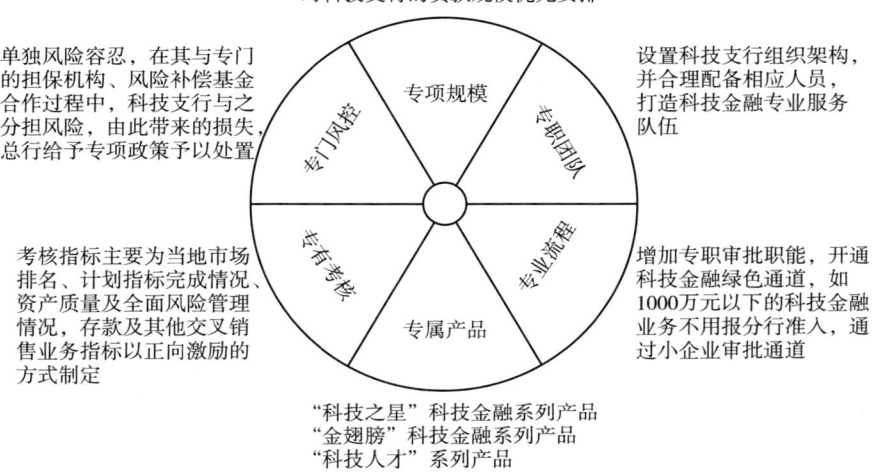

图 11 江苏银行科技支行"六专"运营模式

2011年,江苏银行深圳科技支行①(以下简称深圳科技支行)成立。同年,深圳科技支行联合南山区科技创业服务中心、担保机构及创投机构等系统性开发出"金翅膀"科技金融系列产品,包括孵化贷、成长贷、集合发债、集合信贷、私募债券等子产品,满足不同类型的科技型企业在不同发展阶段的金融服务需求(见表4)。2015年,深圳科技支行累计发放贷款40笔,总额25400万元,在南山区所有合作机构中位列第二。

2012年,深圳科技支行作为创新南山2012年"创业之星"大赛独家金融支持机构,将"金翅膀"科技金融服务送进了南山区各产业园区和孵化基地。

2014年,深圳科技支行在金博会推出小微金融系列产品和消费金融系列产品,得到广泛关注及好评。针对科技型企业有形资产少、无形资产得不到认定的现状,深圳科技支行联合担保机构、评估机构推出订单贷、知识产权质押贷、合同保理贷等业务,为科技型企业开拓融资新渠道。持续的金融产品创新使深圳科技支行连续两年获得深圳金融创新奖。

---

① 江苏银行深圳科技支行原名为江苏银行深圳科技园支行,2011年正式成立,于2015年2月6日更名为江苏银行股份有限公司深圳科技支行,简称为江苏银行深圳科技支行。

表 4　深圳科技支行系列金融产品

"金翅膀"子产品	产品简介
孵化贷	由南山区科技创业服务中心推荐,深圳科技支行提供专项贷款支持,服务对象是已度过研发期,正向产业化转型的小型高新技术企业
成长贷	由南山区科技创业服务中心推荐,深圳科技支行为已经拥有一定生产规模的高新技术企业扩大再生产提供流动资金周转的金融业务
集合发债	银行作为主承销商,南山区科技创业服务中心和专业担保公司(包括高新投和中小企)共同推荐,以科技企业为发行主体,整体打包为集合产品,对外发行短期集合融资债券
集合信贷	由南山区科技创业服务中心推荐、专业担保机构担保、深圳科技支行提供专项贷款的金融业务
私募债券	联手知名评级机构及证券公司为中小型科技企业提供在深圳、上海股权交易所募集的一定期限内还本付息的公司债券服务

如图 12 所示,江苏银行科技支行的优势特色体现在以下 3 个方面。

图 12　江苏银行科技支行优势特色

第一,机制创新。制定《关于推进科技金融业务发展和科技专营支行建设的指导意见》等一系列指导性文件,明确科技支行的经营模式、支行定位、审批流程、考核方式等,规范科技支行运营模式,提升服务科技型中小企业的专业性。

第二,产品创新。围绕科技企业、科技创新产品、科技创新项目、科技人才 4 个方面和科技园区自身,通过整合特色业务产品,创造性地提出 "4+1" 金融服务方案,批量支持科技型企业发展。通过与政府、孵化器及科技园区、专业机构的合作,充分整合资源,优化产品组合,构建较为完备的科技金融产品体系。

第三,服务创新。江苏银行科技支行以机构建设为支撑,以创新科技金融业务产品为突破，初步形成了科技型小企业金融服务体系。设立了科技专营机构并配置专业队伍，提供专业化的服务；增加专职审批，开辟科技金融绿色通道，提升审批效率；提供特色增值服务，为不同阶段科技型企业提供建议和帮助。

（2）科技金融特色支行

目前南山区已建成5家科技金融特色支行，分别是杭州银行南山支行、中国建设银行高新北支行、北京银行南山支行、浦发银行南山支行、中国银行桃园支行（见表5）。

表5 科技特色支行主要产品

科技特色支行	成立年份	代表产品
杭州银行南山支行	2013	孵化贷等
中国建设银行高新北支行	2015	上市信用贷、三板融易贷、高新贷等
北京银行南山支行	2013	成长贷、南山促进通等
浦发银行南山支行	2014	孵化贷、成长贷等
中国银行桃园支行	2015	孵化贷、成长贷等

杭州银行南山支行2013年入驻南山高新园，与南山区科技创业服务中心合作推出了以中小微科技创新企业为服务对象的一揽子金融解决方案，被深圳市政府授予"金融创新优秀奖"。

中国建设银行高新北支行2015年入驻南山，依托南山科技金融在线平台，通过上市信用贷、三板融易贷、高新贷等有针对性的银行授信产品，为高成长性的科技型企业提供专门服务。

北京银行南山支行2013年挂牌成立，与南山区科技创新局、南山区经济促进局携手推出了成长贷、南山促进通等产品，累计为南山区小微企业发放贷款近18亿元。

浦发银行南山支行2014年挂牌成立，与南山区科技创业服务中心合作推出孵化贷、成长贷等系列产品，旨在打造科技企业服务生态圈。另外，上海浦发银行在深圳市成立了由总行直辖的科技金融服务中心，也主要为南山

区的科技型企业服务。

中国银行桃园支行2015年挂牌成立,推出了孵化贷、成长贷等特色金融产品。

3. 担保机构:高新投

深圳市高新投集团有限公司成立于1994年12月,是深圳市政府为解决中小科技企业融资难问题而设立的担保机构,也是国内最早设立的专业担保机构之一。集团注册资本48.52亿元,核心业务是融资与金融产品担保、保证担保、资产管理。高新投秉持为中小科技企业提供融资服务的宗旨,建成了遍布深圳市各行政区的融资服务网络。支持比亚迪、大族激光、兴森科技、欧菲光、海能达等一大批国内乃至国际知名企业。其中,先后已有99家企业在境内外资本市场成功上市。高新投结合融资担保业务,通过创业投资为企业提供直接融资服务,成功开创了投保联动支持小微科技企业发展的服务模式,打造了从企业初创期到成熟期的完整的融资服务创新链条,被誉为"创新型科技企业孵化器""没有围墙的科技园"。高新投连续10年获得行业的AAA信用评级,具备资本市场AA+等级;是中国融资担保业协会副会长单位,是全国同行业最具知名度和品牌影响力的机构之一。截至2015年末,高新投为18954家企业累计提供2489.3亿元的担保服务,担保资金新增产值约7393亿元,新增利税1176亿元,促进新增就业超过310万人。

高新投不断加强与深圳各级政府的合作,重点围绕深圳市"发展战略性新兴产业与推动产业转型升级"的战略部署,共同推出系列创新金融产品,初步形成了"政保合作、引导创新、杠杆放大"的助力小微企业成长的投融资服务体系。截至2016年6月底,高新投融资担保业务在保项目中,科技型企业占总服务企业的74%,同比增长2%。截至2016年6月底,在保项目中服务战略性新兴产业的担保额达133842万元,占新增担保额的56%。在所扶持的战略性新兴产业中,节能环保项目占11%,新一代信息技术项目占40%,新能源项目占4%,高端装备制造项目占20%,新材料项目占12%,文化创意项目占6%,生物制药项目占6%、互联网项目占1%。2012年，高新投联合南山区科技创业服务中心共同推出小微企业集合担保信贷产品，采用无抵押、无互保、无保证金的信用方式，为深圳市南山区内符合战略新兴产业导向的、销售额在3000万元以下、无抵押物的小微科技型企业提供融资担保服务。集合担保与信用贷款相结合，10倍放大政府扶持基金，有效发挥政策性担保的杠杆与导向作用，降低了小微企业的融资门槛和融资成本。2012年，双方进一步联合推出知识产权质押担保，扩大了融资担保向轻资产、高智力领域的辐射广度，推动了无形资产的产业化进程。2015年，高新投为南山区科技金融项目提供的融资担保金额达5.3亿元，约占南山区科技金融项目总金额的30%；担保企业数为114家，占南山区科技金融项目总服务企业的35%。高新投在南山区科技金融项目服务金额和服务企业数量两个重要指标上均排名第一。

（四）科技金融产品

1. 总体概况

南山区是全国创新型高科技企业集中区域。截至2015年末，全区共有国家级高新技术企业1641家[①]，占全市总量的29.7%；实现高技术产业产值4152亿元，增长11%，占全市的24.2%。其中，创新型上市企业91家，居全国首位。创新型高科技企业中很大一部分是科技型中小微企业，因资产轻、变化快等问题普遍面临"门槛高、融资贵、链条长"的融资难困境。针对这一问题，南山区政府锐意创新，多举措、多渠道构建科技投融资体系，实现对区内企业的全方位支持。

（1）科技金融产品体系

2008年，南山区启动"科技金融扶持计划"，开始了一项由政府主导、弥补金融服务缺陷的尝试。经过不断探索，南山区面向全区不同成长阶段的科技中小型企业，逐年推出"孵化贷""成长贷""集合担保信贷""三板

[①] 资料来源：深圳市南山区2015年国民经济和社会发展统计公报。

贷"等覆盖企业全生命周期的科技金融产品；针对科技企业资产轻的特点，充分盘活软性资产，推出"知识产权质押贷""创新研发贷""科技保理贷"等金融产品，形成了完备的科技金融产品体系。

表6 南山区企业不同成长阶段对应金融产品类别

企业成长阶段	对应的金融产品
种子期	集合担保信贷（投贷联合）
初创期	孵化贷
成长期	成长贷、知识产权质押贷、创新研发贷、科技保理贷
成熟期	银保贷、三板贷

（2）科技金融贷款规模

2008~2015年，南山区科技创业服务中心累计支持1009家科技企业获得56.35亿元银行贷款，单笔贷款金额558.51万元。从科技金融支持企业数量角度来看，南山区科技金融发展势头迅猛。2008年，南山区科技金融起步时期资助企业数量仅为7家；2012~2015年，支持企业数量从108家猛增至324家（见图13）。

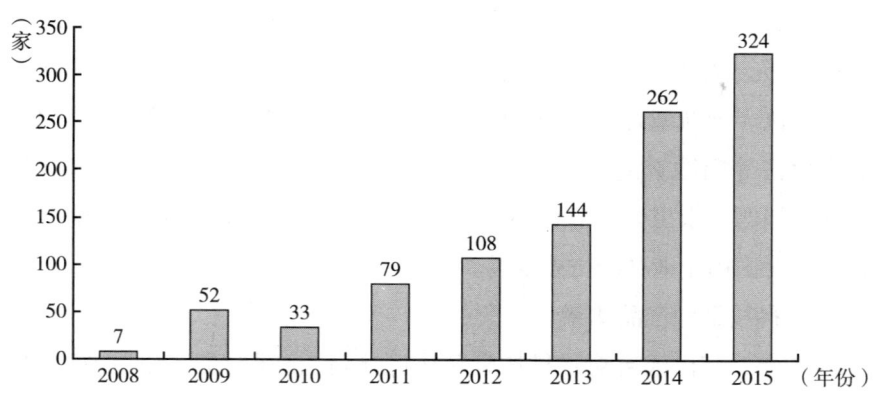

图13 南山区科技金融支持企业数量

从贷款金额来看，南山区科技金融发展成效卓著。2008年起步时期，南山区科技金融贷款金额为2500万元，2009年以2140%的增幅发展到5.6

亿元。2011～2015年，南山区科技金融贷款金额从4.6亿元增长至18亿元（见图14）。

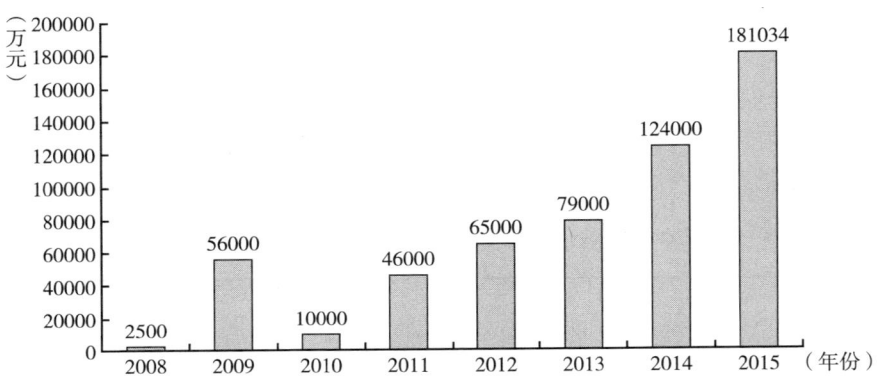

图14　南山区科技金融支持贷款金额

2008～2015年南山区科技金融支持企业数量及贷款金额见表7。

表7　南山区科技金融支持企业数量及贷款金额

单位：家，万元

实施年份	支持企业数量	支持贷款金额	单笔贷款金额
2008	7	2500	357.14
2009	52	56000	1076.92
2010	33	10000	303.03
2011	79	46000	582.28
2012	108	65000	601.85
2013	144	79000	548.61
2014	262	124000	473.28
2015	324	181034	558.75
合计	1009	563534	558.51

（3）科技金融贷款结构

南山区科技金融计划基本实现了对区内企业从零销售额公司到拟上市公司的全覆盖支持。2015年，南山区科技金融支持企业主要集中在销售收入10000万元以下区间，占比达75%，其中5000万元以下的企业占比最高，达到45%，销售收入20000万元以上的贷款企业仅占5%，充分体现出科技金融对科技型中小微企业的资金扶持力度（见表8和图15）。

表8 南山区科技金融贷款企业数量（按销售收入）

企业销售收入(万元)	贷款企业数量（家）	评级企业数量（家）	贷款企业占比(%)	评级-贷款转化率(%)
5000以下	100	260	45	38
5000~10000	68	69	30	99
10000~20000	44	48	20	92
20000以上	11	34	5	32

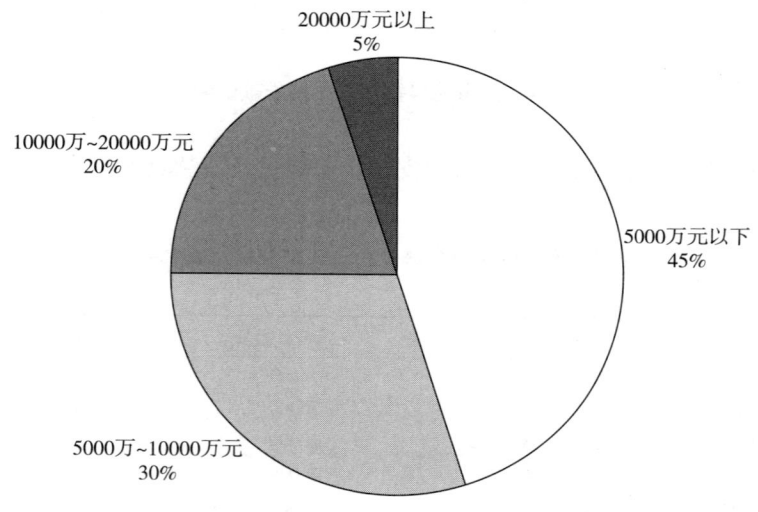

图15 南山区科技金融贷款企业分布（按销售收入）

从行业分布来看，南山区科技金融支持企业集中在新一代信息技术、节能环保、生物等深圳市重点支持的战略性新兴产业和未来产业。其中新一代信息技术贷款企业占比达到49.74%，节能环保企业占10.05%，生物企业占8.47%，互联网企业占7.94%，高端装备制造业占7.41%，新能源企业占5.29%，新材料企业占4.23%，生命健康企业占3.17%，航空航天企业占2.65%，海洋企业占1.06%（见图16）。

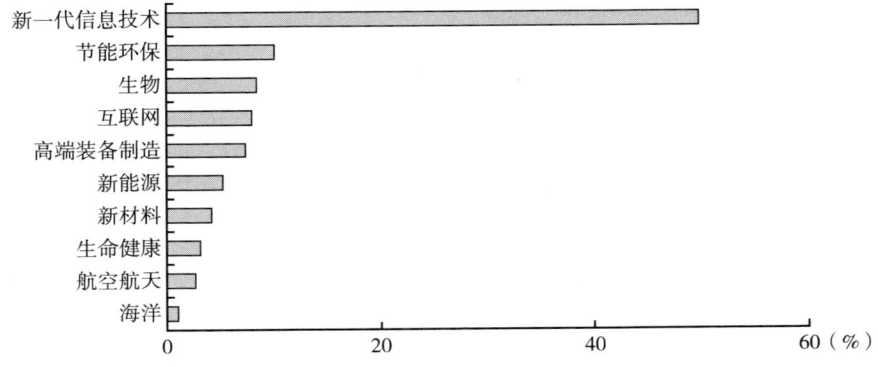

图16 南山区科技金融贷款企业行业分布

从运营状况来看,南山区战略性新兴产业和未来产业发展较快,平均销售收入7380万元,平均销售收入增长率高达50.63%,平均毛利润率43.39%,其中新材料、新能源和互联网行业增速位列前三,呈现良好发展态势(见表9)。尤其是新一代信息技术行业,贷款企业数量占南山区贷款企业总数将近一半,平均毛利润率位居所有行业之首,达42.61%。生命健康、航空航天和海洋经济等未来产业处于初期阶段,贷款企业数量仅占南山区贷款企业总数的6.88%,但发展潜力巨大,平均毛利润率高达38.25%。

2. 知识产权质押贷

2012年,南山区围绕"构建以自主创新为先导的产业发展体系"这一目标,着力推动区域知识产权创新体系建设。通过创新科技金融产品,大力提升知识产权的质量,促进知识产权的转化和应用,在深圳市率先推出知识产权质押融资贷款项目,成为深圳市全面推进知识产权质押融资的成功范例。

(1) 服务对象

贷款企业需要满足以下条件:在南山区注册、具有独立法人资格并主要从事高新技术产品开发和生产经营的非公开上市企业;企业须通过区科技创新局认可的银行、中介机构获得知识产权质押贷款,且贷款担保或反担保方式仅限于知识产权质押和股东(包含但不限于企业实际控制人)夫妇个人连带责任担保；按期还清贷款本息。

（2）机制设计

南山区的知识产权质押融资采用政府引导、市场化运作的操作模式。南山区政府通过政策法规进行规则设定，以专项资金和服务平台为依托，建立具有南山特色的知识产权质押融资项目运作机制。

为推动知识产权质押贷，南山区制定并出台了《南山区知识产权与标准战略促进项目分项资金实施细则》，要求参与贷款的担保、中介机构的收费不得超过贷款金额的4%，银行利率上浮不能超过基准利率的25%，以此来降低企业的融资成本，杜绝机构乱收费现象。

南山区针对知识产权及其质押中的三方面因素（技术、法律和企业资质），在多轮沟通和协商的基础上，首批确定了由深圳市中小企业信用融资担保集团有限公司（简称"市担保集团"）、深圳市高新投融资担保有限公司（简称"市高新投"）、深圳市力合智通融资担保股份有限公司（简称"力合担保"）和财智融达（北京）投资管理有限公司（简称"财智融达"）4家机构设计的3种操作模式。

第一种操作模式为企业资质导向模式（见图17）。该模式的代表是市担保集团和市高新投。两家机构具有丰富的信贷、投资经验，可以对企业的资质进行充分的评估。同时，两家机构还外聘了北京中金浩资产评估有限公司

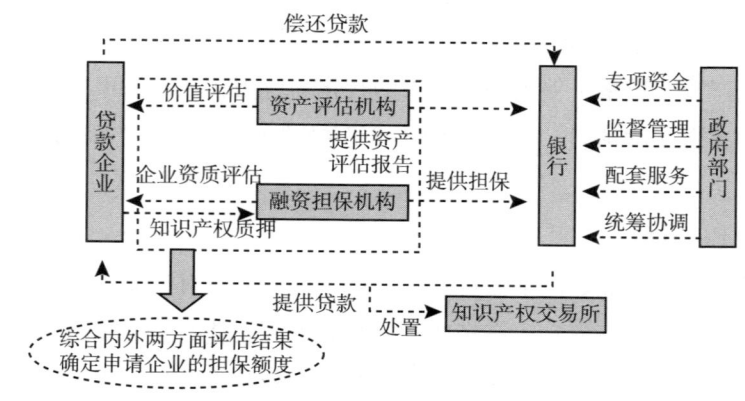

图17　企业资质导向模式

对拟质押的知识产权进行价值评估,最后综合内外两方面的评估结果确定申请企业的担保额度。

第二种操作模式为技术导向模式(见图18)。该模式的代表是力合担保。其拥有一批来自清华大学深圳研究生院的专家团队,可以对申请企业拟质押知识产权的技术水平进行充分评估,再结合企业的运营状况确定担保额度。

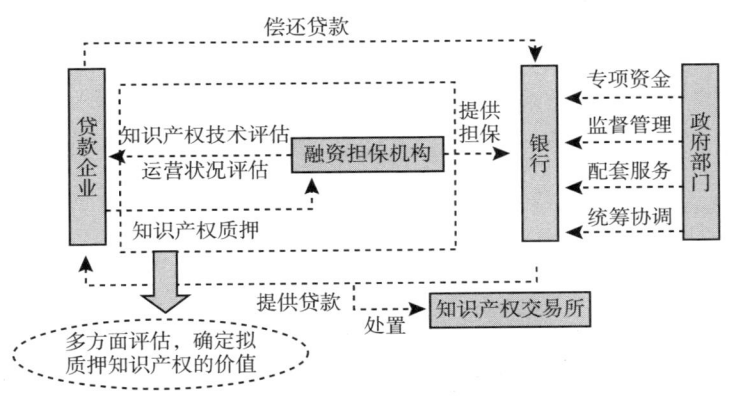

图18 技术导向模式

第三种操作模式为法律导向模式(见图19)。该模式的代表是财智融达公司。其具有丰富的知识产权法务经验,善于从法律的角度分析拟质押的知识产权。财智融达公司先对申请企业的法律状况、财务情况等进行充分评估,从而确定拟质押知识产权的价值。随后推荐经过审查的申请企业到合作银行进行知识产权质押贷款审批,并在向银行呈报其前期评估结果的同时承诺一定条件下的赔偿义务。

南山区知识产权质押贷的机制设计,实现了政府、企业、金融机构的三赢格局(见图20)。

一是政府受益。对于获得贷款并且按期还款的企业,南山区将给予担保费、中介费的50%,且最高不超过贷款金额2%的补贴,同时给予贷款金额3%的利息补贴,两项补贴合计不超过贷款金额的5%。这样,政府既不承

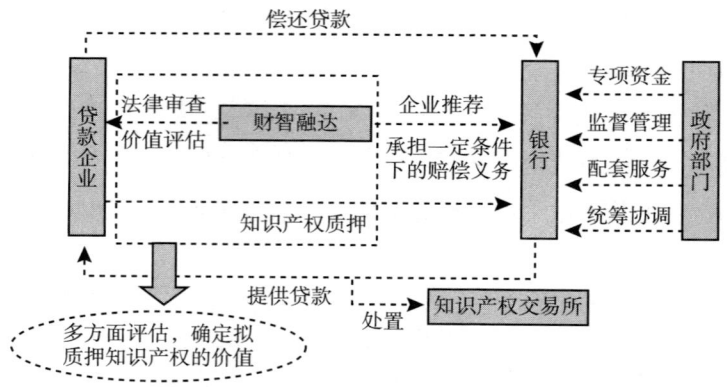

图19 法律导向模式

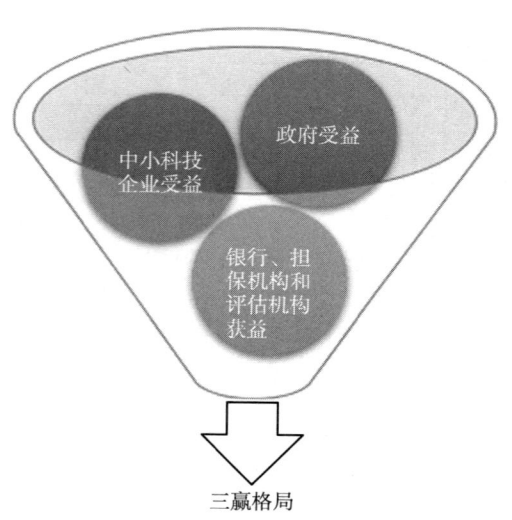

图20 知识产权质押贷的三赢格局

担贷款风险,而企业又获得了政府补贴金额20倍的机构贷款,充分发挥了财政杠杆作用,资金使用效益得到有效放大。

二是中小科技企业受益。通过限制中介机构和银行收费、给予企业费用补贴等方式,将贷款成本控制在基准利率以下,大大降低了中小科技企业的贷款成本。另外,在知识产权质押贷款过程中,专业评估机构会对企业的知识产权状况进行全面评估，使企业能够深入了解到自身知识产权的价值和缺陷，从而推动企业进一步完善知识产权管理和运营，加快知识产权的转化和运用。

三是银行、担保机构和评估机构获益。知识产权质押是一项风险较高的新业务。区财政的补贴在一定程度上弥补了这些机构承担的风险，有效提升了其开展知识产权质押的积极性。另外，担保、中介机构借助实施知识产权质押融资贷款项目，大胆尝试了这种风险较大同时潜力极大的轻资产贷款项目，有利于其拓展业务、进行金融创新。目前已有江苏银行等十几家银行参与南山区的知识产权质押贷款项目。部分银行甚至从深圳分行层面发文，要求在全分行予以大力推广。

（3）产品优势

如图21所示，南山区知识产权质押贷的产品优势体现在以下3个方面。

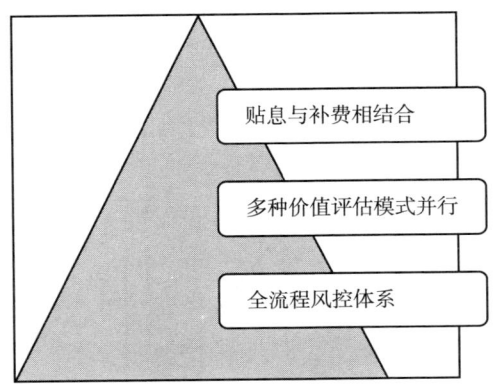

图21　南山区知识产权质押贷产品优势

第一，贴息与补费相结合，降低企业融资成本。南山区政府规定银行利率上浮不能超过基准利率的25%，中介机构收取的各项费用总额（包含担保费、评估费、中介费等）不超过实际贷款金额的4%，且政府对企业中介费用（评估费、担保费）和贷款利息进行补贴。

第二，多种价值评估模式并行，充分论证科学实施。针对知识产权价值评估的复杂性和关键性，确定由市担保集团、市高新投、力合担保、财智融达4家机构设计的3种操作模式并行实施。

第三，建立从价值评估到交易流转的全流程风控体系。鼓励商业银行及中介机构选择深圳市资产评估师协会推荐的资产评估机构对知识产权进行价值评估，从源头进行风险管控。依托再担保平台，结合会员制管理和政府资金担保的风险补偿机制，实现风险逐级分担，原则上再担保中心、融资性担保机构、商业银行按5:4:1的比例承担贷款风险，政府按照再担保额2%的比例安排风险补偿金。

（4）统计数据

经过几年的发展，南山区知识产权质押贷业务增长迅速，日渐成熟。从获得贷款的企业数量的角度看，2012年仅26家企业获得贷款；2013年获得贷款企业数量增长150%，达到65家；2014年增长45%，达到94家；2015年获得贷款企业数量进一步增长到98家（见图22）。经过几年的成长，知识产权质押贷获得贷款的企业数量扩张了2.8倍。

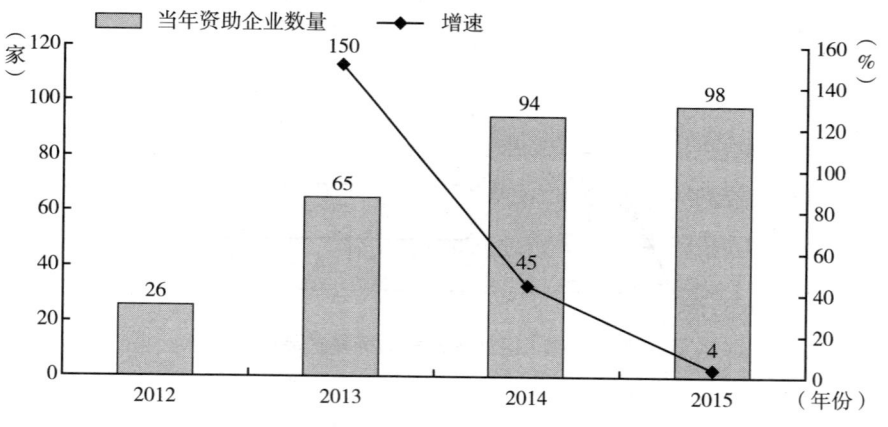

图22 南山区知识产权质押贷资助企业数量

从贷款规模的角度看，知识产权质押贷业务增长速度也处于较高水平。2012年项目贷款规模为12000万元；2013年贷款规模增速为74%，达20850万元；2014年贷款增速为78%，达到37010万元；2015年贷款增速为39%，规模进一步增长到51510万元（见图23）。2015年贷款规模相比于2012年增长了3.3倍。

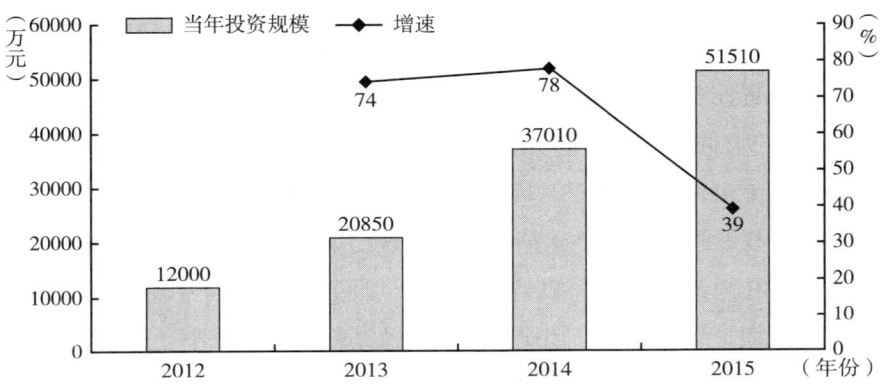

图23 南山区知识产权质押贷当年贷款规模

南山区知识产权质押贷对贷款企业的平均贷款额度经历了先降后升的发展历程。企业2012年平均获得贷款462万元，2013年平均获得贷款321万元，2014年为394万元，2015年为526万元（见图24）。

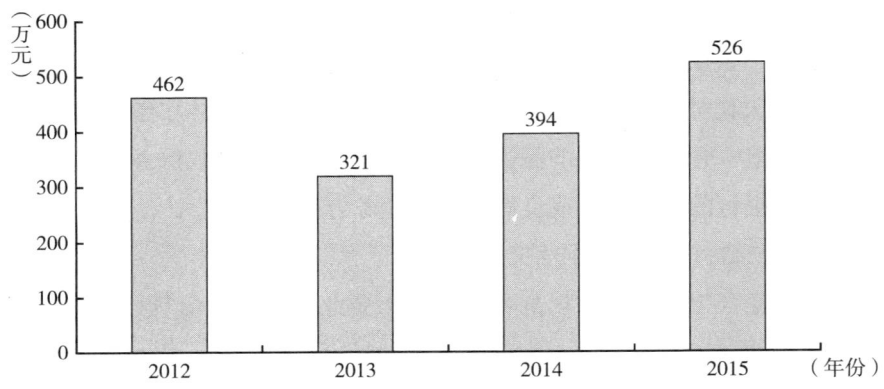

图24 南山区知识产权质押贷平均贷款额度

（5）发展经验

知识产权发展是金融产品创新的基础。作为深圳市的高新技术企业基地，南山区一直高度重视知识产权工作，南山区财政设立了知识产权分项资金，用于支持区内具有自主知识产权的企事业单位进行技术标准研制、发明专利技术实施、国内外发明专利申请，以及知识产权服务机构引进和服务提供等，有效促使辖区专利申请数量和质量呈现逐年上升态势。2012~2015年，南山区累计专利申请量达98821件①，其中发明专利申请量达54251件，占到总数的54.90%，是名副其实的专利大区。另外，为优化辖区知识产权服务环境，南山区还搭建了"四位一体"的知识产权公共服务平台，该平台是知识产权质押贷的重要支撑。该平台现已集聚包括专利代理机构、专利投资公司等在内的各类服务机构20余家，服务内容涵盖专利申请的受理、专利信息查询、法律援助、知识产权培训及其他知识产权中介服务，成为提升南山自主创新能力的知识产权综合服务平台。

充分的调查研究和前期准备是项目成功的保障。为推动知识产权转化为资本，2009年南山区开始探索知识产权质押融资，并于2010年形成《深圳市企业知识产权质押融资模式研究与探索报告》。该报告对国内和深圳市的知识产权质押贷款情况和环境进行了深入研判②。随后，南山区积极做好知识产权质押融资的各项前期准备。一是加强对企业的知识产权宣传和培训。从2008年开始，每年组织"知识产权进企业"活动100场以上，帮助中小企业提高知识产权意识和创造能力。二是与银行、担保机构积极沟通，加深其对南山区高新技术企业知识产权优势的整体了解，促进其对知识产权创造、管理和运用的深入认识。三是组织知识产权服务机构开展与担保机构、银行的对接，形成良好稳固的业务合作关系。

3. 投贷联动——集合担保信贷

南山区集合担保信贷的规范名称为"小企业集合担保信贷产品"，是深

---

① 根据2012~2015年深圳市南山区国民经济和社会发展统计公报汇总得出。
② 报告认为：在当时的条件下，全国知识产权质押贷款尚属新鲜事物，多数处于试点阶段，存在许多问题和困难，如银行业务集中面向大中型企业，中小企业业务主要由担保公司进行承担，而深圳市的担保公司、融资租赁公司可开展业务很多、选择面很宽，没有足够的意愿开展知识产权质押贷款这种风险较高的业务。由于知识产权估值难、处置难，相应地对知识产权质押融资的风险控制能力要求很高。

圳市南山区科技创业服务中心与深圳市高新投融资担保有限公司等共同发起的金融创新产品，目的是为辖区内首次融资的小微科技企业提供融资支持和担保服务①。南山区的集合担保信贷本质上是投贷联合，借助投资担保公司的专业判断，基于其对拟投科技企业的投资价值的认可给予一定的担保额度，从而帮助科技企业从银行获取信用贷款。南山区集合担保信贷（投贷联合）产品架构如图25所示。

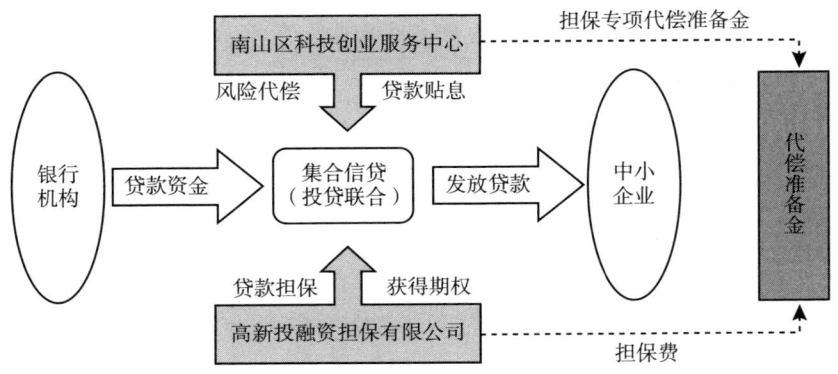

图25　南山区集合担保信贷（投贷联合）产品架构

（1）服务对象

南山区集合担保信贷主要针对小微科技企业。具体而言，贷款企业需要满足以下条件：注册地址为南山区；成立5年以下；年销售收入3000万元以下。其中，在银行首次融资的优先考虑。

（2）机制设计

南山区集合担保信贷的模式基于南山区科技创业服务中心与金融机构（高新投及合作银行）的密切配合，以政府、担保机构、银行分摊贷款风险为核心，以投资换担保为表现形式（高新投为科技企业进行担保的条件是

---

① 深圳市南山区科技创业服务中心是深圳市南山区科技创新局下属从事扶持科技企业发展的事业单位。深圳市高新投融资担保有限公司是依据中华人民共和国法律注册成立的专业担保机构。

获得科技企业股权投资的期权资格)。一方面,担保机构以未来投资收益覆盖了现在承担的高风险;另一方面,轻资产的科技企业无须提供抵押就能获得贷款支持,有效降低中小企业融资门槛。获得贷款的企业还将能获得一定比例的贷款贴息。

南山区科技创业服务中心对符合南山区战略新兴产业导向的南山区创业期小企业,以书面形式向高新投推荐。经高新投评审同意担保的,由其向银行打包推荐并提供担保,银行向推荐企业提供优惠利率的贷款①。高新投按双方合同约定,努力使南山区科技创业服务中心所推荐的大多数企业能获得融资担保,并且担保方式为纯信用,免抵押、免质押②。

南山区科技创业服务中心将担保专项代偿准备金交高新投托管,高新投以代偿准备金放大 10 倍为推荐企业提供贷款担保。高新投对担保企业收取一定比例(2%)的担保费,并将担保费收入作为代偿准备金。如担保总额6000 万元,南山区科技创业服务中心出资 600 万元、高新投出 120 万元共同构成代偿准备金。项目出现赔付时,如果总赔付金额小于或等于 240 万元,南山区科技创业服务中心、高新投用代偿准备金按 1∶1 的比例赔付。如果总赔付金额大于 240 万元但小于等于 720 万元,在南山区科技创业服务中心、高新投双方各赔付 120 万元以后,剩余赔付金额由南山区科技创业服务中心的代偿准备金来支付。南山区科技创业服务中心单个项目赔付不超过250 万元。若总赔付金额超过 720 万元,则超过部分由高新投全额赔付。

赔付项目的追偿由高新投负责。追回的损失在扣除实现债权的费用后优先支付高新投承担全额担保责任的部分;如还有剩余,则南山区科技创业服务中心与高新投双方按上文所述计算方式的实际赔付比例进行分配。

合作协议期满并且担保项目全部到期后,高新投将其托管的代偿准备金返还给南山区科技创业服务中心,返还的托管资金金额计算公式为:实际缴

---

① 参与合作的银行承诺提供优惠利率的商业贷款,企业承担的实际利率在基准贷款利率基础上上浮不超过 30%。在银行放款前,南山区科技创业服务中心按约定格式向高新投出具《项目放款确认书》,该确认书与双方合作协议共同构成核定履约代偿准备金的法律文件。
② 高新投为企业提供融资担保时,要求企业承担的担保费用不得超过担保金额的 2%。

存金额－甲方已赔付尚未收回金额。

该模式经过高新投推广和实践，得到社会广泛认可，吸引众多担保机构参与其中如中小担保等。

（3）产品优势

如图26所示，南山区集合担保信贷（投贷联合）的主要优势体现为"两个结合"和"双重增信"。

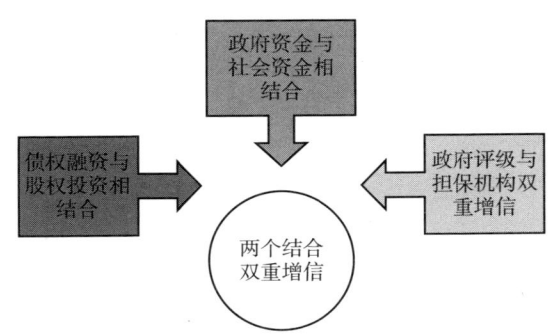

图26　南山区集合担保信贷（投贷联合）的"两个结合、双重增信"

债权融资与股权投资相结合。通过债权融资与股权投资的结合，高效率识别出了更具成长潜力的优质企业，有针对性地降低了优质企业的融资成本，为有融资需求的优质企业提供组合式、综合化的金融解决方案。

政府资金与社会资金相结合。通过政府补贴，降低担保机构面临的贷款风险，加大担保机构对中小科技企业的支持力度，以政府资金撬动社会资金。发挥社会资金对科技企业的识别能力，尊重市场配置资源的基础性作用，从而提高政府资金运作效率。

政府评级与担保机构双重增信。政府通过评级系统的设计为企业增信，降低企业融资门槛；专业担保机构通过打包贷款的方式，实现集合增信，有效分散银行等资金提供方面临的风险，提升了中小科技企业的综合信用水平。另外，贷款集合打包的形式降低了银行的处理成本，提高了银行审批效率，使银行提供利率优惠贷款的意愿更强，降低了中小科技企业的融资成本。

（4）统计数据

经过几年的发展，南山区集合担保信贷（投贷联合）业务增长迅速，日渐成熟。从资助企业数量的角度看，2012年项目设立的第一年资助企业仅为7家；2013年资助企业数量增长129%，达到16家；2014年增长150%，达到40家；2015年资助企业数量进一步增长到55家（见图27）。经过3年多的成长，集合信贷资助企业数量扩张了将近7倍。

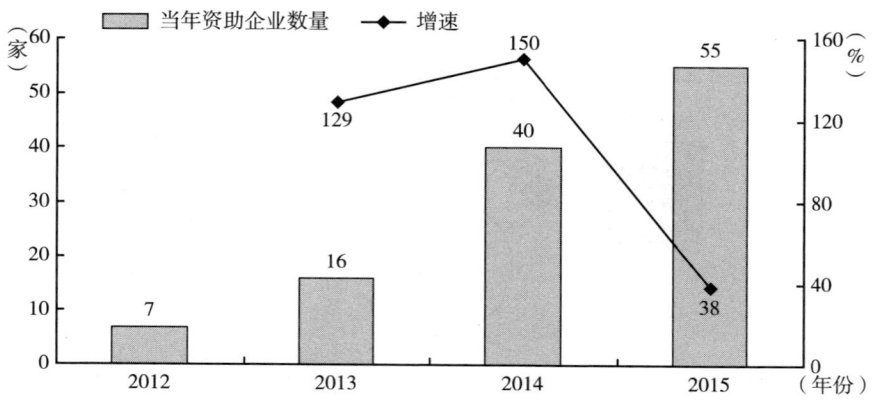

图27　南山区集合担保信贷（投贷联合）资助企业数量

从贷款规模的角度看，集合担保信贷（投贷联合）业务增长同样迅猛。2012年项目设立初始之年贷款规模为2148万元；2013年贷款规模增速为32%，达2830万元；2014年增速为292%，达到11100万元；2015年贷款规模进一步增长到16750万元（见图28）。与资助企业数量的增长幅度类似，2015年贷款规模相比于2012年增长了接近7倍。

南山区集合担保信贷（投贷联合）对贷款企业的平均贷款额度一般为300万元左右。企业2012年平均获得贷款307万元，2013年平均获得贷款177万元，2014年为278万元，2015年为305万元（见图29）。300万元的资助额度已经能够满足多数中小型科技企业的贷款需求。并且，南山区科技创业服务中心对贷款期限为1年的贷款产品给予了十分优惠的贴息比例，在很大程度上降低了中小科技企业的融资成本。

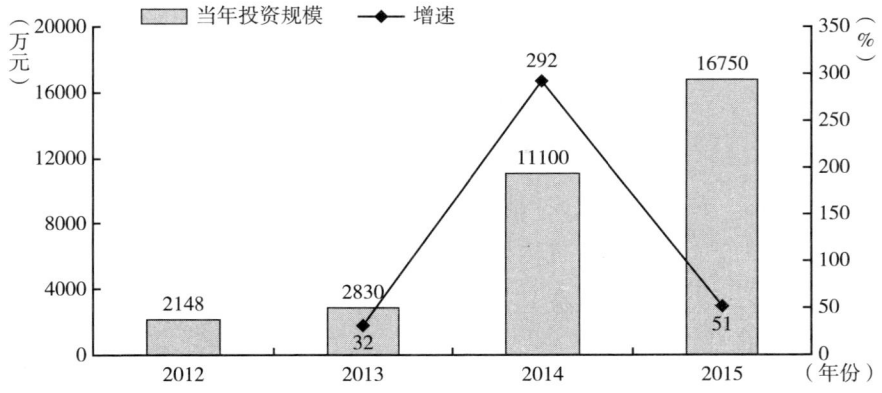

图28 南山区集合担保信贷（投贷联合）投资规模

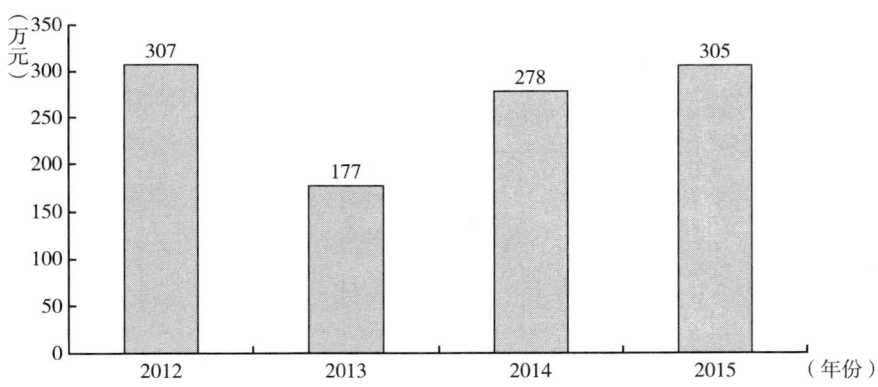

图29 南山区集合担保信贷（投贷联合）平均贷款额度

（5）发展经验

充分考虑金融机构的风险承受能力。在金融机构风险承受能力较低的情况下，南山区政府向深圳市高新投预存保证金，使其为区内中小企业提供贷款担保支持。随着金融机构对中小科技企业的认知逐渐深入，风险控制能力提升，风险承担能力增强，金融机构进而可以以更加开放、大胆的姿态支持中小科技企业发展。

利用投贷联合支持优质科技企业。在投贷联合的项目中，开展风险投资业务的金融机构具有示范引导、甄选企业的重要作用。银行作为重要的资金提供者，能够借鉴创投机构对企业的评析标准来提升自身的判断力。而对于企业主来说，则能多渠道地获得资金。

平衡多方利益诉求，实现合作共赢。南山区集合担保信贷作为投贷联动的尝试性产品，构造了一个股权投资与债权融资联动的试点，打造了一个多赢的局面：政府增信与担保机构集合增信相结合，降低企业融资门槛和融资成本；提出了解决风险与收益对称性问题的思路，推动银行盈利模式创新。

4.股权质押——三板贷

三板贷是南山区科技创业服务中心联合交通银行深圳分行推出的金融创新产品，旨在为南山区拟挂牌或已挂牌的新三板企业提供资金支持。三板贷包含上板贷和新三板股权质押贷款两种子产品，是南山区为科技企业量身打造的覆盖挂牌全流程的金融解决方案。南山区三板贷运作模式如图30所示。

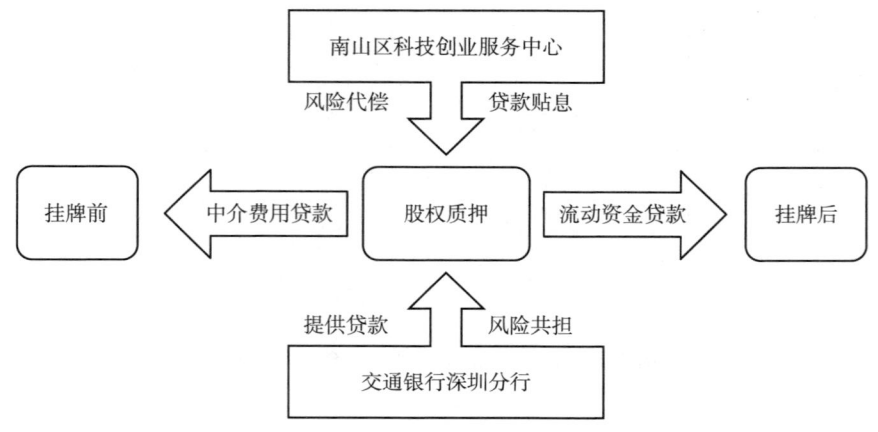

图30　南山区三板贷运作模式

（1）服务对象

上板贷是为拟挂牌的小微企业提供一定金额的、用于支付挂牌新三板费用的个人担保类融资产品。贷款企业需满足如下条件：在深圳市登记注册；经营期在3年（含）以上；信用状况良好。单笔授信额度不超过200万元，贷款期限1年。

新三板股权质押贷款是针对拟在或已在新三板挂牌的中小企业，以其股东合法持有的非上市可转让的公众公司股份为质押担保发放的流动资金贷款。贷款企业需满足如下条件：在深圳登记注册的股份有限公司；经营期在3年（含）以上；近两年营业收入不少于1000万元，且有盈利；信用状况良好。单笔授信金额不超过2000万元，贷款期限不超过2年。

（2）机制设计

南山区三板贷的运作模式是以股权质押为核心，以政府与银行风险共担为支撑，贷款贴息与风险代偿双向联动，挂牌前中介费用贷款与挂牌后流动资金贷款有效搭接，充分盘活企业无形资产，为处于不同挂牌阶段的企业设定差异化授信额度，构建覆盖科技企业挂牌全流程的金融支持体系。

具体而言，拟挂牌或已挂牌企业可通过南山科技金融在线平台进行信用评级，由南山区科技创业服务中心根据评级结果向银行进行企业推荐。企业以股权质押为担保手段，选择不同挂牌阶段的金融产品，银行为其配给差异化的授信额度。上板贷到期后，可与新三板股权质押贷款产品进行对接，满足企业挂牌后的流动资金需求。企业以经营盈利和政府补贴为主要还款来源进行分期付款。政府对按期还本付息企业进行贴息，对银行进行一定比例的风险补偿。

（3）产品优势

三板贷将中小企业静态的股权盘活为可用的流动资金，解决了中小企业轻资产、担保难的问题，拓展了融资渠道。南山区三板贷对中小企业无形资产的盘活体现在两个阶段：挂牌前，企业可申请上板贷，利用股权质押获得中介费用贷款支持；挂牌后，企业可申请新三板股权质押贷款，仍可利用股权质押获得进一步发展的资金支持。挂牌前后产品有效衔接，分段信贷与分期还款科学配合，为中小企业上市融资提供持续资金支持和融资服务。

5. 科技保险——银保贷

银保贷的规范名称为"科技型中小企业履约保证保险贷款"，是南山区科技创业服务中心联合相关金融机构推出的金融创新产品，旨在通过创新资金供给模式，政府、银行、保险机构共担风险，为南山区科技型中小企业提供资金支持。单个企业单笔贷款额度不超过 500 万元，贷款期限为 6 个月或 12 个月。

（1）服务对象

贷款企业需满足如下条件：在南山区注册的科技型中小企业。

（2）机制设计

南山区银保贷是以科技保险为核心，银行放贷与保险承保双向互动，政府贴息与风险补偿密切配合的"纯信用、无抵押"贷款模式。南山区银保贷运作模式如图 31 所示。

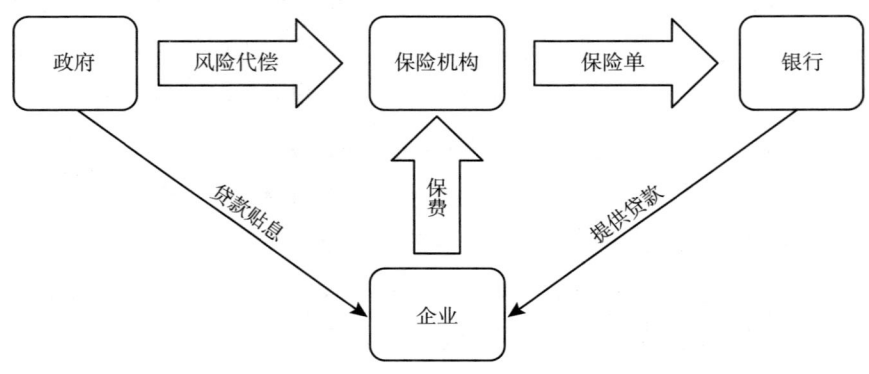

图 31　南山区银保贷运作模式

具体而言，南山区科技创业服务中心统一对申请贷款的企业进行筛选和推荐；参与该项目的企业需向合作保险公司购买信贷保险，由保险公司对申请贷款企业承保科技型中小企业履约保证保险。银行依据保险单及贷款合同向企业放款。政府、银行、保险机构三方达成共识：南山区科技创业服务中心提供风险补偿金，贷款发放后向保险公司进行全额支付，金额为贷款信用敞口部分；对按期还本付息企业给予贷款贴息。银行与保险公司预先确定信贷额度，有效控制风险；银行与保险公司各按逾期贷款本金及利息的 20% 和 80% 承担责任。

（3）产品优势

银保贷解决了 3 个难题。一是银行高风险与低收益不匹配问题。通过引入保险机构，实现银行与保险机构的风险分摊，有效降低银行的信贷风险。

二是坏账容忍度问题。保险机构可通过"保费+风险补偿"组合收益覆盖高风险，提高了对贷款的风险容忍度。三是审批流程烦冗问题。银行与保险机构预先锁定信贷额度及信贷风险，联合开展现场调查，解决了重复审批问题。

（五）配套政策与公共服务

1. 科技金融政策

为满足中小科技企业的融资需求，南山区颁布并实施了一系列科技金融政策，为企业提供贴保贴息、代偿补偿支持。截至 2015 年，南山区科技金融实际财政累计支出总计 6603.64 万元，其中贴保贴息 5957.16 万元，风险代偿 326.2 万元，风险补偿 320.28 万元。累计提供贷款支持 56.4 亿元，撬动了 85 倍的社会资金。南山区科技金融累计产生坏账仅为 652 万元，坏账率约为 0.12%。

在科技金融政策层面，南山区出台了《南山区自主创新产业发展专项资金科技创新分项资金实施细则》和《南山区自主创新产业发展专项资金经济发展分项资金实施细则》等相关配套文件，具体内容见表 9。

2. 银企对接及政策宣讲

为进一步加强银企沟通交流，密切银企合作关系，实现金融资本与企业需求的有效对接，南山区科技创业服务中心通过搭建线上数据共享平台与银行实现信息共享的方式，解决银企信息不对称难题；通过组织线下系列银企专项对接会、设立中小企业融资专区等方式，探索建立银企互利共赢的长效机制。

2016 年，南山区科技创新局围绕创新能力提升、创新环境优化和创新产业发展 3 个方面，针对科技创新型企业和科技服务机构出台了一系列优惠政策，涵盖科技金融、创新服务券和科技服务活动等。科技金融政策将信用评级与贷款贴息相结合，旨在降低企业融资门槛和成本，为企业提供高效便捷的一站式金融服务。创新服务券政策于 2015 年出台，对科技企业购买科技服务产品、服务机构提供科技服务进行双向补贴，引导科技服务机构提供

表9 南山区科技金融相关政策体系

实施细则		操作规程	核心内容
南山区自主创新产业发展专项资金管理办法	科技创新分项资金实施细则	贴保贴息资助计划操作规程	对获得南山区科技金融扶持计划支持的企业给予保费补贴和利息补贴,以帮助区内科技企业融资并降低融资成本
		贷款风险代偿资助计划操作规程	对与南山区科技主管部门达成科技金融合作协议的金融机构提供风险代偿准备金,按比例承担实际发生的贷款损失,帮助区内中小科技企业从金融机构获得流动资金贷款
		贷款风险补偿资助计划操作规程	对纳入南山区科技金融扶持计划且与南山区符合条件的科技企业提供投融资服务的金融和类金融等合作机构提供风险补偿,以鼓励合作机构为区内科技企业提供优质的投融资服务
	经济发展分项资金实施细则	总部企业(金融类)认定操作规程	对在南山区注册且持续经营一年(含)以上、符合条件的企业,可以申请认定为金融类总部企业,以优化辖区经济结构,推动企业集团化发展,大力发展总部经济
		落户重点企业资助项目(金融类)操作规程	吸引国内外大企业、大集团在南山区设立总部,对经认定的落户总部企业,可给予最高1000万元的一次性资助,以优化辖区经济结构,推动总部经济发展壮大
		金融创新贡献奖励操作规程	对在南山区注册的金融机构、准金融机构或其在南山区设立的分支机构的金融创新活动给予资金奖励;对互联网金融创新项目及产品提供创新贡献奖励
		企业上市融资奖励操作规程	对计划在境内主板、中小板、创业板以及海外主要资本市场主板上市的南山区企业给予奖励;对在全国中小企业股份转让系统挂牌的企业给予奖励
		上市促进贷(企业)操作规程	联合相关银行,对区内备案拟上市企业提供短期贷款支持和利率优惠,缓解企业上市培育期的融资困难,加快企业上市进程
		上市促进贷(银行)操作规程	联合相关银行,对区内备案拟上市企业提供免抵押、免担保的纯信用贷款,对按期还本付息企业提供贴息支持,对合作银行提供一定比例的风险补偿
		"小微促进贷"贷款贴息操作规程	针对南山区内注册的小微法人企业在深圳市内银行获得贷款的利息进行补贴,解决小微企业融资难问题
		出口信用保险资助项目操作规程	支持企业利用政策性保险控制市场风险
	文化产业发展分项资金实施细则	文化产业贷款贴息操作规程	对文化产业重点项目贷款,按贷款额给予一定比例的贴息扶持

资料来源:http://sfms.szns.gov.cn/egrantweb。

质优价廉的服务，提高辖区内科技型中小微企业的科技创新能力。科技服务活动政策于2016年出台，围绕技术转移、检验检测、第三方投融资、知识产权、财务税务、法律、创业培育等方向开展的公益服务活动均可获得资助。

为使科技创新型企业和科技服务机构全面了解南山区各项优惠政策的内涵及要点，掌握申报流程及规则，南山区科技创新局、南山区科技创业服务中心和南山科技事务所计划共同举办以"科技金融"和"创新券"为核心的2016系列专项政策宣讲会。宣讲会属政府公益活动，所有南山区企业、创客均可免费参与。全方位的政策解读和流程指导可助力企业更好地享受政策，获取资助；提供咨询与指导专项服务，可第一时间解决企业政策咨询、流程操作方面的细节问题；搭建"线上资源平台"，为与会企业提供资源对接、互助发展和资源共享途径；打造企业与科技服务企业直通渠道，为广大企业提供金融、法律、财务、技术、知识产权等综合竞争力提升服务。

3. "深圳20强"评选

德勤—深圳高科技高成长20强（简称"深圳20强"）即德勤—深圳明日之星评选项目，是德勤中国高科技高成长50强系列评选的子项目。该项目由深圳市南山区科技创新局、南山区科技创业服务中心为指导单位，德勤中国与深圳市商业联合会主办，建银国际联合主办，深圳市中小企业公共服务平台、深圳市中小企业公共服务联盟承办，旨在发现和表彰深圳高速成长、持续创新的企业。深圳20强企业将自动成为德勤中国50强及亚太500强项目[①]候选企业，深圳明日之星企业将自动成为德勤中国明日之星候选企业。

"深圳20强"评选项目已成功举办3届，通过与联办机构的强强联合，

---

① 德勤高科技高成长50强/500强项目是由德勤主办的成长企业评选活动，1995年起源于美国硅谷，每年在美国、英国、德国、日本、中国等数十个国家同步举行，被主流媒体誉为"全球高成长企业的标杆"。历届入选企业包括苹果、谷歌、脸书、百度、阿里巴巴、腾讯、奇虎360、乐视、药明康德、海康威视等。因大部分企业入选时尚处于成长期，该项目又被誉为"发现未来之星的平台"。

致力于发现并推介深圳地区的高科技高成长企业，为其提供国际化的竞争平台，助力提升品牌影响力和企业竞争力。入选企业可获得政府政策扶持以及德勤特别定制的专属增值服务如德勤企业成长学院、信息技术咨询、企业财务顾问和境内外上市审计与税务筹划等。

南山区科技创业服务中心作为南山"大孵化器"战略的主要实施者，始终致力于加强科技金融、创业服务、国际合作、理论研究等服务体系建设和创新，在"深圳20强"评选项目中协力推介杰出企业并对入选企业提供政策扶持，发掘出一批如创梦天地、土巴兔、分期乐等独具创新技术与商业模式且具有行业引领性的优秀企业。

4. 创新南山"创业之星"大赛

创新南山"创业之星"大赛始于2008年，由深圳市南山区人民政府、深圳市科技创新委主办，深圳市南山区科技创新局、深圳市南山区科技创业服务中心承办，深圳"接触"创业沙龙、南山"大孵化器"联盟、"创业之星"投资联盟协办，是一项立足南山、面向全国、辐射全球的"鼓励创新，扶持创业"的大型创业企业与项目的选拔活动。

大赛分为企业成长组、初创团队组和大学生创新组，采用海选—半决赛—决赛的赛制流程，鼓励全球范围内拥有前瞻性、创新性、自主知识产权的中小企业、初创项目、大学生创业团队参与其中。赛后对参赛及获奖企业开展全方位、多元化的赛后培育工程，奖励性配套政策及措施包括政策支持、资本对接、银行授信、创业空间、创业服务（见图32）。

2015年，"创业之星"大赛吸引14个国家和地区的2130个项目参赛。2008年举办首届大赛至今，已吸引了海内外众多的创新企业和创业团队参赛，项目数量、投资案例逐年递增。截至2015年，累计4975个创新项目报名参赛，2000多位投资人、技术专家和产业人士担任评委，组织了200多次项目考察，20多家主流媒体发布了近700篇报道，122家创新企业、96个初创团队获得共计3200万元的奖金，促成各类合作2500余项，带动国内近百家主流投资机构对150个项目展开15亿元左右的投资。

深圳市南山区科技金融发展模式

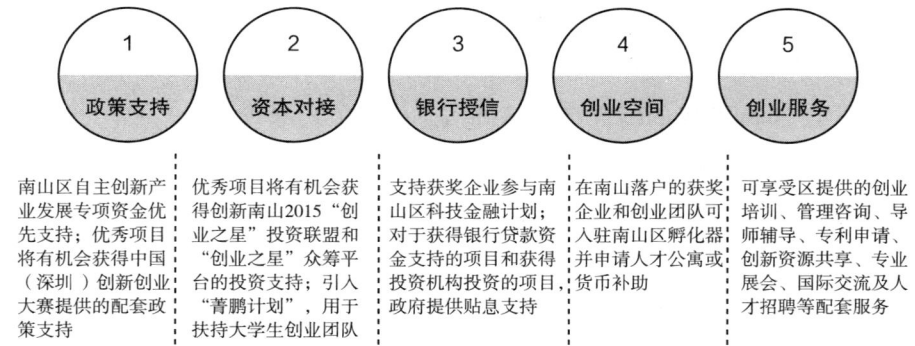

图32 "创业之星"大赛奖励性政策配套及措施

三 南山区科技金融发展建议

在当前发展的基础上，进一步完善科技金融在线平台，优化科技金融运行机制，培养科技金融专业人才，壮大科技金融专业团队，发展科技金融中介机构，打造"政府引导的开放式、市场化投融资平台"，是更好地发挥南山区科技金融对科技创新的支持作用，落实《深圳国家自主创新示范区发展规划纲要（2015～2020年）》，使南山区建成更高水平的国家自主创新示范区的现实要求。

（一）完善科技金融在线平台

进一步明确科技金融在线平台的目的及方向，将南山科技金融在线平台打造成为综合性投融资公共服务平台、政府政务平台、企业大数据平台、企业信用平台。依托南山科技金融在线平台，建设中小科技企业综合性投融资公共服务平台，强化股权投融资服务，对接资金供需两侧资源。充分发挥科技金融在线平台的政府政务平台作用，简化审批流程，运用互联网技术，强化流程管理和节点控制。依托南山区科技金融在线平台，构建企业大数据平台，基于数据采集功能，进行行业研究分析。建设南山区信用平台，加强南

山区科技金融软性基础设施建设。

加强信息化建设,降低制度性交易成本。对接工商部门、税务部门、深圳信用网、知识产权部门等企业基础信息提供方,减少企业信息填报工作量,缓解企业的信息核实压力,增强企业信息准确性。在此基础上,确保信息更加公开、公正、及时,为企业信用评级、科技金融产品设计提供更加丰富、准确的信息。

优化企业信用评级,减少信息不对称。在当前中小企业综合指标评价系统的基础上,进一步完善评级模型,优化中小高科技企业信用评价系统,建立对外公开的企业信用信息库。对前景良好、管理规范的相关企业,建立"信用优良名单";对存在骗贷或违约行为的相关企业,建立"科技金融黑名单",并进行通报。对进入黑名单企业的惩罚及措施包括:对日后贷款提高贷款利率,减少授信额度,增加抵押资产,或由相关部门取消企业原有的税收减免优惠。通过不断优化的激励约束机制建设,促进南山区科技金融健康发展。

(二)优化科技金融运行机制

优化贷款风险补偿模式,丰富科技金融产品。进一步完善中小企业贷款风险补偿机制,科学考核贷款产生的实际效果,弱化以新增贷款为标准进行补偿资金分配而诱发的,金融机构短期内片面追求新增贷款数量的动机。为更广泛地服务中小科技企业,构建更为丰富的"风险-收益"产品组合,在金融机构大数据支撑下,针对不同行业的风险分布制定有针对性的风险补偿标准。

拓展贷款风险补偿资金来源,突破时效限制。进一步拓宽风险补偿金来源,积极寻找可以长期合作的资金来源,放大政府对科技金融支持的杠杆作用。以政府资金与社会资金组合为基础,构建风险补偿资金的长效运作机制,避免当前贷款风险补偿制度对时限要求过短的弊端。完善贷款风险补偿金市场化运作的制度基础,建立长期运作的绩效评价系统和风险控制体系。

完善企业筛选和增信机制，发展综合服务平台。依托各类金融机构，加快建设科技企业分级筛选机制，针对富有潜力的科技企业优化信用增进机制，完善科技担保和再担保体系，降低优质企业的融资成本。鼓励成立企业信用促进会等促进科技企业增信的社会组织。

基于科学评价系统，强化政府资金市场化导向。注重完善初评体系、创新成果评价系统、创新失败论证体系在内的多层次评价系统。初评体系主要是对创新人才、产品、项目、资金等要素进行简单评估，起到引导社会资本投资方向的作用。创新成果评价系统和创新失败论证体系主要解决政府自身投资问题及失败型创新的补偿机制问题，可综合政府相关部门、证券机构、银行、信用评估机构、科技创新园区、行业协会等组织共同完成。

（三）培养科技金融专业人才

充分整合银行、天使投资机构、风险投资机构、保险机构、担保机构等金融机构的专业人才参与平台共建，打造科技金融专员队伍，加快对科技金融复合型人才的培养。从各金融机构聘请一线工作人员作为科技金融专员入驻科技金融服务平台，为企业提供定制化服务，包括需求沟通、企业调研、产品推荐、政策推广、平台共建等。定期邀请来自银行、投资机构、科技孵化器的资深专家为科技金融专员进行银行信贷、行业前沿等多方位培训。

联合高等院校，积极培养科技金融专业人才。对接深圳市高等院校与科研机构、培训机构的优势资源，联合培养科技金融专业人才。针对科技金融服务体系构建、科技金融信用评级、知识产权评估等重点、热点问题，进行系统化的课程设置，培养有理论、懂实践的高水平专业人才。在南山区经济发展专项资金中，划拨一定比例的资金用于科技金融人才培养，相应的师资队伍构建，以及教学、培训基础设施建设。

构建激励机制，充分发挥科技金融人才的潜力。针对富有科技金融理论基础与实践经验的骨干人才，设置专项基金，鼓励进修与交流，并充分发挥现有骨干人才在科技金融人才培养、科技金融体系建设方面的积极作用。

（四）发展科技金融中介机构

鼓励发展知识产权评估、咨询机构。积极引入知识产权评估机构，并鼓励其把业务从评估转向运营，培育一批专业的知识产权运营机构，进而形成功能齐全的知识产权交易市场，推动知识产权质押贷长期可持续发展。争取引入质押手续代办点，同时简化质押手续，降低知识产权质押的制度性交易成本。协助有关部门，促进知识产权交易市场发展，解决知识产权处置问题，夯实南山区知识产权质押贷更好发展的制度基础与市场基础。

鼓励发展中小科技企业信用评级机构。促进有专业特色、有核心技术的专业评级机构发展。提高评级机构的准入门槛，减少评级机构之间的恶性竞争，抑制信用级别买卖公开化的不良趋势，形成信用评级结果使用方主导的市场格局，促进南山区中小科技企业信用评级市场良性发展。

B.8
创客发展环境与我国双创面临的挑战

杨 文*

摘 要: "创客"是近年来的热词。特别是在深圳"双创活动周"之后,创客又一次成为整个社会关注的焦点。对各地方政府而言,引导"大众创业、万众创新",支持和鼓励优秀创客,不但需要有配套的政策措施,还要搭建相应的孵化平台。深圳的创客发展经验为全国创业、创新活动提供了成功样板和可复制、可推广的具体经验。本报告在系统分析深圳创客发展的环境支撑的基础上,分析了创客创业的机遇和挑战。

关键词: 创客 发展环境 发展路径 新动能

本报告首先利用翔实的资料,以深圳市创客发展为例,剖析深圳创客发展成功的关键,并详细描述创客发展的软环境和硬环境。然后,根据多方面的论据,总结和归纳我国双创面临的挑战。

一 创客发展的硬环境与软环境支撑

自1980年我国将深圳市设为第一个经济特区以来,这个"改革开放的窗口"就以"深圳速度"迅速发展,深圳的创业史成为我国改革开放所取得的伟大成就的缩影,深圳也成为最具代表性的创业城市,"拓荒牛"的创

---

* 杨文,经济学博士,深圳大学经济学院讲师,主要研究方向为金融效率、农村家庭脆弱性。

业精神被众人所称赞。

2014年9月，李克强总理在夏季达沃斯论坛上公开发出了"大众创业、万众创新"的号召，"创业""创新"再次成为热门词。2015年6月4日，国务院常务会议对双创的深入发展提供了政策方面的支持，如鼓励地方设立创业基金、对小微企业和孵化机构给予税收支持、创新融资方式、取消户籍和学历等妨碍人才自由流动的因素等。2016年10月，"双创活动周"在深圳市举办，这个被称为"创新之城""东方硅谷"的经济特区再一次掀起了创业、创新的新浪潮。

在"双创活动周"以及相关政策的大力推动下，以深圳为代表的全国各地城市均处于创业、创新的浓厚氛围中，各种风投资本及产业资源纷纷聚焦在创业项目上。作为最具代表性的创业城市，深圳市近年来以更加积极的态度，在顶层设计层面形成了双创所需要的特殊发展环境。本报告以深圳为例，对创客发展的环境进行归纳和总结，并以详细的资料分析深圳市创客发展成功的环境要素。将创客发展环境分为以下两类：一类是硬环境支撑，另一类是软环境支撑。

（一）深圳创客发展的硬环境支撑

就深圳创业、创新的硬环境而言，突出表现在独特的区位优势和制度条件、充足的资本、大力的政策支持和良性效应等方面，具体分析如下。

1. 独特的区位优势和制度条件

深圳独特的区位优势和制度条件为创客的发展打下了坚实的基础。深圳位于珠三角区域，背靠内陆，可以辐射广大腹地。更为重要的是，它具有独一无二的地域优势，即毗邻香港。香港是全球最自由的经济体，拥有国际化环境和合作机制，能够帮助深圳吸引国际优质要素。同时，深港两地交往频繁，深圳在模仿香港的过程中吸收了很多国际前沿文化，这种地理上的优势是国内其他城市所不具备的。深圳具有如前海等国家级开放平台，具有先进的制度，繁荣的物流业和日益发达的金融行业则推动了其他产业的快速发展。

2. 充足的资本

深圳是我国重要的金融中心之一，金融活动十分活跃，风险投资十分集中。国内超过 1/3 的风投公司纷纷选址深圳，主要集中于深圳南山区，吸引了大量创客集聚深圳寻找"伯乐"。通过孵化器推介、"创业之星大赛"等方式，创客可以向投资者介绍自己的创意或产品，获得认可后获得风投，从而实现创意或产品的实体化和市场化。充足的资金，是将创意转变为现实的过程中不可缺少的要素，也是创客空间得以维持的重要因素。

3. 大力的政策支持

深圳的城市口号是"来了就是深圳人"。在这里你不用担心因"外来客"的身份而受到歧视，也不用担心自己在进行公司申报时会遇到重重障碍，相反政府还会给予种种政策扶持。2015 年深圳市政府规划，每年至少增加 50 个创客空间。深圳市政府出台"三年行动计划"及促进创客发展的若干措施，在资金上给予创客资助鼓励，让一批又一批有实力的创客获得专项资金资助，让他们的创意能够从 0 到 1 得到实现。

此外，我国政府还重视发展培育未来创客。2015 年 9 月 2 日，教育部办公厅发布了《关于"十三五"期间全面深入推进教育信息化工作的指导意见（征求意见稿）》，推动利用信息技术建设"众创空间"的进程，探索出如 STEAM 教育、创客教育等新教育模式。

4. 创业、创新的良性效应

在深圳这座创新之城，前有华为、中兴等科技公司的崛起，后有大疆、光启、柔宇等中小企业的诞生，成功的案例给予创客很强的信心。深圳的创业、创新形成了丰富的、节节开花的生态链，在每一个层次都能展现出活力，也体现了深圳创新产业的良性发展。

在推动科技创新的实践中，深圳市循序渐进地实现了区域自主创新体系布局，每一个行政区都为深圳的创新发展做出了自己的贡献。

（1）南山：新型科研机构以及创客中心

众多创新载体、科研机构和高校纷纷落户南山区，整体创业、创新气氛良好，各类链条充分融合，特色发展却又和谐共存。在这里，创客能够借助

如中科院深圳先进技术研究院、光启高等理工研究院、深圳清华大学研究院等新型科技机构，利用其力量雄厚的师资，走出产、学、研融合的创客之路。在这里还拥有"国际创客中心"，该中心定位于"公益性的独立经济实体"，积极寻找有效的运营规律以实现盈利。创客中心每年都会招募大批创客入驻，吸收国内外前沿方法，对创客进行培养和教育。同时，通过举办沙龙活动、大型创新交流活动等为创客提供更大的交流平台。

（2）福田：为创客带来天堂般的体验

福田区的华强北被誉为"中国电子第一街"，具有强大活力，拥有高速运转的市场、充足的人才和资金流，可以使创客茁壮成长。近年来，福田区不断完善相应的公共服务措施、人才公共管理体系，搭建资金、空间、人才、产业等资源融合配置平台，为创客营造更加良好的创业环境，推动了创客事业的发展。

（3）宝安：创业、创新后起之秀，创客空间新投入

宝安区的工业发展成熟，是深圳的"产业大鳄"。其相关的工业设计、产品优化、主板制作、量产配套等产业链条，有着得天独厚的优势。一方面，宝安这些年来不断完善创业、创新工作，以政府引导、企业主导为准则，利用本区产业特色，均衡各方资源，动用全区各界力量支持创客创新；另一方面，宝安大力支持创客空间以及相关孵化器的发展，举办各类创业大赛，完善创新生态体系。目前，宝安拥有2个国家级科技孵化器、2个国家级科技孵化器培育单位、2个国家级众创空间、3个省级众创空间试点单位和2个市级创客空间。

（4）罗湖：优惠政策助力罗湖创客发展

罗湖区在全区范围内推动"创新、创业、创客、创投"四创联动，大力支持有关可持续产业的发展和未来朝阳行业的发展。针对初创团队大多存在的资金短缺问题，罗湖将其拥有的大量众创空间以十分优惠的租金出租给初创团队，让他们可以专心地去实现梦想。罗湖提供数十亿元资金对孵化器等提供足够的支持，并提供相关金融服务的咨询以及保障，大大减少初创团队或企业的资金流问题。

(5) 盐田：发挥旅游创意行业在创客活动中的作用

盐田区依托其独特的自然资源和地理资源，积极构造具有旅游特色的创客文化，发挥旅游创意产业在创客活动中的作用。盐田以创业、创新为核心发展目标，积极建设优质空间、载体，对人工智能领域进行大力扶持，助推创业、创新热潮。

(6) 龙岗、光明、大鹏、龙华、坪山：建工业园支持创客空间

龙岗区实施众创空间"1+1"扶持政策，加大对优秀人才和空间的补贴力度；光明新区积极打造大型创业园，积极开拓探索校企合作渠道，开创新的创新载体，推动孵化器发展；大鹏区启动生物创客空间建设，重视发挥女性在创业大潮中的作用；龙华新区利用自身特色，全方位为创客提供一系列智能硬件建设的支持以及资源引导；坪山区将互联网和创客平台联系在一起，积极建设加速器和孵化空间，让新兴发展的企业可以得到咨询、培训、人才、借款等一系列服务。

深圳享有"创客之城"和"创新花园"的盛名，是名副其实的创客摇篮。在这里有多种多样的创客空间供创客选择，如柴火创客空间，是一个不以营利为目的的组织，为具有想法和创意的创客提供思想自由交流和创意产品展示的场所。在面积只有60平方米的空间里，设立创客体验区、项目展示区、设备工具区、分享区和工作区，改变过去"眼看手勿动"的参观模式，让参观者可以亲身参与其中进行创意制作，充分体现"人人都可以成为创客"的口号。开放制造空间，是最前沿的创新技术分享基地，它提供了制造链条一条龙服务，为创客配备所需的各种工具和技术，考虑到创客的专业性问题，还提供了前期培训，并有专门的办公区域相配套。最具资源与平台的中科院创客学院，以高校为基地，由南山区政府和中国科学院先进技术研究院共同创立，旨在培养和扶持创客，拥有深厚的教育底蕴及丰富的企业和社会资源，同时背靠政府提供的教育平台和资源平台。无论是需要利用大数据、互联网和3D打印技术环境进行项目孵化与加速的创客，还是有着专业化技能培训需求的创客，都能在这里找到满足其需求的创客空间。

在政府的号召和相关政策的扶持下，深圳的创业、创新活动取得了一定

双创蓝皮书

程度的发展，但深圳创客空间整体仍存在着一些局限性。如一些创客空间没有合适的商业模式，仅仅依靠志愿者、母公司或地方政府的资助来维持运营；在人们的创业热情消退后，资本也随之流出，使得创客们难以继续发力，创客空间也失去最基本的资金来源；许多创客和创客空间过度依赖国家政策，在接受巨大补贴的同时付出了巨大成本，甚至助长道德风险；大多数创客缺乏相关运营管理的经验与知识，缺乏对产品商业化途径的把控能力，在一定程度上阻碍了其产品的市场化。

（二）深圳创客发展的软环境支撑

深圳创客的发展离不开深圳市的制度和政策支持，如体制改革、人才政策、载体政策，离不开知识产权服务、检验检测服务和商务服务等科技服务水平的不断提升，同时也离不开深圳良好的科技金融体系给创客提供的支持。

1. 制度和政策体系

（1）体制改革

从建立特区开始，深圳从骨子里就散发出敢闯、敢试、敢探索的力量。在体制改革上始终走在全国前列，不仅完成了从计划经济向社会主义市场经济的转变，还创造出一条具有深圳特色的经济发展之路。

在特区建立初期，深圳就开始进行了大刀阔斧的改革。深圳市政府出台了一系列扩大企业自主权的政策措施，依靠毗邻香港的区位优势，结合自身特点推出了风险抵押承包制，并对工资制度以及劳动用工制度等进行一系列改革。

为了建立规范的公司治理结构，并在更广泛的社会范围内筹集资金，深圳在1986年就开始积极尝试企业股份制改造；进入20世纪90年代，深圳市政府提出要加快现代企业制度的建立以适应市场经济的要求；随后，深圳的国企改革不断向纵深推进，进入转机建制的新阶段，至1994年，深圳市正式全面开展现代企业制度试点工作。

目前深圳科技创新正从"跟跑"向"领跑"转变。深圳紧紧围绕"加快建设国际科技、产业创新中心"这个战略任务，以科技创新为核心，深化供给侧结构性改革，瞄准关键领域、重点环节，主动谋划、持续发力，推动创新跨越发展。

（2）人才政策

1980年，深圳成为中国第一个经济特区，为了促进政治、经济、文化全方位的改革与发展，需要为各行各业注入新鲜活力。因此，深圳市政府采取积极的人才政策，在全国范围内掀起"孔雀东南飞"的热潮，为实现"深圳速度"奠定了坚实的基础。灵活的人才引进机制和宽松的制度政策是深圳市实施人才战略的两大亮点。

首先，全员劳动合同制在深圳的企业中开始试行，打破了干部与工人、不同所有制企业职工的身份界限，促进企业经营机制的转换。

其次，高度重视高层次专业人才对深圳经济发展的关键作用。深圳市十分重视高层次专业人才队伍建设，并出台《中共深圳市委、深圳市人民政府关于加强高层次专业人才队伍建设的意见》（深发〔2008〕10号）等相关政策。在人才资金方面，市政府在整合现有资源的基础上加大首期市级专项资金投入约2亿元；开通绿色通道，创新人才引进方式；开展了"候鸟计划"，在高校、科研机构等部门设置短期工作岗位，采取柔性方式吸引高层次人才。在培养优秀生源方面，深圳通过建立大学城，吸引北大、清华、哈工大等名校在深圳建立研究生院，并对有卓越贡献的人员进行生活、工作、科研等各个方面的奖励和补贴。除此之外，还通过梯队建设计划、学术研修技能交流津贴制度、"卓越专家访问计划"等多种方式吸引各方人才扎根深圳，为深圳经济、政治、文化等各方面的发展做出贡献。

最后，从海内到海外，深圳市政府不断改进人才扶持政策。深圳充分利用与香港相邻的地理优势，畅通香港专家来深圳工作和创业的渠道，重点引进香港高端行业的高层次人才，加强深港人才智力的交流与合作。2011年，深圳政府出台了"孔雀计划"，目的在于引进具备丰富工作经验和较高专业素养，掌握先进技术并熟悉国际市场运作的海外高层次人才。在培养优秀留学生方面，建立了8个海外留学人员创业园，并对深圳市留学人员实行高额补贴；就海外高层次人才在落户深圳、配偶就业、子女入学、医疗保险等方面推出优惠政策，推动金融、物流、高新技术、文化四大支柱产业发展。

（3）载体政策

高门槛、高成本是影响创业、创新发展的因素之一，使得很多人对创业望而却步。而深圳的创业扶持政策是最为抢眼的，在深圳的18项指标中，创业扶持政策得分最高。其中包括对国家级重大创新载体的发展、对初创企业和自主创业团体以及区域产业的发展和建设给予高度重视和支持。

2016年深圳市政府出台文件，对深圳市内的国家企业技术中心、国家制造业创新中心、国家工程（技术）研究中心等国家级重大创新载体，政府将给予最高3000万元的支持；按照国家规定对承担国家实验室建设的单位予以足额经费支持，对承担省、市技术中心、工程中心等各类创新载体建设任务的企业，将给予最高1000万元的支持。

对初创企业和自主创业团体，深圳市政府大力提供政策支持。不断改革初创企业登记制度，通过网上申报、多证联办等方式对注册登记手续进行简化。在解决资金短缺问题方面，政府一方面主张发挥财政的杠杆作用，加大创业扶持补贴力度；另一方面鼓励天使投资、风险投资、创业投资支持大众创业、创新。

对于深圳市的不同区域，深圳市采取因地制宜的措施，大力促进特色区域经济发展。2017年，福田区实行"1+9"政策扶持初创企业发展，对于关键环节、重点项目、公共平台的支持力度最高可达1000万元，有效提高了企业质量；南山区成为新兴产业的孵化器和众创空间，深圳大学、深圳虚拟大学园、深圳高职院、深港澳产学研基地等一大批教育科研基地在此落户，还吸引了北京大学、清华大学、哈尔滨工业大学等全国高校入驻大学城；宝安区文化产业增加值为209.51亿元，占地区生产总值的7%，2017年5月举办的第十三届文博会期间，宝安区签约超1亿元的实质交易项目7个，成交额达65.8838亿元，同比增长14.85%，连续两年保持超过14%的高速增长。

2. 科技服务体系

科技服务体系能够协助创客把科学技术上的理论以及创新概念转化为实际产品，或运用服务体系，作用于创客创业、创新的全过程，充当产品创新和市场化服务的加速器和润滑剂，是创客创新积极性的保护伞和催化剂。

（1）知识产权服务

知识产权服务对于创客来说是非常必要的，知识产权服务不仅能够使创客团体了解和规避国内外相关领域的知识产权纠纷，而且能够避免技术成果被窃取，提高创客的积极性。而深圳从以下几个方面为创客们提供了良好的知识产权服务体系。

第一，发布服务创客知识产权的纲领性文件，服务创客长远发展。2015年10月19日，深圳发布了《众创空间知识产权服务标准指引（2015版）》。该指引由深圳市国新南方知识产权研究院会同全国22家知名众创空间、机构共同研究制定，是全国众创空间知识产权服务标准的重要指引性文件。

第二，建立统一的大知识产权工作机制，为服务创客开通"绿色通道"。为响应国家关于放权改革的号召，深圳在全国率先建立了商标、专利、版权和品牌、标准统一执法，将整个深圳市的大知识产权工作制度以及知识产权发展战略进行统一管理，同时也在知识产权监管执法以及促进扶持知识产权方面加大了管理力度，从而大大提升了服务质量。

第三，服务型理念为创客营造更好的创新环境。深圳市市场和质量监督委员会优化创新服务，进一步释放了大知识产权的体制优势，通过创新服务模式、推动建立产业专利联盟、引进国家级服务资源等方式，为创客创造一个更加舒适的创新环境。

第四，瞄准"一带一路"和自贸区，深化改革以服务深圳新一轮创新发展。深圳积极响应国家"十三五"规划的号召，协调海关、仲裁、司法等部门积极探索，努力在深圳建立知识产权快速维权中心，对重点产业领域进行全面覆盖。还积极联合海上丝绸之路沿线国家，全力支持战略性新兴产业的核心企业承接"一带一路"重大工程建设，鼓励创客走出国门投资设厂。同时，逐步在海外设立进行知识产权维权的基金，充分发挥企业联盟的作用，更好地进行海外维权。

(2) 检验检测服务

检验检测服务是包括检验、检测、检疫、鉴定、检查、计量、校准、教学和科研等各方面的技术服务体系。推进检验检测服务快速平稳发展，是深圳近年来响应并支持大众创业、万众创新的重要措施。深圳市先后出台了一批重要的政策和意见，为经济健康有效发展发挥了重要的作用。

第一，检验检测服务为创客开"绿灯"。深圳市为检验检测服务行业制定了一系列创新驱动发展战略，努力打造全方位、低成本、专业化的检验检测服务体系，从而对激发更广范围的创业、创新活力，提高现实生产力，促进实体经济的发展做出了巨大贡献。

第二，官方检验检测服务的"改革开放"。随着我国尤其是深圳市的改革开放和市场化程度的加深，民间检验检测也在不断蓬勃发展。但官方的检验检测无论在权威性还是服务的全面性方面都拥有天然的竞争优势。因此，官方检验检测若能够坚持发挥市场配置作用，坚持服务科技创新，坚持服务和支撑实体经济发展，将会极大激发市场活力，并带动政府职能部门转变。

第三，对特定行业创客提供"特别服务"。深圳市政府对在重点产业领域发展众创空间给予优先服务。重点在电子信息、高端装备制造、生物技术、新能源、文化创意等产业领域率先展开试点。针对产业需求和行业共同性的技术难点，组织行业专家学者进行集中的技术难点攻克，在细分领域建设创客检验检测服务"站点"，对创新转化成果进行快速有效的检验检测。

第四，以国际化的视野服务创客。近年来，深圳市鼓励并支持加强与国内尤其是国外检验检测机构的合作。检验检测机构人员在参与国际交流的同时吸收国外先进的管理和服务经验与技术，并针对本地创客特点进行管理和服务的技术改进，激励创客与国外先进创业孵化机构合作，打造更高水平的创客检验检测中心。

(3) 商务服务

商业服务包括专业服务、计算机服务以及营销服务等。商业服务作为创客面向消费者客户的终端服务，打通了创客从产品研发、生产到消费者的最后一环，为创客提供完善的生产以及营销服务。一般而言，创客在产品开发上具有过人之处，但在具体产品营销谈判方面可能有所欠缺，商业服务正好弥补了这一短板，使创客能够专心于产品的研发。

打造全方位、一体式服务于创客的商业服务体系是深圳市政府当前的重中之重。创客产品从构思到生产再到市场，都需要商业服务的支撑，商业服务可以说是创客成功的一个跳板，是将产品成功地实现商业化、市场化，将前期投资进行回收并实现投资增值的重要过程。

深圳拥有内地最开放的市场、最自由的商业环境和最高效的政府，不管是政府还是龙头骨干企业对创客发展都有极高的热忱。近年来，越来越多的商业服务机构在深圳扎根并服务于无数个众创空间和创客，也有越来越多的企业参与到创客产业发展中，为创客发展提供技术、资金以及人才支持。

3. 科技金融体系

2003年，深圳首个专门的金融发展文件《深圳市政府支持金融业发展若干规定》发布。近几年，深圳文化产权交易所、前海股权交易中心等新型融资平台的成立，使得深圳科技金融体系初步形成。现阶段，深圳金融业发展的特点可总结为四个字：快、强、广、新。

(1) 深圳科技金融发展速度快

在2008年全球金融危机的严重冲击下，深圳市金融业在2009年仍保持快速增长，作为深圳市支柱产业的地位也越来越稳固。深圳金融业总资产由2009年的3.3万亿元增加到2015年的9.19万亿元，增长178%；2015年，深圳金融业全年实现税收979.71亿元，较2009年增长了2倍多；深圳市金融机构本外币存款余额也由2009年的1.84万亿元上升至2015年的5.78万亿元，实现了214%的增长。深圳证券交易所上市的公司数量由2009年的830家上升到2015年的1746家，其中主板、中小板和创业板分别为478家、776家和492家。

(2) 深圳科技金融实力强

深圳金融业实力之强主要体现在金融资产规模大、金融机构数量多、交易规模大。截至2016年底,全市银行业、证券公司以及保险公司(法人企业)总资产合计约12.7万亿元,金融业资产规模稳居全国第三位;深圳市有持牌金融机构403家、法人机构173家、小额贷款公司144家、融资性担保公司97家、融资租赁公司1940家,大约有1273家互联网金融企业于前海完成注册;2017年7月底,深圳上市公司达2008家,上市证券达4988只,总市值达223770.02亿元。

(3) 深港金融合作深化,国际化程度提高

深圳金融发展最大的优势是毗邻国际金融中心——香港。经过多年的发展,深港金融合作不断深化。一方面,深圳、香港两地的金融业务越来越频繁,大量香港金融机构来深圳设立分支机构,两地交通卡实现互联互通,香港成为离岸人民币金融中心;另一方面,深圳成为沟通国内外资本流通的桥梁。2013年1月,前海跨境人民币贷款放开贷款政策,允许符合条件的前海企业按市场定价方式从香港银行借入人民币资金,这是人民币国际化的新阶段。

(4) 科技金融体系逐渐形成

在深圳市政府号召下,深圳市出台了一系列促进科技与金融共同发展的文件,如《关于促进科技创新的若干措施》《关于促进科技和金融结合的若干措施》等,推动政府、银行、创投机构、担保机构、保险机构、园区、行业协会等多方力量,致力于构筑立体化科技金融服务体系。不仅如此,深圳市在2012年创造性地在全国率先推出"深圳市科技金融联盟",建立"深圳市科技创新资源共享平台"。由此,推动深圳科技金融体系逐渐形成与不断完善。

可见,深圳创客发展的软环境和硬环境是其双创工作顺利开展的关键性因素。因此,我国其他城市在开展和扶持双创工作、扶持创客发展的时候,也应参考深圳市在软环境和硬环境等方面的具体措施和做法,不断完善创客发展的软环境与硬环境,并通过制度因素、科技因素、人力资本因素等,进一步促进双创发展。

二 我国创客创业的挑战

（一）创客创业中普遍存在的问题和挑战

2016年5月，国务院办公厅印发了《关于建设大众创业万众创新示范基地的实施意见》，在此之前，2016年也曾出台过针对创业、创新问题的文件，表明政府对创新能力的重视程度日益提升。得益于政策支持，深圳的双创环境越来越好，扶持力度也越来越大，双创热度变得空前。

但随着创业、创新的普遍化，越来越多的问题也逐渐涌现。投资规模增大、政府支持加大却并未带来预计中的成功，投入和回报不成正比，创业、创新的热潮慢慢退去，人们开始质疑是否真的到了创客们的冬天，并开始反思之前的资本、产业资源配置中存在的问题。

首先，创客们单一地看重前期的创意，而忽略了对后期实际运用的研究，增大了创业失败的可能，极大地降低了资源的利用效率。就像建造一栋楼房，创意就像是楼盘的地基，地基打好了，并不意味着工程必然成功，之后在这块地基上堆砌的一砖一瓦，将会对这栋楼的质量起到直接影响。创业项目想要成功，有一个好的创意固然重要，但之后的一系列应用、生产、经营也会产生重要的影响。例如，如何降低成本、如何大批量生产、如何获取利润等，这些都是需要考虑的因素。英特尔中国区在线业务部总经理刘钢表示："从创意到原型的实现是创客团队的优势所在，不过创客团队还会遇到如何降低成本、改善工业设计、大规模量产等挑战，这些困难创客团队往往很难克服。"

如何才能将创新和生产经营完美结合起来，麻省理工学院有一套值得借鉴的模式，其开创了"大学—产业—政府"模式，将产、学、研三者紧密结合起来，建立高效的产学研"三位一体"平台。目前，清华大学、北京大学等顶尖高校纷纷在深圳设立了自己的研究生院，建立了专业的研发机构，进一步向产、学、研结合靠拢，为深圳的创新之路注入了新的能量。

双创蓝皮书

除了创意和生产的融合度不足，创客们还面临着如何合理利用投资、妥善经营企业、适应消费者需求偏好等问题。

很多创业团队将重心放在了前期的吸收风险投资上，拿到风投后就懈怠了，认为已经成功，在项目获得风投之后，没有立刻转变角色，导致项目的推进产生问题，无法进行有效的生产，更严重的是可能会失去之前获得的投资。创业团队具有的技术优势是毋庸置疑的，但是他们多数并不擅长资金的管理和运用，所以很容易出现的一种现象就是，创业项目明明已经获得了有力的资金支持，但是缺少利用资金的能力，致使项目失败。因此，广大创客绝不能将重点错误地放在获取资金上，获得资金只是一个成功的条件，推进项目落地才是关键点。

其次，在双创发达的城市，创客的身份大多是高校刚毕业的知识分子或者初次创业的工作者，他们有很好的创意和想法，也有完备的技术和构思，美中不足的是缺少足够的社会经验和经营企业的能力。对于财务管理、市场营销、人力资源，更多的可能是停留在理论阶段，如同纸上谈兵。因此，在面对纷杂变幻的市场环境时，缺乏管理企业和应对风险经验的创业团队略显单薄脆弱，很容易在受到市场冲击时无法采取正确的措施及时应对，也很容易在经营过程中因管理不慎导致人才流失。如何经营管理一个企业，需要长时间的工作积累才能总结出来。同时，职员在获得较多的行业经验和运作经验之后，脱离原企业自己去创业的现象也在不断增加。所以，如何抓住高质量的员工，留住人才，以及如何管理企业、如何处理财务、如何进行市场营销，都是需要重视的问题。

此外，创客们还面临着把握群众消费心理和消费偏好的挑战。消费者行为较为复杂，难以把握，即便是对学科研究者而言也是一个难题。因此，创客团队很难有效预测消费者的需求偏好，无法在短期快速地生产出最受大众欢迎的创新产品，很有可能在创造出时下很流行的产品之后，消费者的偏好突然发生改变，这样也会导致创业的失败。消费者的消费层次、消费倾向是多样的，也很难去划分。所以，创客们需要给自己的产品进行明确的定位，瞄准产品面向的消费群体，找到足够数量和调研维度的样本，再去进行调研。有针对性地研究自己的客户群体，可以减少工作量，缩短研究过程，提高企业对消费者研究的效率。

除了这几点之外，创客创业之路还会出现很多挑战，比如模式不够新颖，对消费者缺少吸引力；对风险的把控不足，很容易受到突发情况的冲击；没有广泛的人际圈和人脉资源，初期的发展被局限等。总而言之，创业不仅仅是研发、创意和创新，这些仅仅是初期的必要条件，若想把产品推入市场，成功运营并且获取收益，需要很多方面共同作用，任何一个阶段存在软肋，都会给企业的前进带来不便。

当今世界的趋势，创客创业的模式逐渐被大众接受。深圳的创客们虽然在创业路上会遇到来自各方面的挑战，但这些挑战都是可以被战胜克服的。"冬天"只是暂时的，随着政府政策的扶持力度加大，缺少投资的冰河期会很快度过。

B.9
我国双创模式的新探索与展望

于　潇*

摘　要： 本报告通过全国各区域翔实的案例和数据对我国创新和创业的模式进行新的探索和挖掘，并归纳出教育、医疗、新能源与新材料等双创热点行业的趋势，最终对我国双创事业的进一步发展提供合理的建议。在创新方面，本报告分析了大企业全球资源布局、产学研融合与新型科研机构等几个经典模式；在创业方面，本报告重点关注裂变式创业模式、创客创业模式及众筹融资创业模式等重要模式。

关键词： 双创模式　探索　热点行业

一　我国创新模式的新探索

本报告将创新模式大概归纳为以下3个方面：首先是大企业对全球创新资源的积极布局；其次是产、学、研的加速发展；最后是新型科研机构的异军突起。

（一）大企业对全球创新资源的积极布局

我国经济自改革开放以来已强劲发展了40年，深圳发展的奇迹也成为改革开放的标志性成果。很多深圳的私企借经济发展之春风，将蛋糕越做越

---

* 于潇，经济学博士，中央民族大学生命与环境科学学院讲师，主要研究方向为土地资源管理。

大。深圳的创新能力也在不断增强，这可以从专利申请情况来进行分析。截至2014年底，深圳市累计专利申请量达561662件，累计专利授权量达330657件；每万人发明专利拥有量居全国各大中城市的首位，达到了65.75件，而全国平均水平只有4.9件①。2016年则取得了更大的突破：全年专利申请量达到145294件，同比增长37.7%。其中发明专利申请量首次超过5万件，达到56336件，占申请总量的38.8%；新增专利申请企业4168家，总数达14747家，同比增长39.4%②。可见，深圳鼓励企业加强专利申请和研发能力，这是保持企业创新能力最主要的途径。

在双创的浪潮下，大企业为了进一步增强创新能力，纷纷对全球创新资源进行积极布局，以此来不断加强专利申请和研发能力。多年来，深圳市一直在积极寻求调动企业创新的积极性，并加大政策扶持力度。2015年5月，深圳市第六次党代会指出，"坚持开放创新，提高配置全球创新资源的能力和水平"。自此，"配置全球创新资源"一度成为热门说法。而配置全球创新资源的目的，就是支持深圳企业在境外设立研发中心，并鼓励国际研究机构在深圳设立研发中心。同时，跨国公司、联合科研平台等也得到重视。

以广东省为例，2016年广东省研发经费投入2035.14亿元，总量首次居全国首位，同比增长13.2%。在这种大趋势下，出现了柔宇科技等"颠覆性"创新企业，同时，中兴通讯、华为等老牌"航母"企业也加速创新。它们创新的共同点之一就是集聚全球的创新资源，积极进行布局，越来越多的企业真正做到了"走出去"，即走向了世界的舞台。

中兴通讯是抓住全球创新资源并积极布局的典型案例之一。成立于1985年的中兴通讯是全球领先的综合通信解决方案提供商，在中国、美国、法国和瑞典等地设立了18个研发中心，2.6万名研发人员占到了企业员工总数的37.5%③。而知名民企华为在全球共设立16个研发中心和31个联合

---

① 数据来源：《深圳商报》2015年4月2日。
② 广东省知识产权局：http://www.gdipo.gov.cn/shared/news_content.aspx?news_id=13019。
③ http://media.people.com.cn/n/2015/0629/c40606-27221571.html。

创新中心①。全球资源的集聚吸引了大量的世界级科学家和研发人员,利用中兴和华为的全球平台,大胆进行技术创新。高昂的研发投入和积极的全球资源布局,使中兴和华为拥有独立的自主知识产权,两大企业的智能手机和其他产品成功地抢占了以美国为首的国际市场,并在美国数次调查反倾销的活动中取得胜利。此外,专利合作协定(PCT)也能看出中兴与华为抢占全球创新资源所带来的"收益":2014年,中兴与华为两个企业的PCT申请量就超过了5600件,高于世界排名全球第7的英国。目前,越来越多的深圳企业也积极地抢占全球创新资源并加以布局,取得了突飞猛进的发展。如在5年前兴办时连办公门牌都没有的柔宇科技,正是由于国内外高端创新资源和研发团队的集聚,目前公司市值已突破30亿美金,聚集了来自15个国家和地区的1000多位人才。可见,随着深圳市双创政策的进一步落实,会有更多的企业加以效仿,企业对全球创新资源的集聚和布局将会是创新长期且主要的一大模式。

(二)产、学、研的加速发展

提起美国的麻省理工学院,可谓无人不知、无人不晓。这所世界顶尖的私立大学是全世界学子趋之若鹜的学府,诞生了80余位诺贝尔奖获得者,并在高科技创新方面引领全球。同时,麻省理工学院也是创业的高手,其开创了"大学—产业—政府"模式,也就是所谓的"三螺旋模式",将产、学、研三位一体的模式发展到了极致:在时间上与产业运作、政府合作同时进行;在空间上不分主次并列进行。因此,在双创趋势不断深入的我国,麻省理工学院的做法是相对合理且较为可行的,可以为我国的双创提供借鉴。

深圳市在产、学、研的融合方面一直走在全国前列。高等院校、科研机构及相关的创新孵化器平台的数量不断增多。特别是深圳市大力推进产、学、研基地的建设,目前已有清华大学深圳研究生院,北京大学深圳研究生院,北大深港产、学、研基地,哈工大深圳国际技术创新研究院,虚拟大学

---

① http://news.163.com/15/0522/05/AQ6Q15A100014AED.html.

园，深圳大学城等。这些产、学、研基地的共同特点是，依托高校和传统科研单位强大的科研创新能力，将科研成果直接转化为生产，而通过生产实践，又进一步加强理论创新。值得一提的是，深圳市在花大力气引入北京大学、清华大学、南开大学和哈尔滨工业大学4所顶尖高校，为其建立各自的深圳研究生院之后，还建立了按照世界一流水平打造的南方科技大学。由于良好的示范效应，国内外很多顶尖和知名高校纷纷进驻，一些在筹备中，如香港中文大学（深圳）、中山大学深圳校区、天津大学深圳研究院及深圳技术大学等。此外，深圳市还进一步加强国内外高校合作与特色专业交叉的观念，大力开展国际产、学、研合作，打造了清华—伯克利深圳学院、天津大学—佐治亚理工深圳学院、深圳北理莫斯科大学、南开大学深圳金融工程学院及暨南大学深圳旅游学院等具有国际化、专业化特色的高校合作研究院和科研机构，为创新提供了更有力的保障和更坚实的基础。

可以看出，产、学、研的加速发展是一个城市创新能力不断增强的重要因素。然而，需要注意的是，产、学、研三位一体模式虽然是创新的重要途径，但如何将"产"与"学、研"紧密联系起来是迫切需要解决的问题。因此，在双创的大趋势下，一个城市如果要将产、学、研作为持续创新的突破口，务必将科研成果的转化能力和转化效果放在重中之重的位置。

（三）新型科研机构的异军突起

在双创背景下，很多城市的产、学、研模式迅速发展，越来越多的高校、传统科研机构与政府间开展了广泛且深入的合作。然而近年来，创新逐渐出现了新的模式，即新型科研机构在异军突起。

目前，深圳已出现100余家新型科研机构，并且出现了具有代表性的机构，如华大基因、光启理工研究院和中国科学院深圳先进技术研究院等。这里所指的新型科研机构有别于高校和传统的科研机构，新华网指出[①]，新型科研机构"无级别、无经费、无编制"，这是所谓的"三无"；而且在外界

---

① http：//news.xinhuanet.com/fortune/2016-06/12/c_1119027803.htm.

眼中,它"不完全像大学,不完全像科研院所,不完全像企业,还不完全像事业单位",这是所谓的"四不像"。然而,这些新型科研机构突破了传统意义上的基础研究和应用研究,并在最大程度上模糊了技术开发和产业化的边界,从而使技术转化更有效率,科技创新活动能够有效突破时空、技术和组织形式的束缚,形成了"三发一体化"趋势,即科学发现、技术发明和产业发展一体化,并有效地解决了科技创新与产业经济融合的难题。因此,新型科研机构自诞生之日,就迅速成为国内资本市场的宠儿、创业板的常客和跨国科研交流的主力军。

成立于1999年的华大基因是深圳市最为著名且有影响力的新型科研机构之一,其是一家专门从事生命科学的前沿创新企业,也是全球最大的基因组学研发机构。华大基因拥有遍布全球的分支机构和产业链,通过其自主的、有影响力的学术研究成果,将其应用到农业育种、医学健康、资源保藏等多个领域,使基因科技的成果迅速转化为切实可行的执行方案。值得一提的是,华大基因于2013年收购美国生物科技公司Complete Genomics,形成了基因测序上下游产业的闭环,这意味着其只需要内部协作就可以独立承担一项目完整的基因测序工作。此外,我国第一个国家级的综合性基因库——国家基因库由华大基因负责组建,这对于有效保护和开发利用我国宝贵的遗传资源、维护国家生物信息安全有着重大的意义。对于追逐利润的资本市场而言,其更是将眼光聚焦在具有无限创新能力的"基因测序第一股"。华大基因于2017年7月14日在深圳创业板上市以来,连续出现19个涨停,股价由发行价的13.64元迅速飙升至2017年8月9日的109.18元,总市值超过400亿元。可见,随着基因测序行业市场的爆发和自身创新能力的提高,加上深圳双创政策的扶持,以华大基因为代表的新型科研机构具有更为广泛的发展空间,并可能成为创新的主要模式。

另外,深圳先进技术研究院也是较有代表性的新型科研机构。2017年6月,国务院办公厅印发《关于建设第二批大众创业万众创新示范基地的实施意见》,深圳先进技术研究院入选。长期以来,深圳先进技术研究院充分发挥科研、教育、产业、资本四位一体的创新体系,探索并且形成了可复制、可推广的双创模式。

可见,我国创新势力不断加大,产、学、研的加速发展和新型科研机构的异军突起是极其重要的因素,成为引领创新浪潮的未来主打模式,更是今后我国城市持续创新的必要路径。

二 我国创业模式的新探索

在深圳市、北京市及上海市等很多著名的创客城市,创业者们在"大众创业、万众创新"的号召下取得了第一桶金,并创业成功。随着创客数量的不断增加,创业规模不断加大,一些新的创业模式逐渐形成。本报告将我国创业模式大概归纳为以下3个方面:首先是裂变式创业模式;其次是创客创业模式;最后是众筹创业模式。

(一)裂变式创业模式

随着公司治理理论的持续发展,人才战略已成为各大公司和企业的首要战略之一。一个公司是否能留住人才是其未来能否成功发展的关键。近年来,裂变式创业模式逐渐兴起,并有进一步加速发展的趋势。裂变式企业,简而言之就是从母公司或母组织转移技术并使其商业化,并且能够增加就业和创造财富的新公司。在现实生活中,很多综合性的"航母"公司根据自身的经营状态和业务分支动向,衍生出以各个业态为主的子公司,并且让这些子公司独立运作和经营。此外,还有一些裂变式企业是由母企业的管理或技术人才利用在原企业所掌握的管理手段、技术方法、人脉资源及知识信息所兴办的新企业。实际上,企业需要不断地创新和持续地盈利,而裂变式创业在最大限度上激发了员工的积极性,并能够产生很多创新型思维。通过由发起者提出建议或项目概念,由员工参与讨论分组,经过辩论和投资,组成一个从主体公司裂变出来的新公司。

深圳华为总裁任正非在接受采访时曾表示:"如果他们(公司员工)能够联合起来把我赶走,我认为这恰恰是企业成熟的表现。如果有一天他们不

需要我了,联合起来推翻我,我认为是好事。"这恰恰具有鼓励裂变式创业的思维。作为深圳市代表性企业,华为技术有限责任公司创造了一个民营企业的奇迹。2016年8月,全国工商联发布了"2016中国民营企业500强"榜单,华为以3950.09亿元的年营业收入雄踞500强榜首。2017年7月20日,财富中文网发布了最新的《财富》世界500强排行榜,华为以785.1亿美元营业收入首次进入100强,排第83位①。

华为在发展过程中,不断加强内部激励,同时在制度上也不断创新。任正非鼓励员工进行内部创业,提升企业的效率和创新能力,赋予员工更大的权利和持股比例。其中,华为终端有限公司和海思半导体有限公司作为"华为系"的典型全资子公司,成为华为裂变式创业的经典案例。华为终端有限公司是华为三大核心业务之一,其产品覆盖手机、个人电脑(平板电脑)、可穿戴设备、移动宽带终端、家庭终端和终端云。华为手机近年来异军突起,高性价比受到了国内外消费者的喜爱。在全球市场方面,华为手机销量稳坐世界智能手机第三把交椅(2016年第三季度②);在国内市场方面,华为手机销量稳居国内第一,市场份额达到19.7%(2017年第一季度)。可以说,正是强大的股权激励和内部创新使这家成立只有十余年的华为裂变企业在世界通信市场上大展拳脚。同时,华为技术作为母公司提供充分的信息、平台和技术更是其获得巨大成功的关键因素。无独有偶,"华为系"另一著名子公司——海思半导体有限公司也是裂变式创业成功的代表。海思半导体有限公司前身是创建于1991年的华为集成电路设计中心,经过企业裂变,其于2004年10月成立,产品覆盖无线网络、固定网络、数字媒体等领域的芯片及解决方案,并且成功应用在全球100多个国家和地区。随着智能4G手机的兴起,海思的芯片业务得到长足发展。中国移动此前对其4G手机终端选型时,最终入选的产品芯片供应商除了知名的高通与Marvell之外,还有华为海思。2017年1月,海思的麒麟960被Android Authority评

---

① http://news.ifeng.com/a/20170721/51474382_0.shtml。
② http://news.hiapk.com/contribute/s5812e4ab76b3.html。

选为"2016年度最佳安卓手机处理器"。目前，华为海思为中国最大的半导体供应商，在全球半导体市场的排名接近前20位。可见，类似于华为这样的"航母"公司经过裂变之后，在员工利益、奖惩制度、潜力挖掘及人才战略等方面均有较大的创新，并避免了决策时母公司层层审批等不必要的行政因素。因此，"华为系"的成功也预示着裂变式创业模式在未来可能会被更多大型公司或企业所应用。实际上，目前包括深圳腾讯、阿里巴巴、百度等大型"航母"企业均有较多裂变式企业。

（二）创客创业模式

"创客"，来源于英语中的单词"Maker"，是指那些不以营利为目的，只是出于兴趣和爱好，努力把梦想转化为现实的人。在我国，创客特指具有创新理念、自主创业的人。创客是创新最主要的推动力，同时往往能够"花小钱办大事"。

深圳是我国最为著名的创客城市，也是最具创新能力的城市之一。2015年3月10日，美国纽约时代广场的大屏幕上呈现"MAKE WITH SHENZHEN"（与深圳共同创造）的巨幅广告。这不但是对2015年深圳"创客周"的主题宣传，同时也彰显了这个"创客之都"对创造的强烈渴望。

在双创背景下，深圳市的创客数量近年来呈几何级数增长，众创空间也应运而生并发展迅速。其中，作为深圳第一家创客空间的柴火创客空间，曾在众创空间新模式的探索上引得世人瞩目。近两年，柴火创客空间在创新模式方面又有新的进展——向世界呈现首创的开放工厂"柴火造物中心"（X-Factory）。实际上，创客们具有很多好的创意，但有时无法将创意与生产结合并形成连续的流程。而"造物中心"能将创意打磨得更为完善，从而迅速连接产能，最终成为更有效的全产业链服务平台，成为"全球化科技创新与产业集群升级的路由器"[1]。可以说，"造物中心"在一定程度上将理论创意与生产进行了有效的融合，同时是创客空间的一次新模式探索。

---

[1]《链接全球创客促进产业升级》，《深圳特区报》2016年10月8日。

除了创客空间的新探索之外,"单飞创客"近年来也备受关注。这实际上与我国"巨无霸""航母"企业作为孵化器扶持创业有较大关系,即这些企业的原员工前仆后继加入创业大军,并得益于原企业的孵化,形成了一股强劲且特殊的趋势。例如,腾讯作为世界上最大的互联网公司之一,公司的客户、信息、管理经验和运营模式等多方面优质资源是很多创业者无法接触到的。腾讯也借此契机,成为互联网高科技创业孵化器的巨头,形成了独具特色的"腾讯创业系",并培养了一大批优秀的创客。这些创客往往是放弃了腾讯的优厚待遇且"不求安稳求刺激"的前员工,业内也常用"单飞企鹅"来形容这批创客。他们借助腾讯的工作经验及所掌握的腾讯资源,通过腾讯这一"巨无霸"孵化器的扶持,获得一定的融资并创业成功。腾讯每半年公布腾讯系创业人物及企业,以 2015~2017 年为例:2015 下半年,35 家企业估值 150 亿元;2016 上半年,15 家企业估值近百亿元;2017 上半年,15 家企业估值超 300 亿元。总结而言,"单飞创客"通过巨头企业孵化器平台,往往能获得意想不到的高额融资,同时也能借助巨头企业的工作经验、管理经验及社会资源等,合理用于创办的企业中,形成事半功倍的效果。较为典型的"单飞企鹅"与其代表性创业公司如表 1 所示。

表 1 "单飞企鹅"与其代表性创业公司(2015~2017 年)

时间段	企业名称	融资金额	姓名	职位	功能
2017 年上半年	优信二手车	5 亿美元 D 轮融资	邱慧	CTO	二手车交易
	轻轻家教	1800 万美元 C+轮融资	王旭刚	COO	在线教学
	货拉拉	3000 万美元 B 轮融资	向伟昌	CTO	标准化货运服务
	天眼查	1.3 亿元人民币 A 轮融资	柳超	CEO	商业调查
	来电科技	2000 万美元 A 轮融资	黄云	COO	移动能源共享
2016 年上半年	更美	3.45 亿元人民币 A 轮融资	王思璟	COO	医疗美容与健康服务
	微车	1.5 亿元人民币 B 轮融资	包炬强	联合创始人	车主移动服务
	零氪科技	数千万美元 B 轮融资	张天泽	创始人	肿瘤大数据公司
2015 年下半年	小伴龙	数千万美元 B 轮融资	曹传宇	创始人	学龄前儿童陪伴早教
	日志易	6000 万元人民币 A 轮融资	陈军	创始人	运维及业务日志分析

资料来源:猎云网(www.lieyunwang.com)。

综上，在双创浪潮不断加大的背景下，创客创业的新模式主要呈现在两个大方面。首先，创客空间进一步发展，并升级为"造物中心"，将创意迅速且有效地连接产能，最终形成全产业链服务平台；其次，"单飞创客"越来越多地通过行业巨头孵化器的扶持而进行创业，从而复制巨头成功的经验，并获得高额的融资。

（三）众筹创业模式

众筹创业是近年来迅速兴起的创业模式之一，并且在未来仍将继续扮演较为重要的角色，具有非常强大的发展潜力。众筹融资（crowd funding）是指依托现代互联网技术和手段，在互联网上搭建相应的众筹融资平台，众筹项目管理人向潜在投资者吸引资金的行为，其呈现出集大家之力为某些中小企业进行某项活动提供必要而非充分的资金支持的特点，达到"人多力量大"或"星星之火，可以燎原"的效果。众筹融资由于具有门槛低、参与简单、易于操作等多方面的优点，融资总额不断加大。世界银行报告预测2025年总金额将突破960亿美元，亚洲占比将大幅提升。

众筹创业最适合的就是那些创意较多、较新，但苦于没有资金付诸实践的创业者。这也恰恰符合目前"大众创业"的理念。实际上，目前我国居民储蓄率不断攀升，投资意愿较为强烈，但由于我国投资渠道相对有限，投资房产成为一种直接且主要的选择。然而，众筹使居民的投资渠道进一步拓宽，其低门槛也使居民参与率进一步提高。可见，众筹创业模式自诞生之日起便有着强大的生命力。

深圳是名副其实的"创业之都"，在众筹创业方面也有较多成功的案例。众筹之家是知名股权众筹门户，于2014年7月正式上线，总部位于深圳，主要提供数据对比、众筹项目、行业资讯、项目份额转让及平台导航等信息。众筹之家的统计数据显示，2017年7月，我国累计互联网众筹平台数量达399家，众筹融资金额达到1.96亿元（仅计入股权和收益权众筹）。表2为2017年1~7月众筹平台数量和融资金额的统计。

表2 我国互联网众筹与股权类平台的数量与融资金额（2017年1~7月）

单位：家，万元

项目	1月	2月	3月	4月	5月	6月	7月
互联网众筹平台数量	446	445	437	432	425	401	399
股权类平台数量	203	192	186	185	182	175	172
互联网众筹融资金额	12257.2	5732.63	22645	17458.6	30098	17119	19590
股权类平台融资金额	7278.2	3209.98	13754	5065.7	19869	5907	10559

资料来源：众筹之家官网（http：//www.zczj.com/）。

由表2可以看出众筹创业模式的近期变化。首先，无论是互联网众筹平台，还是股权类平台，在2017年上半年均呈缓慢减少的趋势，但减少的幅度不大，可见众筹创业正面临着群雄逐鹿、行业洗牌的大环境；其次，融资额不稳定，但总体线性趋势向上，这也意味着众筹这种创业模式越来越被广大创业者和投资者所接受。需要指出的是，随着互联网信息技术的日益发展和普及，众筹创业毫无疑问是未来创业的主要模式之一，但竞争会更加激烈。目前，京东、阿里巴巴、苏宁等电商巨头也都加入众筹行列，势必会出现优胜劣汰、"大鱼吃小鱼"的局面。可以预计的是，在一番行业洗牌之后，众筹融资势必会更为规范，且众筹行业分布地区更为集中，如北京、深圳和上海。因此，众筹创业模式未来有极大可能会成为创业的主要模式之一，但这会经历一个行业洗牌、规划加强，以及创客和投资人进一步加深认识的过程。

三 我国双创热点行业趋势

当前，我国的创业、创新如火如荼，其成效与作用不仅在国内获得认可，更逐渐为国际社会所熟知。教育、医疗、新能源、新材料等相继成为双创热点领域，而不同领域的创业、创新也在改变我们的生活，成就我们的未来。

（一）教育

高校创业、创新教育，是服务国家加快转变经济发展方式、建设创新型国家和人力资源强国的战略举措。2007年，党的十七大提出了"促进以创业带动就业"的发展战略，明确指出要"完善支持自主创业自谋职业政策，加强就业观念教育，使更多劳动者成为创业者"。这些国家政策的整体规划保障了双创资源集聚和平台搭建，使产、学、研、创等各方有了人员、政策、资金的支持和保障。

为适应双创人才的需求，以融入高校现有人才培养体系为出发点，改革现有的高校教学结构的必要性毋庸置疑，只有将专业教育和文化素质教育教学计划相结合，才能使创业教育与专业教育相互融合。在课程设置上，高校相继开设了就业指导课程、创业课程体系和融合创新创业课程。据统计，2014~2015学年，累计1548530人次接受了大学生职业资质培训（454所高校参与抽样调查），开设职业生涯规划及创业教育指导课程5446个（472所高校参与抽样调查）。以2014年464所高校600万名在校本科生为统计基数，每位本科生在校期间都有机会接受一次培训[1]。

在双创教育体系的探索中，浙江大学发挥自身优势，不断变革创业教育的组织体系，探索出了"基于创新的创业"（IBE）教育模式，提出IBE人才培养三大模式："工科专业+创新能力+创业素质"的综合型培养模式、"国际创业教育+海内外互动+海外创业"外向型培养模式、大学生微创业联盟的生态化全链式培养模式。有高校设立"创业创新实验室"，形成融创业诊断、模拟、研究和苗圃等多功能为一体的创业、创新训练体系；也有高校将科研训练列为必修课，全校本科生年完成1300个训练项目，每个科研训练项目最高可获2万元资助经费[2]。

---

[1] 薛成龙、卢彩晨、李端淼：《"十二五"期间高校创新创业教育的回顾与思考——基于〈高等教育第三方评估报告〉的分析》，《中国高教研究》2016年第2期。

[2] 曾骊、张中秋、刘燕楠：《高校创新创业教育服务"双创"战略需要协同发展》，《教育研究》2017年第1期。

双创教育的目的，是全面提升全体学生的综合水平，培养满足国家经济社会发展需要的既具备一定的专业知识水平，又具有创业、创新能力的高素质应用型人才。科学重构高效的创业、创新教育体系，提升教育的实施效果，实事求是地落实各项创业、创新教育政策，才能培养出符合社会经济改革需要的创业、创新型人才。

（二）医疗

随着互联网的普及、大数据时代的到来和医疗科技的飞速发展，以患者为中心的智慧医疗服务体系创新相继出现在人们的视野。现阶段，我国处于智慧医疗的探索时期，部分城市已经相继开展医疗创新并取得阶段性成果，我国医疗领域的创新变革已经从最初智慧医疗、物联网医疗细化到具体的医疗信息服务、远程医疗干预、上门服务和HMO等模式[1]。

在信息互联时代，智能化创新是提升效率、优化服务的必由之路。2010年前后，北医三院通过智能化创新提升效率、优化服务、改善医院服务管理流程，先后引进了一系列信息系统，包括医师工作站、电子病历、临床路径、护理移动工作站等，完全改变了过去依靠设置科室指标、制定薪资奖励制度来推进医院服务改善的模式。在2014年全国住院服务的评价结果中，北医三院综合排名第一[2]。

凭借着智能化、信息化创新，依托郑州大学第一附属医院，河南省远程医疗中心下设19家市级分中心，建立起我国最早并实际运行的远程医学中心[3]。目前，与该中心联网的医疗机构涉及300多家，各项远程医疗服务已经步入常态化、规模化，服务范围覆盖河南、山西、新疆、四川、云南等地，不仅满足了省内外患者对优质医疗资源的渴求，也顺应了政府政策的民

---

[1] 栾冠楠、马鹤桐、唐小利：《我国智慧医疗发展模式的创新与演变》，《中华医学图书情报杂志》2017年第5期。
[2] 胡牧：《北医三院智能化创新案例浅析》，《中国卫生人才》2017年第7期。
[3] 翟运开、乔超峰、赵杰、孙东旭：《基于四维度模型远程医疗服务模式创新》，《医学信息学杂志》2017年第4期。

生发展建设要求。

相比智能化医疗服务模式与远程医疗干预模式，上门服务模式的探索创新更显人性化。随着我国医疗水平的不断提升，为不同病患量身定制的灵活治疗模式也成为可能。无论是高端医疗的私人医生定制医疗服务，抑或是医生下乡制度的试行，都是能为患者提供及时方便的医疗服务的创新。HMO模式是发达国家普及的管理式健康护理，根据对患者预后护理的跟踪了解，提供预防性护理服务。目前，香港地区建立的服务网点已超过500个，北京市也正在尝试设立全科诊所网络[①]。

目前，医疗创新并没有十分成熟的模式，以患者为中心，依托信息化先进技术，实现医疗模式的创新，解决医疗资源供需失衡的现状还有待进一步探索。

（三）新能源

新能源产业发展需要以创新驱动为引领，以科技进步为支撑，加强产业创新布局。

目前，以煤炭、石油、天然气三大不可再生化石能源是世界各国工业发展长期依赖的能源（中国近年能源消费结构参见图1），中国作为最大的发展中国家和《京都议定书》的缔约国之一，面临着能源供需矛盾和节能减排的双重压力[②]。能源领域的创新驱动战略，正是缓解下一阶段我国能源问题的主要途径之一。

如今新能源的技术创新，集中于对太阳能的高效利用上，即光伏技术的发展创新。在2011年的低谷期之后，我国光伏行业逐渐回暖，据统计，截至2015年底，全国光伏发电累计装机容量达到43.18GW，我国成为全球光伏发电装机容量最大的国家。但光伏产业仍然存在不少问题，并网难题、产

---

① 李舟文、钟锋：《新形势下地方医学院校基层临床医疗人才培养模式创新》，《医学教育研究与实践》2017年第3期。
② 李爽：《R&D强度、政府支持度与新能源企业的技术创新效率》，《软科学》2016年第3期。

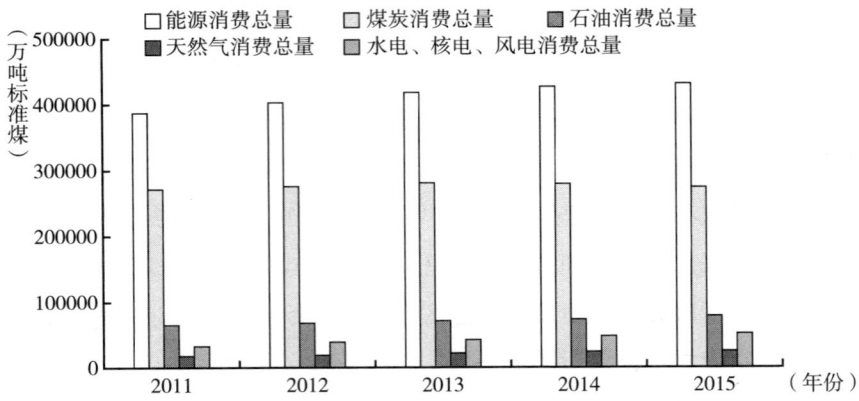

图1 2011～2015年我国能源消费量及组成

资料来源：国家统计局数据库。

能过剩、太阳能产品价格走低、国际贸易纠纷四起等因素，让产业前景黯淡[1]。因此，光伏电池原材料生产技术、高效电池生产技术和高端设备制造技术等全产业链不断创新，才能驱动光伏产业走向健康长远的未来。

开发海洋新能源也是我国新能源创新途径之一。我国海洋新能源产业储备丰富，理论储存量超过15.8亿kW，但技术开发量仅达到6.5亿kW，开发利用空间巨大[2]。《国家"十二五"海洋学和技术发展规划纲要》指出，将海洋新能源作为重点能源研发对象，是中国能源经济转型升级的主要助力之一。

未来，原子能（核能）是人类解决能源问题的希望。化石能源的储量是有限的，具有不可再生性，原子能是人类受益于科技进步和现代原子核物理的发展而找到的近乎完美的新能源。中国的核利用起步相对较晚，同时面临掌握着核利用核心技术的西方发达国家的技术封锁，中国的核电技术与发达国家还存在着巨大的差距，缩短差距的唯一途径正是持续研究和不断创新。

---

① 刘若霞、李宇飞：《我国新能源产业创新驱动发展路径研究》，《科技进步与对策》2015年第17期。
② 罗兴婷、张苇锟：《海洋新能源产业技术创新系统构建及政策保障》，《资源开发与市场》2017年第7期。

(四)新材料

2010年,国务院首次将新材料作为一个独立的产业纳入战略性新兴产业范畴,因为新材料的发展关乎国家存亡。无论是国民经济发展的基础产业,还是民用领域的飞机、高铁、汽车和各类电器,又或者是国防军工领域的航天火箭、航空战斗机、地行坦克和各类导弹,都离不开新材料。在国家的重点扶持下,"十二五"以来,随着全国各界技术研发经费的不断投入,专利成果不断增加(见图2)。新材料产业迈入高速发展阶段,技术水平持续提高,产业规模不断壮大,综合实力显著增强,为国民经济和国防科技工业的发展与建设提供了有力的支持①。

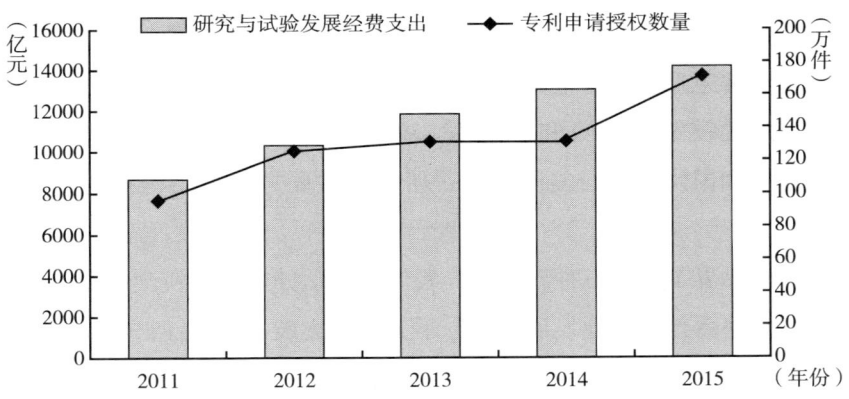

图2 2011~2015年我国研发投入与专利授权数量

资料来源:国家统计局数据库。

我国在新材料产业发展的道路上可谓挑战重重。例如,杜邦公司(DuPont)、大阪金属工业株式会社(Daikin)、赫斯特集团(DN-Hoechst)、3M公司、奥希蒙特公司(Ausimont)、法国阿托(ATO)化学和英国帝国化学集团(ICI)七大公司占据有机氟材料全球90%的生产,而有机氟正是一

---

① 2016年工信部《新材料产业发展指南》。

种广泛运用于国防军工、电子电器、机械、化工和纺织等多个领域的重要新型材料。再如质量比金属铝轻，但强度高于钢铁，并且具有耐腐蚀、高模量的特性，在国防军工和民用方面有重要用途的碳纤维，日本东丽株式会社、日本东邦化学工业株式会社和三菱集团3家公司占了全球产能的55%以上。如果我国想要打破这些公司的垄断，只能依靠自我创新①。因为新材料的技术含量高，是技术密集型产业，创新正是这个产业的关键。

过去几十年里，我国在新材料领域的创新点不断涌现，其中石墨烯、碳酸锂、纳米、碳纤维等细分领域的技术不断突破，产品应用领域也在进一步拓宽②。放眼全球，近1/3的世界500强企业都在新材料技术研发和产业化方面投入了大量的资金和人力。各大发达国家也都在国家战略层面制定了相关的新材料产业政策。美国侧重于生物材料、信息材料、极端环境材料；日本将纳米技术和通信材料列为重点领域之一，在已有材料的性能提高、合理利用和回收再生上保持着世界领先地位；欧盟的战略目标是保持在航空航天材料等领域的领先优势，同时重点发展催化剂、光电材料等十大领域；俄罗斯想在航空和国防方面与美国抗衡，研发的主要方向是结构材料和功能材料③。

面对全世界100多万种新材料，我们要科学分析新材料产业发展的形式和特点，反思并创新产业发展模式，下大力气突破一批关键材料，提升新材料产业的保障能力，支撑中国制造实现由大变强的历史跨越。2016年12月，工信部、发改委、科技部和财政部联合发布《新材料产业发展指南》，强调要以先进基础材料、关键战略材料、前沿新材料为新材料产业发展方向，加快发展新材料，对推动技术创新、支撑产业升级、建设制造强国具有重要战略意义。借助"大众创业、万众创新"的东风实现新材料产业腾飞，是时代赋予新材料产业的新挑战和新机遇。

---

① 冀志宏：《"大众创业、万众创新"助推新材料产业腾飞》，《新材料产业》2016年第4期。
② 王君：《新材料产业发展分析及我国发展路径选择》，《中国经贸导刊》2016年第13期。
③ 余晓兰：《基于大数据技术的新材料产业创新模式分析》，《中国金属通报》2016年第10期。

四 结论、建议与展望

本报告利用深圳市及全国关于双创的案例和数据,详细分析了目前我国创新模式和创业模式的现状,在一定程度上探索了其未来发展趋势。同时,本报告以更广阔的全国视角归纳了目前双创热点行业的总体趋势,其中包括教育行业、医疗行业、新能源行业和新材料行业。通过以上分析,本报告的结论如下。

第一,目前创新大致有大企业全球资源布局,产、学、研融合与新型科研机构发展等几个经典模式。随着双创理念的影响进一步加深,大企业加速全球资源布局,产、学、研一体化与新型科研机构的进一步增多是总体趋势。

第二,随着创客数量不断增多及国家政策的支持,创业的热度空前高涨。总体而言,随着全国创业的优胜劣汰及进一步深入,未来裂变式创业模式、创客创业模式及众筹创业模式可能会成为创业的主流模式。

第三,我国的双创在如火如荼地展开,教育、医疗、新能源、新材料相继成为双创的热点,不同领域的创业、创新正在潜移默化地影响我们的生活和未来,特别是新兴行业,如新能源、新材料行业等。如何缩小与国外的差距,有效激发创新潜能和培养创业人才是需要重视的关键因素。

根据以上结论,本报告的建议如下。

第一,在创客培养方面,要加强创客空间与多种平台的加速细分。在国家推进结构性改革尤其是供给侧结构性改革过程中,务必要突破瓶颈制约,激发体制活力和内生动力,营造一批双创支撑平台,为培养创客和加速创业提供硬件和契机。在这其中,创客空间由于具备独特优势,极有可能成为更加高效的全产业链服务平台。同时,鼓励创业苗圃、孵化器、加速器、产业园和众创服务平台等多种平台加速细分,为培养优秀创客提供更多的机会。

第二,在创业方面,务必要重视"双创复合主体"与"多元双创模式"的双管齐下。随着双创步伐的进一步加快,双创的主体也应加速朝复

合化方向发展，即创业者在其身份是科学家或研发者的同时，也可以是企业家或公司管理者，从而有效地将创新和创业联系起来。此外，发展多元双创模式，即为创客提供多种类型的创业方式、多样化的创客平台也是发展的大势所趋。因此，重视"双创复合主体"与"多元双创模式"的双管齐下，能够为创业起步阶段的创客提供更为良好的就业环境和充分的自由空间。

第三，在创新与创产方面，力求由"三角创新"逐步过渡到"四角联动"。根据联合国三元创新环境评价系统，结合深圳具体情况，深圳双创呈现出鲜明的"三角形创新层次"，即创新基础之塔基、创新主体之塔身和创新方向之塔尖这样的三位一体的双创结构体系①。在完善塔基、培育塔身和激励塔尖的同时，加强创新、创造与产能之间的联系，即最终的成果转化。因此，将原来的"三角创新"逐渐过渡到加上成果转化的"四角联动"，形成一套完整的双创体系框架。

最后，对我国双创的未来进行大致的展望。

展望我国创新产业的发展，首要的目标，就是要逐渐将"中国制造"转型成"中国智造"和"中国创造"。

改革开放之后的很长一段时间里，我国经济是靠充足廉价的劳动力拉动的，主要依托的是劳动密集型产业。为了获取廉价劳动力，很多公司将工厂建在中国，因而"Made in China"遍布世界。过去的中国制造是廉价质量差的代名词。经过这些年国内自主品牌的创新发展，这种情况在不断地改善。例如，我国的国产品牌华为生产的手机价格低、质量好，在世界各国销量都很可观。数据显示，2016年第三季度华为手机所占世界智能手机份额排名世界第三，在国内则稳居第一。华为是我国创客的骄傲，上至华为手机公司，下至"华为系"的子公司，都是高性价比和高技术含量的代表公司，如主营生产供应芯片的华为海思。

目前，我国的创新速度不断加快，创客创业团队越来越多，将创客的设

---

① 《"双创"浪潮中深圳创出了什么？》，《深圳特区报》2016年10月11日。

计和创意嫁接于低端仿造企业，并将创客的巨大创造性和制造需求与仿造企业完备的供应链资源和制造能力进行优势互补和匹配，很快我们就可以摆脱模仿别人来生产产品的窘境。尤其是在深圳这样的城市，原本的制造业产业链就很完整，创客们很容易将自己的产品原型投入大规模批量生产中，把"中国制造"催化转变为"中国创造"。

2009年，创客热潮从大洋彼岸的美国硅谷传递到中国。我国借助自身原有的制造业体系和资本优势，在短短不到10年的时间里，建立了以北京、上海和深圳3个典型且各有特色的创业城市为中心的创客圈。其中，北京具有丰富的高校资源和政治中心的优势，这里的创客们更懂得跨界合作，促进双赢；上海作为我国的国际化大都市，创新氛围和创客的创业模式都和国外有些相近；深圳位于我国南方，远离政治中心，临近香港，这所城市的创客们更重视高效和务实。反观作为发达国家代表和高科技引领者的美国，仍然在不断颁布有利于创客创业的法规政策，为创新产业发展提供便利，帮助创客创业，鼓励大众创新，同时扩大了就业。这一点非常值得我国在未来发展中借鉴，创新也要趁热打铁，才能不断推动进步和技术的更替。

至于对未来我国创新的具体展望，将其分为三点：创业者职能的转变、创业形式的全面化及公司分配方式的多层次。

首先，创业者职能将出现相应的转变。创业者将不再仅仅是一个创意的提出者、发起人，而且要全程参与到将创意转变为创新企业的过程中去，从一个科学家转变成一个企业家，从研究工作者转变为市场营销员。客观条件要求创客团队主体不断拓展自己的知识宽度，变成复合型的人才团队。

其次，创业形式将变得更为细致和全面化。以深圳为例，数据显示，截至2015年底，深圳的技能人才人口数量接近总人口的1/6，单是2015年一年，新增的创客空间有42个，创客服务平台共30个，服务范围变得宽泛，基础平台也变得更加齐全。随着深圳创客的数量越来越多，创客们创新所涉及的事物变得多元化，生活中的方方面面都有可能在未来不断发生质的飞跃，这些都是可以预见的。

最后，公司的分配方式将更加多层次。在解决了创意、投资的问题之

后，一个已经粗具规模的创业公司下一步要考虑的，就是如何对公司进行分配。现今，分配的方式越来越多样，为了更有效地进行企业管理，创客们会在企业分配上采取多样化的措施。有的企业会在创业之初留出一部分股权，作为一个"奖励池"，给工作特别突出、对公司有极大贡献的员工分配股权作为嘉奖这可以在很大程度上激励员工工作，吸引优秀人才。除此之外，创客与投资者合作共赢，共同进退，也是一种可以满足不同需求层次的有效方式。

总之，创新是我国未来发展的重点，创客则是发展进步的原动力。随着国内创新环境日益改善，依托国家不断出台的支持创客创新的良好政策，更多城市很有可能会真正成为国际化的"创客之都"。

国 际 篇
International Articles

本篇将研究区域进一步扩大,进行与国际创新相关的研究,其中包括(我国某些指标与国外对比)建立国际创新指数体系,对国际双创城市(地区)进行排名,对国际双创指数结构进行对比分析,以及对国际创新城市的发展新趋势进行总结。

B.10
国际双创指数分析

魏建漳 龙金林*

摘 要： 为促进双创活动与国际接轨，本报告将研究区域进一步扩大，探索了国际创业、创新的发展情况。其中包括国际创新指数体系分析、国际双创城市（地区）排名、国际双创指数结构的对比分析几个大问题。在国际创新指数方面，探索了全球创新指数、全球创新城市指数、全球创业观察指数、全球创业生态指数和全球创业指数5个指标体系的内涵与结构，并对指数排名进行了分析。同时将某些具体双创指标进行国际对比，发现我国双创资源投入持续增加，知识创造能力持续增强，各类双创载体丰富，且均保持增长趋势，双创整体形势稳中向好。

关键词： 国际创新指数 国际创业指数 国际对比

创新并不是新的命题，1912年经济学家熊彼特在《经济发展概论》中首次提出经济学中"创新"的概念。熊彼特认为，创新是指把一种新的生产要素和生产条件的"新结合"引入生产体系。历史上包括蒸汽机的发明，计算机的产生，到如今大数据的运用与发展，均离不开创新。"以史为鉴，

---

* 魏建漳，经济学博士，"一带一路"国际合作发展（深圳）研究院研究员，主要研究领域为创新创业、产业政策、产业规划；龙金林，深圳市实维经济咨询有限公司研究员，主要研究领域为指数评估体系、经济运行分析指标监测。

可以知兴替",如今全球关于创新的研究如恒河沙数,也出现不少衡量国家(地区)创新能力的创新指数。在已经发布的国际创新指数中,比较权威的创新指数包括2thinknow发布的全球创新城市指数、世界经济论坛发布的全球创新指数以及硅谷指数。由于硅谷指数主要用于分析硅谷地区经济成长和社区发展状况,中国未纳入指标考察范围内,故下文不再赘述。

一 国际双创指数体系

(一)国际创新指数体系

1. 全球创新指数

全球创新指数(Global Innovation Index,GII)由欧洲工商管理学院(INSEAD)于2007年首次研究发布,如今与世界知识产权组织、康奈尔大学共同研制。截至2017年,共发布10期《全球创新指数报告》,覆盖全球大部分经济体,数据来源于各国官方以及相关国际机构,包括对各国企业进行的问卷调查,具有国际可比性,是目前国际上认可度最高的创新指数。《全球创新指数报告》将自身定义为政策制定者的工具,为提高国家创新效率而服务。《全球创新指数报告》顺应时代的变化,根据如今全球创新的发展状况和关注点,每期报告主题的侧重点均有所不同,如2017年《全球创新指数报告》的主题为"Innovation Feeding the World",侧重于生态环境的可持续性。

全球创新指数通过构建自己的指标体系,定量分析国家创新能力,通过创新的制度与政策环境、创新驱动、知识创造、企业创新、技术应用、知识产权以及人力技能等方面来综合衡量一个国家的经济创新能力,对国家的创新能力给出综合评分,便于企业家与政府决策者了解本国经济创新能力的现状、不足以及未来改进的方向。全球创新指数由5个"创新投入指数"和2个"创新产出指数"共计7大类指标构成,但下属子指标并非完全固定。根据全球创新与经济发展的现状,对下属子指标进行调整,例如考虑到网络

在全球的普及度以及重要程度，2016的全球创新指数相较于2011年的全球创新指数，新增了"网络创意"这一子指标。同时，指数报告所评估的内容不仅包括研发投入、专利和商标数量等重要传统指标，还逐年涵盖了如基础设施、生态可持续性等多元化指标。在扩展、深化研究内容的同时，为研究世界各国的创新活动提供了新的视角。

2. 全球创新城市指数

2thinknow是位于澳大利亚墨尔本的一家智库公司，认为"创新已经成为城市的基本现象"。在2006年提出此观点后构建了全球创新城市指数（Innovation Cities Index，ICI）以衡量城市的创新能力，并于2007年在波士顿首次发布全球创新城市排名，随后每年发布一期报告。在2016~2017年报告中，创新城市指数已经将500个城市纳入考察范围。不同于全球创新指数针对国家层面创新能力的评估，2thinknow一直致力于对创新型城市的评价研究。

2thinknow在评价城市的创新能力时，除了考察传统的科技类指标，更加注重人文、文化方面的指标构建。这项评价方法不仅体现了对城市创新的考察，更是将创意与创新相结合，构建融文化、智资、市场等指标于一体的全球创新城市评价指标体系，成为国际当前对城市创新研究最具有权威性的研究机构，在全球赢得良好的声誉。全球创新城市指数的指标体系共分为4层：3个因素，31个门类，162个指标，1200个数据点。其中3个因素包括文化资产、人力基础设施以及网络化市场。通过对城市162个指标的考察，给定城市创新能力得分。同时根据创新力强弱，将城市分为以下4类：①支配型城市，即最具创新能力的城市；②中心城市；③节点城市；④新兴城市。

（二）国际创业指数体系

时至今日，创业、创新的浪潮已经在中国兴起，"大众创业、万众创新"的号召在全球范围内得到广泛的响应。无论是在国际上还是在国内，对创新能力的研究已经屡见不鲜，但是我国目前对创业能力的研究还比较缺乏。下文将介绍国际上应用范围较广、有一定权威性的3个国际创业指数。

1. 全球创业观察指数

全球创业观察（Globe Entrepreneurship Monitor，GEM）是由英国伦敦商学院和美国百森学院共同发起成立的国际创业研究项目，旨在研究国家层面的创业活动。该项目在发布《全球创业观察报告》的同时，通过与各国本土研究所合作，发布各国的地区创业观察报告，并根据经济的发展与时代的变化，发布专题报告。此项目自 1997 年开始设计，于 1999 年发布首期报告，随后每年发布一期，主要关注全球成员国和地区的创业活动态势，进而以较为客观全面的指标衡量其创业活跃程度，发掘创业与当地经济增长和国家发展的作用机制。

现如今，GEM 测度的经济体已由 1999 年的 10 个增加至 100 多个。据统计，考察的经济体数据样本占全球人口的比例超过 70%，全球 GDP 占比超过 90%。GEM 在丰富的数据支撑下，通过属性、愿景、态度、认知和意图 5 个方面测度研究主体的创业行为，分析研究主体的创业情况。该报告便于各经济体在与其他地区的比较下，发现不足，学习经验，因此受到了各国政府和相关机构的广泛关注，产生了显著的国际影响和社会经济价值。

2. 全球创业生态指数

全球创业生态指数由 Startup Genome 公司构建，最早在 2011 年时和硅谷创新大师 Steve Black 以及斯坦福大学一起就影响科技初创公司取得成功的因素展开调查，并于 2012 年首次发布《全球创业生态报告》。截至 2017 年，已经发布 3 期报告。前两期由于语言障碍，未将中国、韩国等纳入考察范围，2017 年报告将中国城市纳入考察范围。

全球创业生态指数的数据来源于使用 Startup Genome 产品的初创企业数据、全球合作伙伴的数据以及问卷调查，并根据所获得的数据分析得到全球创业城市排名。尽管全球创业城市排名的数据来源存在一定的缺失，但其分析方法仍具有一定的可取性。利用收集到的数据，Startup Genome 综合分析了城市的初创企业发生率、融资有效性、经营业绩、创始人理念、技术趋势、支持网络以及人才情况。同时 Startup Genome 公司邀请更多的人和组织加入对全球创业生态的研究，以期找出生态系统演变规律、其如何发挥作用及如何产生成功的创业公司。

3. 全球创业指数

全球创业指数（原"全球创业与发展指数"）由全球创业发展研究所（The Global Entrepreneurship and Development Institute，GEDI）发布。全球创业发展研究所是一家政策发展组织，总部设在美国华盛顿哥伦比亚特区，是国际领先的研究创业与经济发展联系的机构。其主旨是通过提升创业环境以促进经济发展和繁荣，为个人、社区和国家提供经济机会。全球创业指数体系包括个人层面的变量和制度、环境变量。所有的个人层面数据均来自GEM调查，但关于制度、环境变量的数据则有多种来源渠道。2017年全球创业指数衡量的对象已经达到137个国家和地区。

全球创业发展研究所收集了各地关于创业态度、能力和意愿的数据，用来衡量当时社会和经济的"基础设施"。在考量这3个方面的数据后，构建出14个指标来衡量地区创业生态系统环境。

二 国际双创城市（地区）排行榜

（一）国际创新指数排名

1. 全球创新指数

2017年《全球创新指数报告》评估了全球127个经济体的创新能力，这些经济体占世界人口的92.5%，占世界GDP（按当前美元计）的97.6%[1]。全球创新指数通过构建全球创新指标体系来评估国家（地区）的创新能力并排名。国家（地区）的总得分为全球创新指数两大支柱——创新投入指数和创新产出指数的简单平均数。另由创新产出指数得分与创新投入指数得分之比得到创新效率比，表明某一国家（地区）的投入所获得的创新产出（见表1）。

---

[1] 来源于世界知识产权组织发布的 *The Global Innovation Index 2017—Innovation Feeding the World*。

表1 2016年全球创新指数框架

全球创新指数（平均）						
创新效率比						
创新投入指数					创新产出指数	
制度	人力资本和研究	基础设施	市场成熟度	商业成熟度	知识和技术产出	创意产出
政治环境 监管环境 商业环境	教育 高等教育 研发	信息通信技术 普通基础设施 生态可持续性	信贷 投资 贸易、竞争和市场规模	知识型工人 创新关联 指数吸收	知识的创造 知识的影响 知识的传播	无形资产 创意产品和服务 网络创意

自《全球创新指数报告》发布以来，高收入经济体的创新表现总体好于中低收入经济体，两者之间的差距主要存在于制度、人力资本和研究、基础设施和创意产出这些方面。据全球创新指数历年得分，全球创新指数得分排前25位的国家（地区）基本为高收入经济体，2016年，中国首次跻身前25名，成为前25位国家（地区）中唯一一个中等收入国家。2017年，中国创新指数排名上升3位，排至第22名；中国香港排在第16位，较2016年排名下降了2个名次（见表2）。

表2 2017年全球创新指数排名

国家/经济体	得分(0~100)	排名	创新效率比	排名
瑞士	67.69	1	0.95	2
瑞典	63.82	2	0.83	12
荷兰	63.32	3	0.93	4
美国	61.40	4	0.78	21
英国	60.89	5	0.78	20
丹麦	58.70	6	0.71	34
新加坡	58.69	7	0.62	63
芬兰	58.49	8	0.70	37
德国	58.39	9	0.84	7
爱尔兰	58.13	10	0.85	6

续表

国家/经济体	得分(0~100)	排名	创新效率比	排名
韩国	57.70	11	0.82	14
卢森堡	56.40	12	0.97	1
冰岛	55.76	13	0.86	5
日本	54.72	14	0.67	49
法国	54.18	15	0.71	35
中国香港	53.88	16	0.61	73
以色列	53.88	17	0.77	23
加拿大	53.65	18	0.64	59
挪威	53.14	19	0.66	51
奥地利	53.10	20	0.69	41
新西兰	52.87	21	0.65	56
中国	52.54	22	0.94	3
澳大利亚	51.83	23	0.60	76
捷克	50.98	24	0.83	13
爱沙尼亚	50.93	25	0.79	19

资料来源：The Global Innovation Index 2017—Innovation Feeding the World。

据2017年发布的《全球创新指数报告》，总得分排前25位的国家（地区）主要集中在欧洲，东南亚、东亚和大洋洲及北美地区国家占有一定比例，以色列是北非、西亚地区唯一一个跻身前25位的国家，中国则是排名前25位国家中唯一一个中等收入国家。

2017年，瑞士的全球创新指数总得分排名第一。自2011年以来，瑞士连续7年稳居榜首。近年来，瑞士与排名第2位的国家的得分差距逐步拉近。在2017年报告中，瑞士的创新效率比排名第2，在全球创新指数排名前10的经济体中名列第1；在整个全球创新指数框架中，瑞士各项分指数基本排在前25位，但在创业环境上仍有待提升。总体来说，瑞士的创新能力很高，同时创新效率比较高，表明创新投入得到有效的产出。

2013年，在《全球创新指数报告》中，中国总得分排在第35位，2014年跃至第29位，并在2016年成为唯一一个跻身前25位的非高收入国家，2017年进一步攀升至第22位。相较于高收入国家在创新投入上的高得分，中国更偏向于创新的应用型发展和推广，在创新产出中获得更高的得分，具有较高的创新效率比，2017年创新效率比名列第3。在整个指标框架中，中国处于占优位置的指标主要在于知识型工人（第1位）、知识影响力（第1位）、基础设施（第3位）及知识和技术产出（第4位）等。相较于占优指标，中国在高等教育（第104位）、在线创意（第104位）和监管环境（第107位）上存在较大的提升空间。

2017年《全球创新指数报告》新增了一个特殊的模块：全球创新城市集群的认定和排名。该模块旨在利用地区国际专利申请数据，从另一个层次观察全球创新活动。2017年报告中共认定100个创新城市集群，其中中国有6个。

中国创新城市集群在国际上具有较强的竞争力。根据国际专利申请数据，排名第1的是日本东京—横滨城市集群，国际专利申请数为94079项。其中三菱电机公司专利申请数占比为6.4%，为该城市集群的主要申请人；专利申请集中于电气机械、设备和能源领域。深圳—香港城市集群名列第2，其国际专利申请数为41218项。其中中兴通讯为主要申请人，专利集中在数字通信领域。另外5个中国创新城市集群中，北京为第7名，国际专利申请数为15185项；上海为第19名，国际专利申请数为6639项。

2. 全球创新城市指数

2thinknow自2007年首次发布全球创新城市指数，到目前为止已连续发布9期。随着时间的推移，该指数纳入考察的经济体范围逐步扩大。2011年2thinknow发布的《全球创新城市指数报告》中将331座城市纳入考察范围，在此之前，考察的经济体数量不足300，到2016~2017年报告中，考察范围已经覆盖全球500座城市。

如表3所示，根据2016~2017年《全球创新城市指数报告》，美国城市在排名前20的城市中占7席，另外欧洲城市在前20位中也占有一席之地。在亚洲，排名第1的是日本东京，在全球创新城市排名中仅次于伦敦和纽约，排第3位。中国共有4座城市进入前100名，其中北京第30名，上海第32名。

表3 2016~2017年全球创新城市指数排名

排名	城市	所在国家	得分
1	伦敦	英国	60
2	纽约	美国	59
3	东京	日本	56
4	圣何塞	美国	56
5	波士顿	美国	56
6	洛杉矶	美国	55
7	新加坡	新加坡	54
8	多伦多	加拿大	54
9	巴黎	法国	54
10	维也纳	奥地利	53
11	首尔	韩国	53
12	阿姆斯特丹	荷兰	53
13	巴塞罗那	西班牙	53
14	悉尼	澳大利亚	53
15	慕尼黑	德国	53
16	沃斯堡	美国	52
17	柏林	德国	52
18	亚特兰大	美国	51
19	蒙特利尔	加拿大	51
20	芝加哥	美国	51

资料来源：2016~2017年《全球创新城市指数报告》。

从2011年报告到最新的报告，全球创新城市指数排在前10位的城市多为美国和欧洲地区的城市。伦敦在2011年排第11位，2015年跃至第1位，并在2016~2017年排在全球创新城市首位，其创新潜力不断展现。同时在2011年报告中排在第22位的东京，经过几年的发展，在2015年跻身全球创新城市第10名，并在2016~2017年成为继伦敦和纽约之外最具创新潜力的城市。另外蒙特利尔排名上升较快，从2015年的第41位，一跃升至第19位，展现出城市广阔的创新发展空间。反之，德国城市慕尼黑排名下降较快，2014年排名第7，2016~2017年下降至第15位，表明近期该城市创新缺乏活力。

对比2011年至今的全球创新城市指数排名，中国城市北京和上海均保持在前 100 位。除 2016~2017 年报告中，北京城市排名略高于上海外，上海在前几年的排名中均远高于北京。据悉，2015 年上海成功跻身全球创新城市前 20 名，但在 2016~2017 年的评估中下降至第 32 位。同时北京在 2015 年排在第 40 位，于 2016~2017 年跃至第 30 位，首次超过上海的排名。近年来，北京的创新潜力得到释放，整体创新表现较佳，但上海的创新能力在后期表现不足。

（二）国际创业指数排名

1. 全球创业观察指数

得益于大量研究人员和机构的加入，在全球的创业研究中，全球创业观察对创业的研究最为广泛。全球创业观察的主要依据为世界经济论坛发布的《全球竞争力报告》，根据人均 GDP 以及初级产品占出口份额的情况，将经济体划分为 3 个层次：要素驱动（factor-driven）、效率驱动（efficiency-driven）和创新驱动（innovation-driven）。其中中国被划分为效率驱动型国家。另外，全球创业观察基于相关经济体的调查数据构建创业指标体系，对比不同层次经济体之间的创业情况。全球创业观察通过构建的指数框架，将创业与经济发展连接起来，为人口、社会、经济和政策千差万别的经济体提供可对比研究的统一框架。

不同于其他创业指数排名方法，即综合国家（地区）的子指标得分，给出国家（地区）总得分，再进行排名，全球创业观察针对不同层次的经济体，对参与调查的经济体的关键创业观察指标进行排名，以此考察不同经济体在各项创业指标中的排名情况。这些关键指标主要包括：创业融资、政府政策、创业教育、研发转化程度、商业和法治建设、境内市场情况、基础设施和文化、社会准则。

对比 2015 年和 2016 年《全球创业观察报告》，在创业融资上，前 10 位的排名发生较大变动，中国、芬兰、德国及葡萄牙跻身前 10 位。2016 年居于首位的是印度，较 2015 年排名上升一位，中国由 2015 年的第 14 位上升至第 2 位，上升幅度很大。

在其他关键指标上，中国排名相对稳定。中国在"境内市场活力"上表现优异，排在第2位，韩国名列榜首；中国香港在"基础设施"上居于首位，中国则排在第11位；在"文化和社会准则"上，中国排在第8位，以色列排名第1。中国的创业积极性相对较高，人们乐于创业。

除上文提到的关键指标外，早期创业活动（TEA）的创新层次也是一个重要的考察指标。早期创业活动是指18~64岁的年龄群体中，参与企业建设或运营企业少于3.5年的个体数量在成年人口中所占的比例，包含新手创业者和新企业所有者。

如表4所示，2016年，全球创业观察早期创业活动创新层次排名前10的国家主要集中在拉丁美洲和欧洲地区，黎巴嫩排名第1，中国排在第24位。相对于2015年，纳入评估的经济体整体得分有所提升，总体创新表现更佳。黎巴嫩2015年的排名居于第8位，2016年跃至榜首，创新层次提升明显。加拿大、美国的排名也有所上升。中国由2015年的第31位，提升至第24位，在早期创业活动创新层次上仍有较大的提升空间。印度在2015年排在第2位，仅次于智利，但在2016年下滑严重，降至第25位。较2015年，爱沙尼亚由第6位下降至第13位，下滑明显。

表4　全球创业观察早期创业活动创新层次指标

排名	国家	得分	地区
1	黎巴嫩	58.7	亚洲、大洋洲
2	智利	57.0	拉丁美洲、加勒比海
3	伯利兹	48.2	拉丁美洲、加勒比海
4	卢森堡	44.5	欧洲
5	加拿大	40.9	北美洲
6	爱尔兰	40.0	欧洲
7	危地马拉	39.1	拉丁美洲、加勒比海
8	瑞士	37.5	欧洲
9	美国	37.1	北美洲
10	塞浦路斯	36.7	欧洲

资料来源：2016年《全球创业观察报告》。

2. 全球创业生态指数

Startup Genome 公司认为每个城市都有权利加入全球创业进程，并从中收获新的工作岗位、创新以及经济增长。同时 Startup Genome 公司也为全世界的创业者提供分享创业经历和当地创业系统的平台，致力于开展全球综合的创业生态研究。自 2012 年首期《全球创业生态报告》发布，至 2017 年共发布 3 期，其中中国于 2017 年被纳入全球创业生态考察范围。Startup Genome 公司构建的全球创业生态指数主要分为五大部分，分别是创业表现、融资、市场覆盖程度、创业经历和人才。指数对每个部分赋予不同的权重，其中创业表现权重最高，达 30%。城市的综合得分为指标 5 个部分的加权平均，以此评估城市的创业生态系统。

全球创业生态指数包含 100 多个指标，利于更好地衡量是哪些因素促进了城市创业的发展，也为构建更好的创业生态提供明确的方向。在 2017 年《全球创业生态报告》中，新增了城市与世界的联系、创业者野心以及企业参与度等新的指标和因素，以便更为全面地评价城市的创业生态状况。

由表 5 数据可以看到，在排名前 20 的城市中，美国和欧洲城市占比过半。其中，美国共有 7 座城市进入前 20 名，其主导地位仍不可撼动。硅谷、纽约分别占据第 1、第 2 的位置，其中硅谷更是连续 3 期荣登榜首。

表5 2017年全球创业生态指数排名

城市	排名					
	综合	创业表现	融资	市场覆盖程度	创业经历	人才
硅谷	1	1	1	1	1	2
纽约	2	3	2	3	4	7
伦敦	3	4	4	2	5	10
北京	4	2	5	19	2	8
波士顿	5	6	6	12	3	4
特拉维夫	6	9	8	4	7	11
柏林	7	7	9	6	10	5
上海	8	8	3	10	13	9
洛杉矶	9	5	7	15	11	14

续表

城市	排名					
	综合	创业表现	融资	市场覆盖程度	创业经历	人才
西雅图	10	12	13	14	6	3
巴黎	11	14	14	9	8	16
新加坡	12	16	16	11	20	1
奥斯汀	13	15	11	18	9	6
斯德哥尔摩	14	17	20	8	12	18
温哥华	15	19	19	7	15	15
多伦多	16	18	12	5	18	20
悉尼	17	20	10	13	17	12
芝加哥	18	13	15	20	14	13
阿姆斯特丹	19	10	17	17	16	19
班加罗尔	20	11	18	16	19	17

资料来源：2017年《全球创业生态报告》。

硅谷自《全球创业生态报告》发布以来一直居于全球创业生态首位，在创业表现、融资、市场覆盖程度和创业经历上也位于榜首。据悉，2015年硅谷的市场覆盖程度位列第4，排名相对落后，但于2017年跃至榜首。而且硅谷一直是世界上最吸引人才的地方，其中移民人员占创业者半数之多，故而硅谷的人才排名一直名列前茅。但在2017年的报告中，这部分的得分低于新加坡，位列第2。新加坡在人才方面摘得桂冠，可能归功于新加坡始于1990年的创新政策，效果十分显著。

不同于硅谷和纽约，芝加哥、洛杉矶和西雅图在2017年的排名中下滑明显。对比2015年报告，芝加哥下滑11位。考察5个部分的得分发现排名下滑主要是由于市场覆盖程度这一项得分不高。芝加哥在外国顾客这一项上的得分低于全球的平均得分，同时也缺乏国际联系，在这方面的指标得分远低于全球平均水平。洛杉矶排名较2015年下降了6位，与芝加哥一样，洛杉矶在市场覆盖程度上的得分不理想。2017年《全球创业生态报告》数据显示，洛杉矶在外国顾客这一项上的得分也远低于全球平均得分。

除美国外，欧洲城市的创业生态环境较为理想，得分较高。伦敦在2017年的报告中居第3名，除去人才方面排名相对靠后外，其余各项指标的表现都十分抢眼。相较于2015年，综合排名上升了3个名次，主要在于"融资与创业经历"的排名大幅提升。伦敦具有很多有经验的风险投资机构，有利于初创企业的产生和发展，同时伦敦与国际的联系也十分紧密，故而在这方面得分远高于全球平均水平。另外，伦敦目前依然是欧洲的技术之都，并且创业公司输出在全球位列第4。总体而言，伦敦的创业生态系统仍有很大的提升空间。不同于伦敦具有大的创业生态系统，斯德哥尔摩的生态系统略小，却在2017年一举挤进前20，排在第14位，成为欧洲最大的"黑马"。除市场覆盖程度这一项外，斯德哥尔摩其他4个部分的排名均排在前20位，进步十分迅猛，而且在全球相关性、融资质量以及退出价值等子类别的得分上均排名前10，表现十分抢眼。尽管斯德哥摩尔在人才招纳方面存在一定的困难，但其创业前景十分可观。

由于存在语言沟通上的困难，2017年以前的报告并未将中国纳入考察范围。但是在2017年的全球创业生态系统的排名中，中国有两大城市一举进入前10名。其中北京位于第4名，排名略高于上海（第8名）。北京在综合排名上仅次于硅谷、伦敦和纽约，而且在创业表现和创业经历两大子类别上的表现也是可圈可点。总体来说，北京在创业生态系统的构建上仍然具有很大的提升空间。上海作为第2个排名前10的中国城市，排在第8位。上海在各部分的表现相对比较均衡，得分位于合理的范围之内。

3. 全球创业指数

全球创业指数在国家（地区）的层面测量创业生态系统的质量和活力，成为国家（地区）加强构建生态系统的"指南针"。在2017年的《全球创业指数报告》中，全球创业发展研究所对全球创业指数的指标体系做了与时俱进的改变。主要包括两个方面：①对新出现的情况进行衡量；②根据可获得的数据对全球创业指数的指标结构进行更新。2017年的全球创业指数包括三大次级指标——创业态度、创业能力、创业意愿，14项支柱，以及28个变量（见表6）。

表6 2017年全球创业指数指标体系

次级指标		支柱	变量
2017年全球创业指数	态度	机会感知	机会认可度
			自由度(财产权利)
		创业技能	技能收获
			教育(高等教育×教育质量)
		风险接受程度	风险感知能力
			国家风险
		网络化	已知企业家
			集聚度(城市化×基础设施)
	能力	文化支撑	职业现状
			腐败现象
		创业机会	机会动因
			监管(税收×良政)
		技术吸收	技术水平
			技术吸收
		人力资本	教育水平
			劳动力市场(员工培训×劳工自由)
		竞争力	竞争者
			竞争力(市场优势×监管)
	愿望	产品创新	新产品
			技术转让
		工艺创新	新技术
			科学技术(研发支出总量×科研机构平均水平+科学家和工程师的可利用度)
		高增长	消费电子产品共享
			财务策略(风险资本×业务复杂度)
		国际化	出口
			经济的复杂性
		风险资本	民间投资
			资本市场的深度

2017年全球创业指数考察了全球137个经济体，对各经济体的创业生态系统进行评估并排名。同时对每个单独的经济体进行分析，得出具有启发性的结论。如表7所示，在2017年的排名中，美国名列榜首，成为世界上

最有利于创业者创办新企业和发展新业务的经济体。瑞士和加拿大紧随其后，分别排在第2、第3位。就各大指标来看，冰岛、美国和芬兰在创业态度方面排在前3位，丹麦、美国和瑞士在创业能力方面排在前3位，美国、瑞士和加拿大在创业愿望方面排在前3位。

表7　2017年全球创业指数前20名

国家/地区	排名	得分	国家/地区	排名	得分
美国	1	83.4	芬兰	11	66.9
瑞士	2	78.0	德国	12	64.9
加拿大	3	75.6	法国	13	64.1
瑞典	4	75.5	奥地利	14	63.5
丹麦	5	74.1	比利时	15	63.0
冰岛	6	73.5	中国台湾	16	60.7
澳大利亚	7	72.5	以色列	17	59.1
英国	8	71.3	智利	18	58.8
爱尔兰	9	71.0	阿联酋	19	58.8
荷兰	10	67.8	卢森堡	20	58.1

资料来源：2017年《全球创业指数报告》。

根据2017年《全球创业指数报告》，按地域划分，北美洲排名第1的是美国，欧洲则是瑞士居于榜首。亚洲及太平洋地区排名首位的是澳大利亚，在全球范围内排在第7位。以色列在中东、北非地区排在首位，在全球范围内排在第17位。太平洋地区中，智利成为创业生态系统最好的国家，在全球范围内的排名仅次于以色列。博茨瓦纳是撒哈拉以南非洲地区排名最高的国家，在全球范围内仅排在第52位。可以看出，在世界范围内，欧洲和北美的整体创业环境要优于其他地区，创业生态地位仍比较稳固。

2017年，美国蝉联全球最佳创业生态系统首位，是唯一一个得分超过80分的国家，高出第二名瑞士5.4分。与第2名相比，优势十分明显。美国在各项支柱中的得分均远高于全球平均水平，其中最突出的优势在于创业技能、人力资本、快速增长以及全球化。对比北美地区的平均水平，美国在网络系统的构建上处于劣势地位，存在一定的增长空间。

对比2016年排名,瑞士由第8位跃升至第2位,进步显著,并且机构得分远高于个人得分。全球化是瑞士的一大亮点,但是在网络系统和高速增长上得分相对较低。另外,排名位于前10的国家(地区)中,以色列、荷兰较去年均上升3位。除排名前10的国家(地区)外,印度较2016年提升了29个名次,增长十分迅速,而且在创业环境方面表现较佳,排在第69位。中国在金砖国家中名列第1,较2016年排名上升了12位,排在第48位,进一步完善了国内创业生态系统。另外,中国在风险资本和产品创意上的得分远高于全球平均水平,但是在创业感知和创业技能上得分较低,在创业生态系统的构建上仍存在很大的进步空间。美国乔治梅森大学教授佐尔坦·艾克斯曾说:"就新兴经济体而言,它们需要在制度方面做进一步改进,这些经济体的政策制定者并没有跟上创业者的步伐。而对美国等发达经济体来说,则需要更多创业者做出更大努力,创办富有成效的快速增长企业。"①

不同于瑞士、中国、印度等在创业系统构建上的进一步完善,伯利兹和阿根廷在全球创新指数上的排名大幅下降,分别下降36位和22位。伯利兹在各项支柱上的得分均低于全球平均水平,其中最具劣势的是在风险接受程度和产品创新上的得分。阿根廷在大部分支柱上的得分低于全球平均水平,与伯利兹一样,对创业风险的接受程度很低,但是在创业技能上的表现较为优秀②。

综合上述指数排名分析,每个指数都有各自的侧重点。由于选取的指标体系不同,测量方法不一致,得到的城市或国家的排名也会有所差别。总体来说,经济发达地区的国家和城市的创业、创新表现要普遍优于中低收入的国家和城市,例如北美洲的美国、欧洲的瑞士,在各项指数的排名中均位于前列。中国的北京和上海的创业、创新程度较高,但仍然存在很大的上升空间,应加强制度落实和政策引导。

---

① 中商产业研究院:《2017全球创业指数排行榜TOP20》。
② 全球创业发展研究所:2017年《全球创业指数报告》。

三 国际双创指数结构分析

(一)全球创新指数

全球创新指数(GII)2007年在英士国际商学院启动,根据2016年《全球创新指数报告》,它的产生只为了一个简单的目标,即找到能够更好地捕捉社会中创新丰富度的指标和方法,而不仅限于研究论文数量和研发支出水平等传统的创新衡量指标。近10年来,通过GII知识合作伙伴以及GII享有盛名的咨询委员会的专门知识,GII模型不断得到更新,在2017年继续保持完善和发展,目前只需要小幅更新。

创新产出次级指标和创新投入次级指标是全球创新指数的两大次级指标,在次级指标下,是支撑指标体系的七大支柱,每个支柱分为3个分支柱,每个分支柱由不同的指标组成,2017年共有81项子指标。在2017年的《全球创新指数报告》中对这七大支柱进行了详细的介绍。

支柱一:制度。制度支柱反映了一个国家制度框架的状况。通过建立制度框架,提供良好的治理及合适的保护和激励水平来吸引商机,促进增长,这对于创新至关重要。制度支柱的3个分支柱分别为政治环境、监管环境和商业环境,通过下属指标来总体衡量经济体的创新政策环境。

支柱二:人力资本和研究。该支柱力求对各国的人力资本进行衡量,同时认为一国创新能力的主要决定因素是一个国家教育和研究活动的水平和标准。其中第一个分支柱包括旨在反映初等教育和中等教育成果的一系列指标,第二个分支柱则旨在反映高等教育水平,有关研发情况作为最后一个分支柱。

支柱三:基础设施。一个经济体通过基础设施的建设,为创新的产生和交流提供便利、降低成本。其3个分支柱分别为信息通信技术(ICT)、普通基础设施、生态可持续性。

支柱四:市场成熟度。信贷的可用度和支持投资的环境、国际市场准入、竞争和市场规模对于企业的蓬勃发展和创新的发生都至关重要。该指数

围绕市场条件和交易总水平设立了3个分支柱。

支柱五：商业成熟度。作为最后一个创新投入次级指标下的支柱，商业成熟度力图反映商业成熟水平，以评估公司在多大程度上有利于创新活动。该项支柱在人力资本和研究支柱上更进一步表明公司通过雇用高素质人才和技术工人来推动其生产力、竞争力和创新潜力的发展。该支柱分为知识型工人、创新关联和知识吸收3个分支柱。

支柱六：知识和技术产出。这一支柱包含所有传统上被认为是发明或创新收益的变量。第一个分支柱是知识的创造，是发明和创新活动的结果；第二个是知识影响的分支柱，其所包含的统计数据，显示了创新活动对微观经济和宏观经济的影响；最后一个知识传播的分支柱是支柱五中知识吸收分支柱的镜像。

支柱七：创意产出。目前人们对于创意在创新中作用的认识在多数情况下仍然不够充分。GII从发布以来，一直强调要对创意进行衡量，并将其作为创新产出次级指数的一部分，其3个分支柱分别是无形资产、创意产品和服务、网络创意。但是对于网络创意下的指标选取仍存在提升空间。

《全球创新指数报告》根据不断完善的全球创新指标体系对全球大部分国家（地区）的创新能力和结果进行评估，并以最终的得分进行排名。但是《全球创新指数报告》的目的不仅仅是排名，更为重要的是根据得分考察全球的创新情况，得出重要的、具有启发意义的结论，让考察的经济体对自己的创新能力有一项衡量的方法，同时让其他经济体有一个参考的对象，以此促进全球创新活动的发展，加强国家创新活动与全球的联系。2017年版的《全球创新指数报告》以"Innovation Feeding the World"为主题，探讨在农业和粮食系统上的创新。通过各地创新能力的提升，以有限的自然资源满足日益增长的需求，促进资源可持续性。

2017年《全球创新指数报告》得出6条关键研究结论[①]。结论一：创新

---

① 结论来源于世界知识产权组织发布的 The Global Innovation Index 2017—Innovation Feeding the World。

驱动对提升经济发展可持续性至关重要。在全球经济发展新势头下，支持创新投资的相关政策有助于将周期性经济复苏转变为长期持续性增长。这种积极主动的创新政策也是消除不确定性的有力手段，因为它们增强了经济参与者对未来的信心。尽管经济发展拥有新的增长势头，但投资和生产率增长仍处于历史低点，而且生产力危机比任何时候都更加严重。根据报告，尽管反周期创新政策的出台和私人研发支出的存在避免了对研发增长的长期抑制，但研发增长仍然低于历史水平。报告认为，全球各个经济体均应加大研发投入，以期寻找新的增长点。

结论二：智能数字农业的创新和在发展中国家的普及可以帮助克服粮食短缺问题。如今，面对农业生产力的缓慢增长和当今农业创新系统的瓶颈，发展需要新的创新动力。首先，需提高中低收入经济体的农业生产率，以及加大所有经济体的农业研发支出。其次，创新需要扩散至农业和粮食生产部门，特别是发展中国家。据大数据统计，随着信息技术的发展，数字农业已经开始在世界范围内传播。但是在世界许多地区，包括发达国家，技术进步的新浪潮推进得十分缓慢，而且在发展中国家，特别是撒哈拉以南非洲地区，农业创新尚未产生。报告认为，应提高粮食和农业创新系统的效率，侧重点在于减少研发投入和农业创新的普及之间的阻碍。

结论三：全球创新不断融合，并且中低收入国家更加重视创新体系构建。如今，创新的全球化进程不断加快，发达国家的创新程度相对较高，但是新的经济体仍不断涌现。据统计，瑞士的排名连续7年位居榜首；在前25名中，一些国家如荷兰、丹麦、德国、日本、法国、以色列和中国的排名上升。然而，高收入国家基本占据了前25名，中等收入国家与高收入国家之间的差距继续拉大。中等收入国家与前25位高收入国家之间的差距主要体现在制度、人力资本和研究、基础设施和创意产出方面。但是在2017年报告中，可以发现许多国家在创新方面的表现比目前的发展水平要好得多，这些经济体主要来源于撒哈拉以南地区。对比往期报告发现，低收入国家创新发展迅速，拉近了与中等收入国家的距离，包括全球创新指数得分和特定子指标的得分。

结论四和结论五主要总结了亚洲地区和撒哈拉以南非洲及拉丁美洲地区的发展趋势。其中报告认为就创新和经济发展的广度来看，除北美洲和欧洲外，亚洲无疑是21世纪创新的重要引擎。同时认为亚洲区域创新发展前景将得益于亚洲创新大国的崛起、更深层次的区域创新网络培育和印度发展的潜力。其中，亚洲创新的主导国家主要包括日本、新加坡、韩国、马来西亚以及发展迅猛的中国。

另外，报告认为需保持撒哈拉以南非洲的创新势头，同时挖掘拉丁美洲和加勒比海地区的创新潜力。在几年的《全球创新指数报告》中发现，相较于相同发展水平的低收入国家，撒哈拉以南非洲在创新上的表现更好。自2012年以来，撒哈拉以南非洲地区的创新群体比其他任何地区都多。而且在机构和业务方面的显著改进使整个区域在这些指标上的表现赶上了中亚和南亚。拉丁美洲和加勒比海地区则需要更多的精力和行动挖掘地区创新潜力，其中智利、墨西哥、巴西等国家是该地区最重要的创新行为者。为促进拉丁美洲和加勒比海地区经济发展及挖掘创新潜力，需要持续的研发投入、更加协调的创新系统以及更广泛的区域研发和创新合作。

结论六：通过对国际专利申请的考察，得到创新活动最活跃的创新城市集群为东京—横滨、深圳—香港以及圣何塞—旧金山。2017年是评估全球创新城市集群的第一次尝试，由于创新城市集群往往不受国界的限制，故而此项考察仍具有一定的挑战性。在以后的报告中，对全球创新城市集群的考察将成为重要的组成部分。

（二）全球创业观察指数

全球创业观察一直致力于研究全球范围内经济体的创业活跃度。根据以往报告，已经证实在全球范围内普遍存在创业者对机会的捕捉，但是机会与创业之间的转化，还依赖于个体属性、社会价值观以及创业生态系统。全球创业观察的目标在于不断更新关于创业的知识，从而指导决策者调整政策，以促进创业的繁荣。

前文已经提到，全球创业观察从创业的各个方面考察全球创业活动，如创业活动阶段、创业者特征以及社会对创业活动的态度等。不同于其他国际创业、创新指数，全球创业观察对考察的每个方面指标进行分析，并给出各经济体的指标评估情况以及分项排名，但是并没有一个综合指标来衡量一个经济体的整体创业活动情况。全球创业观察对一国创业情况的衡量主要包括以下7个方面：创业的社会价值；创业的自我感知；创业活动阶段/类型；创业的影响；早期创业活动的性别、年龄分布；行业部门参与；创业生态系统。

创业的社会价值对创业文化的发展并不具有直接的作用，但是社会上对创业的态度对于潜在的或者已经存在的创业者以及哪些创业活动受到支持有着很大的影响。据此，全球创业观察主要考察经济体中认为创业是一项好的职业选择的人占多少比例、创业者是否被认为具有较高的社会地位以及创业是否获得媒体的广泛关注3个方面。调查显示，效率驱动型国家的成年工作者大部分认为创业是一项较好的职业选择；在考察的所有经济体内，平均来说，超过2/3的成年工作者相信创业者在社会中会获得很多的尊重和较高的社会地位；60%的成年工作者认为创业活动已经获得媒体广泛的关注。从地域角度来看，非洲对创业的态度最积极，北美的创业活动也十分活跃。与之相反，在拉丁美洲和加勒比海地区，社会上对创业活动的评价处于较低的水平。而且欧洲在认为创业是一项好的职业选择方面人数占比最少，仅为58%。

在全球创业观察的概念框架中可以看到，全球创业观察将那些感知到创业机会的人以及认为自己已经具备创业技能的人作为社会上的潜在创业者。就个人而言，机会在考虑是否创业的过程中起着重要的作用，而且社会上很多因素影响着人们感知到的创业机会质量和数量，如经济增长、文化和教育。个人创业的另一个考虑因素是对失败的恐惧度。这一因素不仅与个人的性格特点相关，而且也关乎社会的标准和准则。在某些国家，社会上的创业失败案例可能在很大程度上抑制了人们创业的欲望。潜在的创业者在创业之前，除了能够感知到创业机会、相信自己具备创业的技能外，还会考虑创业成本以及相关风险。根据调查，不同类型经济体对机会的感知只有细微的差

别，但对于不同经济发展阶段的经济体，人们关于创业的方案内容有所不同，这或许表明在不同的经济体内，人们对于什么是创业机会和应具备的创业技能的概念理解不甚相同。在创新驱动型经济体中，人们对于创业失败的恐惧度要高于其他两种类型的经济体，在发达国家这种现象更为普遍。

全球创业观察通过3个指标监测创业活动，分别为早期创业活动（TEA），创新型员工活跃度（EEA）以及成熟企业比例，并结合以上3个指标来判断经济体的创业活动所属的创业阶段。TEA是全球创业观察的关键指标，TEA的比例在要素驱动型国家中最高，随着经济体的发展程度而降低。全球创业观察的一个主要目标为探索创业活动所在的国家层次和类型，并将此与岗位创造和经济增长相联系。世界上大部分的创业者属于机会驱动型，在不同的国家类型中，机会驱动型创业者在要素驱动型国家中占比最低。从地区角度看，非洲拥有最高的成熟企业比例，造成这一现象的主要原因在于非洲的TEA比例非常高。而且在要素驱动型国家中，成熟企业比例最高。在要素驱动型和效率驱动型国家，创新型员工活跃度可以忽略不计，但是在创新驱动型国家中，该指标占有重要地位。这表明在发达国家中，尽管由于已经存在大量公司而减少创业活动，但是创业行为可以在已经存在的企业中找到。从地区角度看，EEA在北美和欧洲地区最高，在非洲最低。

全球创业观察认为创业活动十分重要，但对社会有不同的影响。而经济发展的关键在于岗位创造和创新程度。许多国家发展战略的关键是通过持续的经济增长产生更多的就业机会并减少贫困人口。全球创业观察认为初创企业中现有的员工和未来5年拥有的员工人数表明了岗位增长的预期状况。同时，全球创业观察调查数据显示，处于不同经济发展阶段的国家在岗位创造上差别不大。

全球创业观察在以往报告中提到，由于地区文化、风俗不同，创业者中男女比例有所区别。如今根据2016～2017年的报告，不管一国的经济发展水平如何，男性相对于女性更倾向于创业。从地区角度看，拉丁美洲和加勒比海地区女性早期创业活动比例最高，非洲次之。对比往期全球创业观察报告，年龄对创业活动的影响基本相同，在所有类型经济体中，25～34岁和

35~44岁的人更易进行创业活动，而在54岁之后，参与创业活动的人数大幅减少。

相比于其他类型的国家，要素驱动型国家中的创业者更倾向于在农业部门进行创业活动。然而，在行业部门参与方面，最大的区别在于要素驱动型和效率驱动型国家的创业活动主要集中在批发零售行业，而创新驱动型国家的创业活动则主要集中在信息通信、金融和服务行业。

全球创业观察的国家专家调查与其他调查一样，均是通过专家的判断来评估特定国家的情况。不同于对整个经济体的评估，国家专家调查侧重于研究对创业态度和活动具有重大影响的国家环境特征，主要包括12个方面的考察。从全球范围看，基础设施的评分最高，而在校创业教育的评分最低。就经济发展水平看，创新驱动型国家在各个要素上的得分普遍较高，具有更为完善的创业生态系统；要素驱动型国家在研发转化、创业融资方面评分较低；效率驱动型国家的研发转化评分也不理想，而且政府政策以及税收和行政体制的评分也不高。从地域分布上看，北美洲的创业生态系统最为完善，而非洲、拉丁美洲和加勒比海地区的创业生态系统具有很大的提升空间。

（三）全球创业生态指数

Startup Genome公司根据数据调查，分析了有利于创业生态系统完善的特殊因素，帮助政策制定者以及创业公司更好地构建城市创业生态系统。

为有效评估地区的创业生态系统，Startup Genome公司构建了创业生态系统评估框架。框架中的评估概念和因素也是2017年全球创业生态指数的依据。全球创业生态指数拥有100多个指标，以便发现促进创业成功的因素，指标中关键的概念包括：①创业表现——这个指标主要为了说明"什么样的创业公司更有可能成功"；②早期创业公司；③创业生态界限与配置；④资源的可获得性；等等。2017年《全球创业生态报告》为了适应全球的发展，在原有的评估框架中，加入了新的概念，包括与国际的联系、创立者的全球化战略以及公司参与。Startup Genome公司的创业生态系统评估框架可以分为两大部分：外在因素和内在因素。其中内在因素主要包括创业

者的抱负、全球化战略以及创业团队；外在因素则主要是创业表现、资源和其他因素，如市场覆盖度、创业经验等。

根据创业生态系统的规模、优势和挑战、进入下一阶段的触发点以及当地政府的政策目的，将全球各地区的创业生态系统划分为4个阶段。第一个阶段为活跃阶段，特征为整个创业生态系统中的初创公司较少，地区创业经验不足，同时创业资源短缺。这个阶段的主要目标是通过当地的创业者和投资者构建广泛的、联系紧密的创业社区。第二个阶段是全球化阶段，相对于第一个阶段来说，成立更多的初创公司，同时有大型的创业公司产生，吸引了邻近地区的创业资源，但是重要的创业资源的缺口仍然存在。这个阶段公司的主要目标是加强与国际的联系，为发展成为国际领先的创业公司做准备。第三个阶段是扩张阶段，在这个阶段，少数价值百万美元的创业企业让当地的创业生态系统步入了全球舞台，涌现出大量的初创企业，获得更多的创业资源，但是在资金和全球联系上有所欠缺，也不足以产生价值超十亿美元的创业企业。这个阶段的主要目标则是在不断扩张的同时，完善资源配置，加强国际上的联系，同时发挥对全球资源吸引力的优势。最后一个阶段则是一体化的阶段，在这个阶段已经成长起来超过2000家创业企业，资源得以平衡，与其他顶级的创业生态系统相比具有一定的竞争力。

2015年《全球创业生态报告》中曾提到，全球正处于工业时代向信息时代的过渡期。通过任何测量方法均发现，全球科技部门发展十分迅速。据估计，这种快速的增长将会持续，而且增长速度可能还会加快。科技的迅速发展对全球经济产生了三大挑战：由科技发展带来的地区之间的差距、创业公司集聚和价值的显现，以及在创业公司集聚下，不同类型员工之间的不平等。诚然，科技会带来经济的繁荣和创新，但是只有少数地区获得科技创新带来的经济价值。若其他地区没有马上采取积极的行动加强本地创业生态系统，地区之间仍会存在很大的差距，而且部分地区的科技发展可能会停滞且失去活力。因此，各地区应当加大对创业生态系统的投资，以避免造成本地经济停滞。

Startup Genome公司除在《全球创业生态报告》中表明创业生态系统投

资的重要性,也提醒创业者应加强与国际的联系。通过严谨的计算,全球创业生态指数发现相对于一般的创业生态系统,全球化的创业生态系统增长更为迅速,也更加完善。这些创业生态系统能够利用全球思想、知识、人才和资本,使创业者和创业公司可以通过全球网络在早期阶段接触全球客户,并且开发国际领先产品和商业模式,为企业后期的发展取得优势。从创业生态系统的发展周期看,全球化将触发创业系统进入下一个阶段,通过吸引国际上的资源和获得更多国际上的联系促进创业生态系统的发展。在与全球联系上,特拉维夫、新加坡和硅谷值得借鉴,且这些地区创业生态系统的表现也十分抢眼。

(四)全球创业指数

全球创业发展与研究机构是全球创业指数的主要研发机构,致力于通过构建全球创业指数分析创业与经济发展之间的联系。在创业生态系统的研究上,该指数在国际上有一定的权威性。2017年《全球创业指数报告》在历时12个月后,总结了3条重要发展趋势。第一,人们已经意识到数据的重要性。简单的按需消费的便利应用创新时代已经过去,现在将对已经存在的行业进行创新,如网约车的出现。在过去的10年中,涌现出了很多有活力的创业公司和创业社区,遗憾的是,政策制定者没有适时制定出符合创业公司发展需求的政策。第二,想要在传统行业创造新一代具有全球竞争力的公司,需要现有公司拥有自我创新的意识,或者新的创业公司介入这个行业。另外,这也需要政策制定者采取新的政策。第三,在各地反全球化高涨的情绪下,要加快一体化的全球创业生态系统的构建。国家边界收紧以及对自由市场容忍度的下降,使得创业民主化尤为重要。现在仍然是相互依存的全球经济,各国在加强经济竞争力的同时,也在积极地与他人合作,以保持经济上的相关性和动态性。全球创业指数帮助决策者构建更完善的创业生态系统来促进全球经济总体的繁荣。

报告认为致力于构建创业生态系统是一种新的发展方式,但同时与传统的发展战略是一致的,甚至是互补的。创业被认为是促进经济发展的重要机制，在经济发展的每个阶段都有着重要的作用。根据2017年《全球创业指数报告》，在考虑全球创业与发展的问题上需要注意两点。第一，与普遍认为的观念相反，"世界上最具企业家精神的国家不是那些拥有最多企业家的国家"这个观点是具有误导性的。在低收入国家，缺少创造高质量工作的人力资源和基础设施，尽管有很多人在街角买水果和饮料，但是缺少富有创造力的、高增长的创业公司。创业更注重质量而不是数量。第二，初创企业可能以创造性的、非创造性的甚至破坏性的形式出现。创造性企业不仅让公司的发展更为迅速，同时也对社会产生增益效应，但是非创造性的和破坏性的创业公司不利于社会整体的发展。创业生态系统应该支持有创造力的、富有成效的、高速增长的创业公司。这需要多种因素的互动和同步支持，包括熟练的员工、可获得的技术、良好的基础设施以及专业的建议和支持，需要一个支持性的监管框架。

全球创业指数不仅衡量一个经济体的创业质量，而且将潜在支持创业生态系统的因素纳入考察范围。根据2017年全球创业指数排名发现，高质量的创业多发生于高收入欧洲地区。数据表明高收入国家往往有更好的创业生态系统，两者之间具有较高的正相关性。但是创业并不是一个国家富裕的先决条件，同样的，高收入也不足以促进企业家创业。在构建健康完善的创业生态系统上，经济结构和文化也是十分重要的因素。调查数据显示，创业和数字技术之间有很强的正相关性，例如，创立一家高成效的公司必须利用数字工具。

在许多国家，促进创业已经被提上议事日程，政策对于创业企业的支持也趋于熟练，如政府从原来的支持建立新企业到重点关注高速增长的企业，但是政府仍然不了解如何使政策更有效率。大多数创业政策仍然固守与原来的方法，专注于识别和解决市场问题和结构问题。这些方法虽然有效地解决了特定的市场和结构问题，但面对创业生态系统的复杂性，显得力不从心。不同于市场和结构问题，创业生态系统是由多个相互独立的因素构成的，政策制定者需要让各种利益相关者参与进来，并把它们作为政策制定的积极参与者和贡献者。而且，应当注意创业生态系统的独特性，在借鉴国外创业经验时，也需尽量考虑地域及经济状况的差别。

根据 2017 年《全球创业指数报告》，为创造高质量的创业生态系统，不同的创业支柱之间应相互协调。在传统的方法中，允许不同支柱之间相互替代，例如，在传统创业指标中，风险资本可以与人力资本相互替换。但为了更好地测量创业生态系统情况，一个指标不能完全地替代另一个指标，每个指标均具有自己的特殊性和独立性。全球创业指数方法有一个重要的限制，即只采用硬性数据。创业生态系统是一个复杂的体系，仅依靠硬性数据很难测量创业生态系统的软环境。为设计更为有效的创业政策，需把握软、硬两方面的数据，以期了解不同的因素如何共同促进创业生态系统的发展。在提取创业软指标方面，重要的是让代表不同创业生态系统因素的利益相关者加入政策的制定过程中。

四 具体双创指标的国际对比

通过国际创新和创业指数研究，我们发现每个指数都有各自的侧重点。由于选取的指标体系不同，测量方法不一致，得到的城市或地区的排名也会有所差别。本小节选取第二篇中国双创指数所采用的某些指标，采取与前两小节不同的考量方式，将我国的双创情况与世界其他国家进行简单的对比。

（一）我国双创资源投入持续增强

研发（R&D）活动是双创活动中重要的组成部分。R&D 经费是重要的创新资源，反映了国家或地区对双创的投入力度。近年来，我国的 R&D 经费支出①持续加大。我国 2012～2015 年的 R&D 经费和世界主要国家的对比如表 8 所示。

---

① 研发（R&D）经费支出指统计年度内全社会实际用于基础研究、应用研究和试验发展的经费支出，包括实际用于研究与试验发展活动的人员劳务费、原材料费、固定资产购建费、管理费及其他费用支出。

表8 主要国家R&D经费支出（2012～2015年）

单位：百万美元，当年价

国家\年份	2012	2013	2014	2015
中国	163148.00	191205.00	211862.00	227538.00
美国	453544.00	456977.00	479358.00	502893.00
日本	199066.00	170910.00	164924.00	144047.00
德国	101993.00	109515.00	112048.00	96697.00
法国	59809.00	62616.00	63575.00	53949.00
韩国	49225.00	54163.00	60528.00	58311.00
英国	42607.00	43528.00	50351.00	48655.00
全球	1368363.00	1395802.00	1434244.00	1384913.00

资料来源：科技部。

我国R&D经费继续保持高速增长态势。按可比价计算，2011～2015年平均增长速度达到11.5%，是全球R&D经费大国中增长最快的国家。2015年我国R&D经费总量为14169.9亿元，比上年增加1154.3亿元，增长8.9%；按当年平均汇率折算为2275.4亿美元，排名继续保持世界第2位。

与此同时，近年来，我国R&D经费投入强度继续呈现逐年上升的趋势（见图1）。2015年，我国R&D经费投入强度达到2.07%，比上年提升了

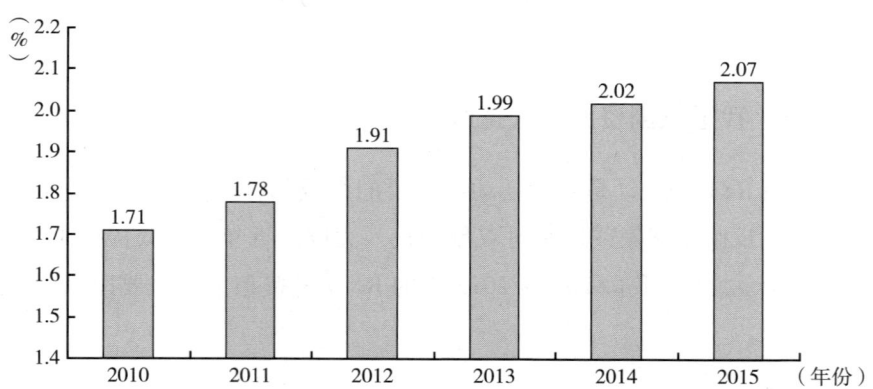

图1 我国R&D经费投入强度（2010～2015年）

资料来源：科技部。

0.05个百分点，比2010年上升0.36个百分点。我国研发投入强度已经连续两年超过2%，且呈现出稳步上升的态势。

从国际上看，目前我国研发投入强度已超过欧盟28国平均1.95%的水平，达到中等发达国家水平。其次，我国双创的人力资源也在逐年增加。如表9所示，2015年我国R&D人员总量有所增长，达到375.9万人，其中研究人员达到161.9万人，万名就业人员中研究人员为20.9人。

我国研发人力投入规模居全球首位，投入强度与发达国家的差距有所缩小。在发达国家中，美国研发队伍规模最大。据OECD统计，2014年美国研究人员全时当量为135.2万人（美国没有R&D人员数据）。中国研究人员全时当量从2010年开始超过美国，位居全球第一。中国研究人员全时当量占全球总量的比重从2009年的18.8%上升到2015年的22.6%，美国的比重则从20.5%下降到18.9%。

表9 R&D人员总量超过10万人/年的国家

国家	年份	R&D人员（万人）	万名就业人员R&D人员数（人）	研究人员（万人）	万名就业人员中研究人员数（人）
中国	2015	375.9	48.5	161.9	20.9
澳大利亚	2010	14.8	132.2	10	89.8
巴西	2010	26.7	21.7	13.9	11.3
加拿大	2013	22.7	125.6	15.9	88.2
法国	2014	41.7	152.3	26.7	97.6
德国	2015	61.4	142.5	35.8	83
意大利	2015	24.8	101.4	12.1	49.3
日本	2015	87.5	133.6	66.2	101.1
韩国	2015	44.2	170.4	35.6	137.4
荷兰	2015	12.8	146	7.7	87.6
波兰	2015	10.9	68.4	8.3	51.7
俄罗斯	2015	83.4	115.3	44.9	62.1
西班牙	2015	20.1	108.4	12.2	66.1
土耳其	2014	11.5	44.5	9	34.6
英国	2015	41.7	133.1	28.9	92.5
美国	2014	—	—	135.2	91

资料来源：OECD, Main Science and Technology Indicators 2016-2。

（二）我国知识创造能力显著增强

知识创造是创新、创业的源泉，双创的过程在一定程度上是将理论知识实践化和产业化的过程，知识创造是双创的基础。科技论文、研究成果、发明专利等指标可体现我国知识创造的规模和水平。

近年来，我国的知识创造能力显著增强。2015 年，中国发表 SCI 论文①229.68 万篇，连续 7 年排在世界第 2 位，占世界总量的 16.3%，比 2014 年提升了 1.4 个百分点（见图 2）。化学和材料科学两门学科的 SCI 论文累计量占世界份额均超过 20%。我国 SCI 论文篇均被引次数较世界平均水还有一定差距，但提升速度相对较快。2015 年我国科研人员通过国际合作产生的论文数为 7.5 万篇，比 2014 年增长 15.1%，占到我国发表论文总数的 25.4%；其中我国作者为第一作者的国际合著论文共计 52006 篇，占我国全部国际合著论文的 69.1%。

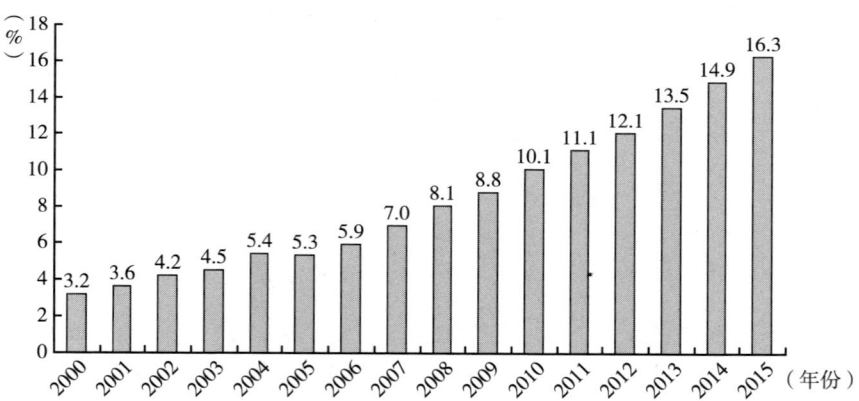

图 2　SCI 收录中国论文占世界总数的比例

资料来源：科技部。

由图 3 可见，近年来我国的知识创造能力显著增强。

---

① SCI 论文是指被 SCI（《科学引文索引》）收录的论文。

图3　我国科技成果登记数和专利授权数

资料来源：Wind。

（三）我国各类双创载体丰富

双创载体是"大众创业、万众创新"的重要组成部分。我国目前具有科技企业孵化器、大学科技园、软件产业基地和火炬计划特色产业基地等丰富多样的双创载体（见图4、图5）。

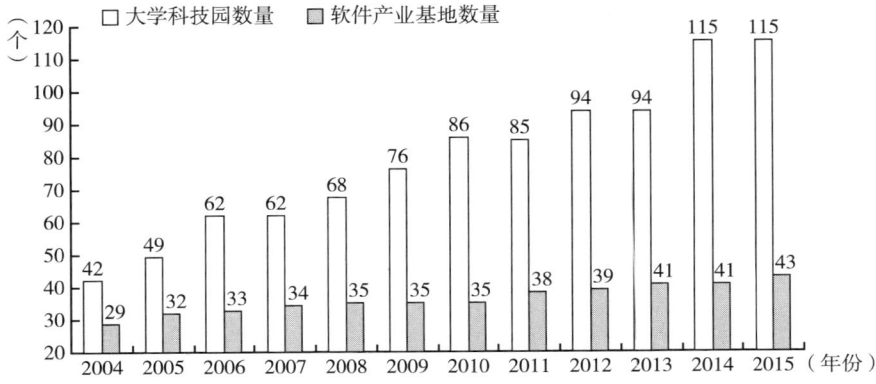

图4　大学科技园和软件产业基地数量

资料来源：Wind。

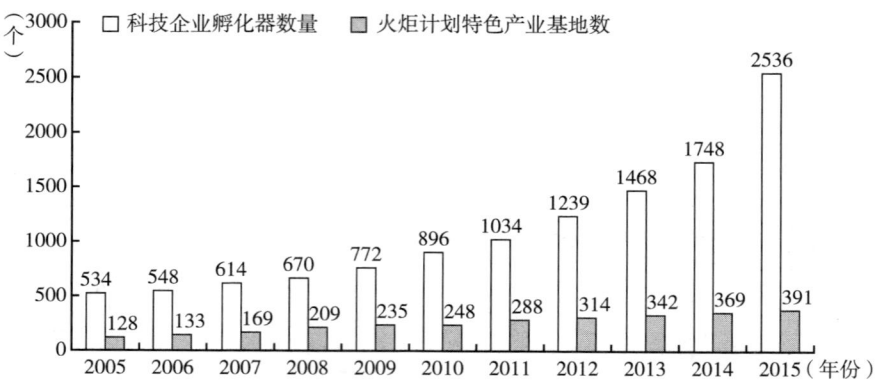

图5　科技企业孵化器和火炬计划特色产业基地数量

资料来源：Wind。

我国各类双创载体丰富，且均保持增长趋势。2005年以来，我国各类科技活动载体均保持增长态势，2015年大学科技园数量达到115个，软件产业基地数量达到43个，火炬计划特色产业基地数达到391个，科技企业孵化器数量达到2536个。

与此同时，截至2015年底，146家高新区内共有科技企业孵化器1354家，其中国家级369家，总面积达1821.9万平方米；科技企业加速器371家，面积达3311.6万平方米。国家级科技企业孵化器内共有在孵企业32895家，其中当年新增8871家，累计毕业企业32674家。高新区共拥有1021家众创空间，其中在科技部备案的为221家。高新区创业、创新活动空前活跃，是双创发展的重要组成部分。

国际上双创指数为各地区增强创新活力、加强创业生态系统构建提供了可供参考的对象。便于各经济体衡量自身的创业、创新能力，在注意到地区及经济发展差异的同时，借鉴其他地区的创业、创新发展策略。中国在"大众创业、万众创新"的号召下，创业、创新能力得到大幅提升，但仍存在较大的提升空间。需在维持现有优势的同时，对比其他经济体，改进自身的不足。

B.11
国际创新中心城市发展新趋势

于潇 张静云*

摘　要： 本报告重点关注国际创新中心城市的发展新趋势，分别研究了美国硅谷、美国奥斯汀、以色列特拉维夫、德国巴登-符腾堡、日本东京5个地区，并从科技发展现状、研发创新、区域发展一体化3个维度把握国际双创发展趋势。从国际创新中心城市的发展情况来看，创业、创新活动有显著的集聚强化趋势，处于国际领先的创新中心，人才、资本等各种资源持续集聚，创新绩效更加突出。

关键词： 国际创新中心　案例研究　创新趋势

一　硅谷创新新趋势

(一)美国硅谷发展经验

1. 硅谷科技发展

美国硅谷是公认的高新技术发展的领跑者，引领世界科技发展的一流科技创新中心。硅谷依托斯坦福大学等知名高校起步，利用全球人才和资本，营造有利于创业、创新的生态环境和国际大型企业发展的产业生态，逐步成

---

* 于潇，经济学博士，中央民族大学生命与环境科学学院讲师，主要研究方向为土地资源管理；张静云，深圳市实维经济咨询有限公司研究员，主要研究领域为创新创业、产业政策。

长为在软件、生物、互联网、绿色科技等领域领先全球的综合性科技创新中心。

硅谷范围包括圣克拉拉县、圣马特奥县、阿拉米达县、圣克鲁兹县的40个市区，总面积约4800平方公里。2015年硅谷基本信息如表1所示。硅谷已经形成了"智力和高技术高度密集+技术企业家（技术发明家和创业企业家一体）+知识型风险投资"的硅谷模式。

表1 硅谷基本信息（2015年）

人口	300万
面积	约4800平方公里
地区生产总值	核心区2356亿美元
人均收入	12.22万美元

资料来源：《硅谷指数2016》。

（1）国际评价

硅谷在2000年《有线》杂志评选的46个全球科技创新中心中排名第1；在Compass发布的《全球城市创业生态系统报告2015》中排名第1，其中绩效、资本、人才和创业4个方面均列全球第1；在2015年2thinknow全球创新城市排名中位列第2。美国个人理财网站Nerd Wallet从千人居民拥有专利数量、人均风投融资金额和初创公司聚集密度3个方面对全美十大科技创新中心进行评分，硅谷位列第1。

（2）创新要素

硅谷集中了美国高等教育阶段知名的私立学校和公立学校的分校，其中世界大学100强有3所（含2所分校），GDP占美国的5%，企业并购数量占美国的7%，PCT专利量占美国的13.4%，风险投资占美国的42%。中硅谷加州大学伯克利分校和斯坦福大学的诺贝尔奖获得者高达31名和18名。1901~2014年国际科技创新中心城市诺贝尔奖人数如表2所示。

表2 1901～2014年国际科技创新中心城市诺贝尔奖人数情况

城市	诺贝尔自然科学奖	诺贝尔经济学奖
硅谷	32	8
伦敦	90	13
纽约	83	22
波士顿	69	24
慕尼黑	34	—
东京	5	—

注：美国的城市均为大都市区。

硅谷是国家级实验室集中的地区，集中了能源、计算机科学、生命健康科学、新材料、高能物理等领域的实验室（见表3）。

表3 硅谷和洛杉矶研究型大学的部分国家实验室情况

城市	实验室	成立原因	研究方向
硅谷	直线加速器中心	高能物理研究	高能物理、粒子物理
	劳伦斯伯克利实验室	回旋加速器研究	高级材料研究、生命科学研究、能源效率、回旋加速器
	洛斯阿拉莫斯实验室	核武器研究	数学和计算机科学、生物学、地球科学
	劳伦斯利佛莫实验室	核武器研究	生命科学与健康保护、能源与环境、国家安全
洛杉矶	喷气推进实验室	导弹推进技术研究	星际探索、地球科学、天体物理、通信工程

资料来源：杜德斌（2015），第97页，课题组整理。

具备国际技能的人才是硅谷创业、创新的中坚力量。在硅谷，外国出生的居民占人口总数的37.4%，就业人群中外国出生的居民比重高达45.9%。最为紧缺和新兴的产业是外国居民就业最为集中的地方，如计算机和数学专业的就业者中的67.3%，建筑和工程专业的就业者中的60.9%，医药服务和金融服务就业者中的41%，都是外国出生的居民[1]。

（3）发明专利

硅谷的专利经历了数量增长的时代，已经进入质量增长的时代。2010

---

[1] 资料来源：《硅谷指数2016》。

年，硅谷万人PCT专利数为5.43项，专利申请量占美国专利申请总量的13%。国际合作研发是硅谷创新的典型特点，长期以来，硅谷合作专利约占全部专利申请量的3/4。2002~2010年硅谷创新成果如表4所示。

表4　2002~2010年硅谷创新成果（专利）情况

单位：项，%

项目＼年份	2002	2003	2004	2005	2006	2007	2008	2009	2010
万人PCT专利数	5.03	5.30	5.66	6.01	6.75	6.63	5.77	5.66	5.43
专利申请量	4676	4943	5281	5632	6352	6294	5536	5492	5335
占美国专利申请总量的比重	11.7	11.8	11.6	11.4	12.1	12.6	12.7	13.1	13.0
合作专利	3480	3634	3828	4098	4613	4657	4209	4251	4048
占全部专利比重	74.4	73.5	72.5	72.8	72.6	74.0	76.0	77.4	75.9

（4）企业总部

2013年，美国入选的132家世界500强企业中，只有2家在硅谷（苹果和惠普）①，硅谷拥有全球最具活力的中小企业总部集群。硅谷每年新创办的企业数量在5万家左右。

2. 硅谷研发创新国际化

（1）实施技术移民政策，招揽全球人才

硅谷拥有巨大的高素质人才池，包括技术移民。在硅谷的创新者群体中，有相当大一部分是来自外国的技术移民。由硅谷技术移民创建并经营的企业占美国硅谷全部高科技企业的1/3②。

硅谷通过吸引外国留学生有效解决了科技人才供求难题。硅谷快速形成并发展的1960~1980年，大量科技行业和工作岗位应运而生，科技人才成为制约经济发展的瓶颈，美国实施了吸引国际留学生并鼓励其留美就业的政策。研究表明，1977年美国博士后研究人员中的32%为外国出生

---

① http://www.wtoutiao.com/a/119058.html。
② 冯兴元：《硅谷为什么成为全球创新中心》，《经济观察报》2014年8月5日。

的博士后①；到2007年，美国计算机领域的博士50%以上是外国人，美国硅谷的高级工程师和科研人员中33%以上是外国人②。旅美留学生人数增长为美国提供了潜在的人才资源，且由于留学生来自多个不同国家，为美国经济、教育和科技发展提供了难得的多文化发展土壤。即使学成回国的留学生，日后也成为促进双边贸易的桥梁，成为文化和社会关系的重要使者③。

美国通过调整移民法中的劳工计划满足对不同专业领域的技术人才的需求。1998年《美国竞争力和劳工改善法》和2000年《21世纪美国竞争力法》均规定增加信息技术等签证限额。技术移民在职业上被分为3类考虑④。2016年移民新政中，政策利好重点向职业移民和创业移民倾斜，美国移民局公布消息称移民创业者可以按"国家利益豁免"，符合条件的外国人甚至不必得到工作机会或有美国雇主，就可自行直接申请绿卡。简化程序和增加人才绿色通道，对跨国公司主管和经理实行加急处理程序，并缩短审批时间。

研究表明，美国的技术移民和国际留学生政策，为美国节省了学士学位10万美元/人、硕士学位5万美元/人、博士学位至少5万美元/人的教育和培训费用，美国只需要花费较少的成本就可以在全世界招揽紧缺的高端技术人才。

（2）鼓励服务创新，构建创新生态体系

硅谷构建了全方位的创新服务体系。政府在新兴产业发展的早期阶段起到了关键的作用。硅谷虽然不是政府计划的产物，但政府采购和对企业低息

---

① 梁茂信：《1950~1980年外国留学生移民美国的趋势分析》，《世界历史》2011年第1期。
② 李其荣：《发达国家技术移民政策及其影响——以美国和加拿大为例》，《史学集刊》2007年第2期。
③ 李国强：《德国研究表明外国留学生带来的经济利益毋庸置疑》，《世界教育信息》2014年第6期。
④ 第一类包括具有特殊才能的人、在研究领域取得杰出成就的研究人员、跨国公司主管和经理；第二类包括获得高等学位的专业人员，尤其是知识型服务专业技术人员；第三类包括没有获得高等学位的专业人员、技术人员和非技术人员。参见李其荣《发达国家技术移民政策及其影响——以美国和加拿大为例》，《史学集刊》2007年第2期。

贷款的政策，对硅谷发展起到了重要作用。无论是早期对半导体的采购，还是互联网初期政府对互联网公司的项目投资，都为一批行业先锋企业提供了成长的机会。

创新中介服务机构有效助力硅谷创新起飞。硅谷是高科技技术创新和发展的领跑者，全美 600 多家风险投资企业中近半数将总部设在硅谷，风险投资占全美风险投资总额的 1/3 强。硅谷聚集了美国一半左右的猎头公司，这些猎头不断盯向优秀人才，激活了人才市场。大量的创业展示、竞赛、交流活动在旧金山每晚举行。"Unshackled"（除去枷锁）的基金，它既接受股权，又将企业创始人聘请为员工，让他们在创办公司时得以保留工作签证①。旧金山建设"创业轮船"，为那些短期签证持有者（180 天内必须离境一次的）在旧金山解决创业问题，对创业公司给予大量的税收优惠。在硅谷，发明者有了好的创意或技术，从资金筹集、营业执照申请财务管理、公司战略咨询到公司上市，都会有各种专业公司来帮助运作，像用专业设备和流水线生产企业一样。

知识产权保护和知识分配公正，激励创新主体。美国 1790 年发布《专利商标法》，进一步颁布《版权法》《反不正当竞争法》《小企业投资法》《拜杜法案》，建立完整的知识产权保护法律体系。政府成立小企业投资基金，为小企业提供风险投资和发放贷款；对 R&D 实施税收优惠政策。为了让西海岸企业家更加接近政府监管机构和教育目标，美国专利和商标办公室将在硅谷设立一个永久的办公室。

放开社会组织，社会创新力量加速崛起。发挥社会组织的职能和作用，充分鼓励自下而上组建大量社会组织。政府不能作为社会力量的包办方，不能充当社会发展的润滑剂，否则不仅会力不从心，而且会阻碍社会力量的崛起。美国硅谷和纽约等地都鼓励成立各种商业协会和社会服务组织，打造开放的创新文化环境。

---

① 莎拉·米西金：《美国基金为外籍创业者解决签证难题》，英国《金融时报》2014 年 11 月 14 日。转自 FT 中文网：http：//www.ftchinese.com/story/001059130。

(3) 汇聚世界一流风投，激发创新活力

全球科技创新中心都是风险资本十分发达的城市。风险投资是"知识+科技+资本"的综合性资本，具有市场筛选功能、企业培育功能、风险分散功能、产业导向功能，在企业、科研机构、市场等的互动关系中扮演着关键角色。硅谷成为全球科技创新中心的重要原因就是它集技术与风险资本于一体。硅谷集聚了一批初创型科技企业、企业孵化器和风险投资公司，形成了具有全球资源配置能力的风险投资市场。

美国过去几十年通过提供数十亿美元的税收优惠和财政补贴发展风险投资。在国际科技创新城市中，硅谷占全球风险投资的24.3%，意味着全球约1/4的风险投资集中于硅谷。2002～2015年硅谷的风险资本投资领域分布如图1所示。

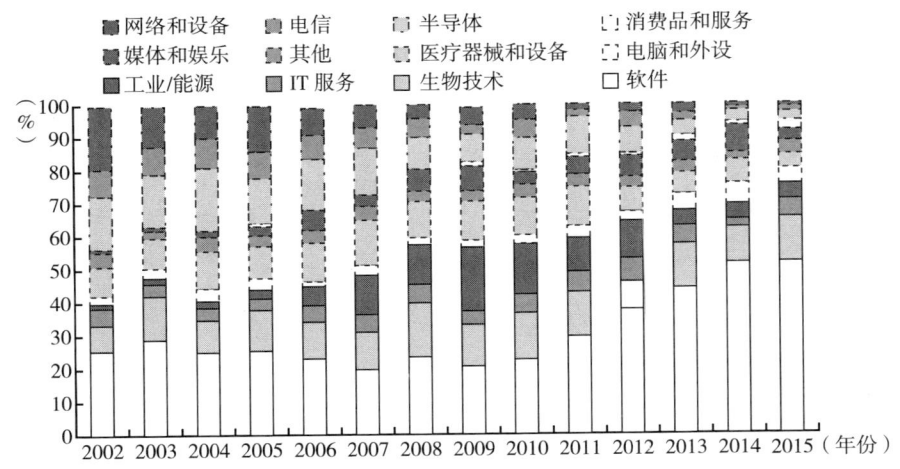

图1　风险资本投资领域变化情况（2002～2015年）

美国大学与风险投资的高效对接是硅谷成功的重要因素[①]。资本利得税也对风险投资具有重要影响。1979～1982年，美国对资本利得税制进行了

---

① 从风险资本来源看，美国的养老基金是风险投资的最大资金来源。过去20年，美国和欧洲都在不断调整监管制度和会计标准，有利于养老基金注入风险投资领域。

一系列改革，将税率从35%降至20%，并对持有公司资产价值5000万美元以下且持有期大于等于5年的投资者，当其出售股份时采用14%的实际税率。同时改革股票期权制度和员工兼职持股计划等公司管理制度，激励科技人员创新。

3. 硅谷区域创新一体化

严格意义上，硅谷并没有一个明确的区域创新一体化的政府规划，而是通过市场行为自发形成区域创新一体化，政府在其中扮演了为创新打造发展环境和平台的角色。

区域创新分工是一体化的前提。硅谷从南往北，依次分布了不同技术发展时代的产业，各个城市具有相对差异化的分工，同时构成了一个联动演化的创新网络。硅谷核心区是硬件时代的老硅谷，MountainView 和 PaloAlto 属于前沿技术、数据和产品的世界，Redwood City 和 San Mateo 以下一代内容创造著称，San Francisco 则更强调技术产品与商业和人文交融，强调人与产品互动，强调社交和体验（见表5）。

表5　硅谷主要城市的创新特征

城市	主要大型企业和机构	特征
San Jose/Santa Clara	Sun, Inter, Nvidia, Sisco, eBay, Adobe, WebEx	半导体芯片和网络设备公司
Sunnyvale/Cupertino	Yahoo, AMD, Plugand Play	大公司多，创业公司少，租金较低
Mountain View	Google, Combinator, Evennote, Lytro, Symentec, Linkedin	互联网公司集聚区
Palo Alto	HP, Facebook, Box, Flipboard, Pulse, Waze	斯坦福大学所在地，租金昂贵，创业活动最多的地区
Menlo Park	Facebook	VC 城镇
Red Wood City/San Mateo/Millbrae	Oracle, Zynga, Rock You, Kabam, EA	社交游戏公司等下一代内容创造相关公司
San Francisco	Salesforce, Twitter, Zynga, Instagram, Dropbox, Square, Yammer	创业展示、竞赛、交流活动在旧金山每晚举行，旧金山融入硅谷生态圈

硅谷的创新模式不断传递：小公司挨着大学，获取高技能劳动者的成本比较低；小公司挨着大公司，获取有经验的创始人和创业团队的成本低；小公司通过网络社区接近客户并快速反应，获取客户渠道的成本低。

硅谷还通过立法促进区域内要素自由流动。加州以立法的形式鼓励员工自由流动，阻止企业签订竞业禁止协议，开放的产业生态，加速了各地区之间的人才流通和技术传播。

社会组织的发展也为硅谷的区域创新一体化提供了有力支持。硅谷互联体（Joint Venture：Silicon Valley Network）于 1995 年成立，是一个非营利组织，由商业、政府、教育机构和社团等的领导人组成，共同研讨和解决影响整个区域的问题。联合体的目的是促使所有硅谷的人能够从新经济中获得成功。自 1995 年以来，该组织每年发布《硅谷指数》，为硅谷的发展提供决策参考。

二 特拉维夫创新新趋势

（一）特拉维夫科技发展简介

特拉维夫 - 雅法（TelAviv-Yafo），简称为特拉维夫，是以色列第二大城市。以色列是世界上经济、军事、科技最发达的国家之一。2012 年，以色列 GDP 约 2409 亿美元，人均 GDP 约 3.1 万美元。以色列高新技术产业发展尤为引人瞩目，在电子、通信、计算机软件、医疗器械、生物技术工程、农业以及航空等方面拥有先进的技术和优势。全球顶尖企业，包括英特尔、IBM、微软、惠普、雅虎、谷歌、Sun 在以色列都设有研发中心。由于以色列的能源及矿产资源贫乏，劳动力成本较高，因此其长期致力于发展能耗低的资本密集型和技术密集型产业。由于注重对科技研发的投入，以色列的重点产业均达到世界尖端水平。根据 2011 年以色列中央统计局（CBS）资料，在面积 50 平方公里的特拉维夫市范围内，人口有 40 万。以

双创蓝皮书

特拉维夫为中心的城市群，包括巴特亚姆、霍隆、拉马特甘、佩塔提克瓦、里雄莱锡安、拉马特沙龙、赫兹利亚等城市，整个特拉维夫都市群人口约为310万。特拉维夫都市群目前是以色列最大的都会区，是人口最稠密的地带，也是以色列的经济枢纽。特拉维夫被认为已出现了成为世界级城市的趋势，并被列为中东生活费用最昂贵的大城市。今天，特拉维夫被认为是以色列最为国际化的经济中心，以及所谓"硅溪"（Silicon Wadi）地区的心脏。

特拉维夫是以色列经济最发达的城市，被《新闻周刊》称作"世界十大最具影响力的高科技城市"之一和"小型洛杉矶"。事实上，特拉维夫都市区高度集中了以色列大部分的高科技产业。1974年，英特尔公司在以色列建立的第一个海外研究与发展机构就在特拉维夫；到20世纪90年代，特拉维夫已经享有科学与技术研究中心的声誉。在特拉维夫，创新已经不再属于企业层面，而是与政府的经济治理相融合。特拉维夫正在引领一种创新的经济生态制度。

（二）特拉维夫研发创新国际化

特拉维夫的成功奥秘，需要从两个层次予以解读。第一个层次为国家层次，即整个国家的环境基础。第二个层次是特拉维夫城市创新系统的运作模式和具体策略。从国家环境的角度，立足本土、重视周边、面向世界，积极通过资本、人才等生产要素国际化实现研发创新的国际化，是特拉维夫的一个重要特征。以色列的国家宏观环境与文化基因对整个国家科技创新国际化的积极影响可以概括为多个方面。

1. 军事威胁与地缘政治背景下的国际合作

以色列与周边国家之间自建国以来就矛盾不断，这种恶劣的社会环境，使得国家安全和完整的概念深入内心，以政治、军事手段保护本国成为必需。以色列投入大量资本进行军工技术的研发，主要表现为材料、通信、电子、医疗等领域。这些研究成果一部分应用到最前沿的军事国防领域，另一部分则进行民用化改造，这一方面改善了国民生活，另一方面也为军事投入带来了部分收益补偿。以色列的创新活力之一在于注重军用与民用之间的界限与交集,重视两者之间的联系和转化。

2. 政府研发投入与国际金融系统支持

从1999年到2010年的10年间,以色列的研发支出占GDP的比重超过以科技著称的美国、日本和德国,居于世界首位,2010年后被韩国赶超。以色列注重计算机软硬件技术创新、通信科技创新以及生物医药创新。以色列有大量的初创企业(种子阶段的企业和研发阶段的企业),这些企业的产生一方面源于政府的各类资金支持,另一方面源于以色列成熟、活跃而庞大的风险资本市场。根据美国中央情报局的相关统计,以色列2008年的人均风险投资达到270美元,大约是美国的2.5倍,英国的5.5倍,中国的50多倍。其中最为关键的是来自国际金融资本尤其是风投对以色列创新研发的支持。不能忽视的是,以色列的主体民族犹太人本身就分布在全球,而国际金融系统中犹太人占有较大的比重,这也是特拉维夫在研发、创新和开拓等阶段能够获得很大比重的国际金融支持的重要原因。

3. 传统的开放性视野与企业家精神与教育

军旅磨炼不仅让每一代以色列人掌握了基本的军工科技,还培养了其创新的本能和欲望。根据以色列风险投资研究中心统计,以2009年为例,以色列每年的初创企业达到3850家,大约每1844个以色列人中间就有一个人在创业。

以色列的教育对创新的影响也表现明显。以色列传统观念认为学习是一种对知识的信仰,新观念是改变世界的根本。在学校教育方面,以色列特别强调学生提出问题和解决问题以及吸收先进文化的能力,高校多以顶尖科学家领衔安排各类科研教育,行政干预较少。同时,在大约800万人中,2011~2012学年度以色列大约有226000人拥有学士学位,54000人拥有硕士学位,10600人拥有博士学位,其中绝大部分具有对外交流学习的经历,硕士、博士中90%有国外学习和科研的经历,甚至40%的学历从美国等国家获得。这样的全国性人口教育结构,给以色列的科技创新提供

高素质劳动力。

（4）犹太人的世界联系与回归

犹太人分布于世界各地；犹太人具有非常成功的社会地位，特别是在金融、科研领域；犹太人注重归属。这三者集于一身就为以色列的创新提供了巨大支持。犹太人（主要为顶尖科学家）与世界各类前沿研究机构的紧密联系，使得他们掌握了各类科学前沿，特别是在自然科学和工程学领域。这些人群大大促进了以色列与世界的科技交换与信息交换。以色列与国外的合作研究较多。据统计，大约96%的以色列作家撰写的科学出版物都是与国外科学家合作的。而犹太人在金融领域的巨大成功，为他们在以色列进行风险投资提供了资本和理由。

（三）特拉维夫区域创新一体化

创新在特拉维夫已经不再属于企业层面，而是与政府的经济治理相融合，从企业创新、区域创新开始，逐渐集聚并演化成为一种创新经济生态制度。

2014年，以色列有3389家创新企业登记注册，特拉维夫就有972家。2012～2014年，特拉维夫创新企业的数量增加了40%，同时，跨国公司在特拉维夫设立的研发中心从34家增加到49家。同期，各种创新中心、公共工作空间、加速孵化器的数量也从21家增加到50家。在特拉维夫，逐渐形成了互联网、通信、信息技术与软件和生命科学4个主要的产业集群。从初创企业融资金额的领域看，互联网、通信、信息技术与软件以及生命科学分别占47%、18.4%、19.3%和10.8%。很多国际投资人关心的高科技项目投资金额也是年年创新高。2010～2013年，高科技创新企业投资退出的成交金额总额为33.9亿美元，逐年成交金额分别为3.4亿美元、9.7亿美元、5.5亿美元和15.1亿美元。

在企业家层面，以色列本土的企业家有计划、有步骤地应用大数据技术，把以色列与特拉维夫的城市建设进行开放的"智能化管理"，这对于创新的城市经济生态的未来而言是意义深远的。在政府层面，特拉维夫市政府运作各种项目，大到举办内容丰富的创新节，为顶尖科技人才、知名风险投资机构、各产业界的领导者、寻求创业的"探路者"提供一个开放的交流平台，小到利用图书馆为初期创业者提供免费办公场所及各项设施。正是企业和政府的有效协作，使特拉维夫在很短的时间内迅速崛起并形成良好的研发创新创业的生态机制，所以说"以色列是一个创业的国度"，"特拉维夫是一个创业的城市"。本质上，一个创业的国度的核心基础是一个创业的经济生态体制。

三　巴登－符腾堡创新新趋势

（一）巴登－符腾堡科技发展

巴登－符腾堡（Baden－Wurttemberg）是德国西南部的一个联邦州，总面积35752平方公里，是德国的人口第三大州和面积第三大州，州首府位于斯图加特，人口1100万左右，是目前欧盟区域创新指数排行榜上位列第一的地区。该州人口规模尚不及广州和深圳，但已是德国经济最发达的州。该州工业兴起较晚，近30年发展迅速。以加工工业为主，且以中小型占优势，主要有机械、汽车、电子、化学、精密仪器等部门。钟表业占德国4/5强。畜牧业以养牛为主，河谷低地盛产葡萄。主要城市有斯图加特、海德堡、曼海姆、卡尔斯鲁厄等。

巴登—符腾堡的产业发展历程，参照其他城市的发展线，可大致分为以下若干阶段。

第一阶段：20世纪初，逐步完成工业化，偏重钟表等轻工业。

第二阶段：20世纪初至20世纪60年代，重工业化阶段，汽车工业尤其强大。

第三阶段：20世纪70~80年代，在原有产业基础上的精细化发展阶段，逐渐转型设计与创新。

第四阶段：20世纪90年代，互联网时代来临，多元化创新集群发展。

第五阶段：21世纪以来，基于科技中介、高等教育的发散式、开放式创新体系。

在顺序承接的5个发展阶段中，以创新的政策引导、驱动和激励为入口，逐步在产业、经济、区域发展的过程中形成了众多分散型创新节点，具体表现为各大城市人口并不特别庞大，但城市群的分散城市都具有创新中心，其集聚形态并不强调地理，而偏重创新合作与产业协作。

（二）巴登-符腾堡研发创新国际化

1. 基于企业的研发创新国际化

德国从20世纪60年代起开始注重企业技术研究与开发的国际化，90年代面对飞速发展的新技术革命挑战和蓬勃兴起的经济全球化浪潮，跨国公司不惜投入巨资，积极推进科研开发。通过从事跨国科研开发，一些大型企业迅速提高了自身的科技水平和国际竞争力，这对于产业结构的优化调整以及整体经济的稳定增长都将产生重大影响。

德国一些颇具实力的大型跨国企业在生产国际化水平不断提高的基础上，逐渐弱化以母国为技术研究与开发中心的传统布局，充分利用世界不同国家在人才、科技以及科研基础设施上的比较优势，在全球范围内有组织、有计划地设立科研开发机构，进行以新产品、新工艺、新材料的研制为主的技术创新活动，从而促使德国跨国企业的科研开发从"母国化"逐步走向国际化、全球化。

一些经营高度国际化的著名跨国企业集中在巴登-符腾堡，如大众汽车公司，巴伐利亚发动机厂（BMW），戴姆勒-奔驰股份公司，赫希斯特、拜耳和巴斯夫三大化学股份公司，西门子电气股份公司，费巴能源化工股份公司和博施电气集团等，已在世界各地设有研究与开发机构。近年来，无论是在对外科研投资的规模和范围上，还是在东道国申请专利的数量上，德国跨国企业都取得了重大的进展。这些科研机构及时准确地将世界科技发展的最新动向和消费市场行情反馈回母国，为企业今后的科研和生产提供了重要信息。

跨国企业科研开发国际化有 3 种主要形式：实施跨国购并、组建跨国战略联盟和建立海外技术研究与开发中心。例如，德国戴姆勒-奔驰公司同日本三菱集团先后签署 6 项合作协定，共同研制新的汽车控制系统和电子控制驱动装置。1992 年，德国西门子公司同美国 IBM 公司和日本东芝公司达成协议，联合开发动态随机存取存储器，以便综合运用三方的技术优势，加快新产品的开发。组建跨国战略联盟，大型企业可以聚集更多的技术创新资源，分摊技术创新的巨额投资和潜在风险，缩短技术创新的周期，提高技术创新的成功率。因此，组建跨国战略联盟为企业调整和优化产业结构、加速技术升级换代开辟了新出路。建立海外技术研究与开发中心的案例也比较丰富，例如 20 世纪末，拜耳公司投资 1.3 亿美元用于扩建美国纽黑文的研究中心，目前在这个中心工作的员工已达 600 人。1995 年，德国戴姆勒-奔驰公司在美国加利福尼亚的帕洛阿尔托建立了一个显微与信息技术研究中心。一般来说，这一类的研究中心大多设立在东道国著名的大学附近，尤其是工科大学以及某些高技术研究机构的周围，或者直接建立在国外的高技术工业园区内，以便充分利用东道国的科技资源，迅速吸收高校和科研机构的最新技术成果，为本国投资企业的发展服务。

2. 基于设施共享的研发创新国际化

共享科学设施模式也是推进创新国际化的一个重要渠道。该模式是鉴于校研机构双方在科学基础设施方面存在明显差距而推行的校研合作基础形式。最具影响力的例子是巴登-符腾堡基于大型研究基础设施协同的亥姆霍兹联合会，每年吸引德国和世界各地 6000 多名科学家使用。共享科学基础设施使研究机构加入高校更广泛的学科研究，并与年轻科学家建立联系。高校则完成耗资巨大、成果显著的研究项目以提高知名度，并创造毕业生在研究机构工作的机会。双方基于大型设备免费使用而实现成果共享，扩大了协同创新网络的广度，并促进了双方合作研究与交流深化。共享设施既是驱动协同的基础，又是推进校研协同的动力。

20 世纪 80 年代马普学会利用自己的影响力加强与高校的协同，联合创建马普国际研究院培养青年科学家。目前，学会30多个研究所与伙伴大学共同建立60多个国际研究院，担负4000多名博士生的指导任务，且65%的博士生来自国外。在这些以跨学科研究为主的马普国际研究院，学位的授予权属于高校，马普学会则为博士生的培养提供人力和物力支持。基于马普国际研究院的合作，马普学会成功地争取到了急需的边攻读博士学位边做科研的杰出青年科研人才。特别是国外的青年科技人才不断地流入，将世界的知识和经验带入，满足了马普学会不断创新的要求。高校则成功地借助马普学会的国际影响力提升了自身的国际知名度和竞争力。

（三）巴登 - 符腾堡区域创新一体化

巴登 - 符腾堡的科技中介是有效整合区域创新资源、实现区域创新一体化的重要力量。巴登 - 符腾堡集中了众多的高校和研究机构，中小企业密集，科技中介服务机构活跃，技术交流频繁，技术扩散的外部环境条件十分优越。此外，该地区的技术转让、成果转化和商业化水平较高，拥有世界著名的科技中介服务机构，如史太白基金会（Steinbeis Foundation for Economic Promotion，STW）、弗劳恩霍夫应用研究促进协会（FhG）、德国工业研究联合会（AiF）和德国工程师协会（VDI）等。目前该基金会在巴登 - 符腾堡地区建立了300多家技术转让中心，占德国的60%，这些技术转让中心在科技成果转化中发挥重要作用。

巴登 - 符腾堡地区旺盛的技术扩散活动，在很大程度上得益于区内史太白基金会、弗劳恩霍夫应用研究促进协会等科技中介机构。在巴登 - 符腾堡地区的技术转移中心已形成了一个较为完整的技术扩散网络。以斯图加特的史太白基金会总部为中心，遍布巴登 - 符腾堡地区的300多个技术转让中心共同构成了区域技术扩散网络。这个网络架设了该地区智力资源与大量中小企业之间联系的桥梁，推动了高校和科研机构技术创新成果的商业化，满足了巴登 - 符腾堡地区中小企业对新技术的需求，促进了区域技术扩散和技术创新活动的开展。

四 东京创新新趋势

（一）东京科技发展

东京是日本的首都，全国政治、经济、文化中心①。东京都市圈利用产业转移，面向全球市场，逐步转型为以知识生产、创意设计、科技金融服务等为突出优势的创新型城市群。东京集中了日本约30%的高等院校和40%的大学生，拥有全日本1/3的研究和文化机构，GDP占日本的18%，创新资源丰富，带动力强。2015年东京基本信息如表6所示。

表6 东京基本信息（2015年）

人口	1350.73万
面积	东京都2188平方公里，都市圈13400平方公里
地区生产总值	7675亿美元
人均GDP	5.69万美元

以东京都为核心的日本东京都市圈，从二战后的传统工业城市群逐步转变为现代化的特大型都市经济圈，树立了独具一格的"东京模式"——"工业（集群）+研发（基地）+政府（立法）"深度融合，使得东京圈成为制造业基地、金融中心、信息中心、航运中心、科研和文化教育中心及人才高地。

---

① 由于东京城市空间不断向周边扩张，形成不同层次的巨型都市圈，因而衍生出多种东京概念，需要首先加以明确。东京都：行政区划意义上的东京都是日本一级行政区47个都道府县中的一都，总面积约2188平方公里，人口1316万。东京都辖23个特别区、26个市、5个町和8个村。东京圈：从东京都向外扩张，半径50~70公里同心圆范围内的区域，相当于东京的近郊通勤圈，受东京的辐射影响最为强烈，通常包括一都三县（东京都、神奈川县、埼玉县和千叶县），相当于日本的南关东。首都圈：东京圈之外，包括外围的茨城、群马、栃木、山梨四县。

1. 国际评价

东京在2thinknow全球创新城市排名中位列第10。

在毕马威发布的《2015年全球科技创新调研》（2015 Global Technology Innovation Survey）中，东京位居榜首。

2. 发明专利

如表7所示，东京是日本国内独一无二的超级科技创新中心，专利申请量占日本全国专利申请量的比重在35%左右。东京在发明专利申请数量上高于硅谷。例如，2008年东京专利申请数量为8727件，而同年硅谷专利申请量为5536件。

表7　2000~2008年东京专利情况

单位：件，%

项目＼年份	2000	2001	2002	2003	2004	2005	2006	2007	2008
万人PCT专利数	1.28	1.45	1.69	1.86	2.1	2.35	2.57	2.71	2.53
专利申请量	4185	4797	5604	6217	7050	7922	8754	9289	8727
占日本百分比	38.41	38.58	37.63	32.13	29.15	30.31	32.76	34.11	34.34

3. 企业总部

东京拥有大量跨国公司总部，具有强大的整合全球创新资源的能力。2014年，东京拥有47家世界500强企业总部，居全球第2位。

（二）东京研发创新国际化

国际化是东京20世纪80年代着力解决的重点问题。进入21世纪，东京已经发展成为世界城市，对外资企业具有很大的吸引力。2007年，对日本投资的外资企业有3/4（2474家）集中于东京都，若将神奈川、埼玉、千叶三县包括进来，则东京圈集中了来日本投资的外资企业的85%。

1. 以国际化思路主导城市发展

东京的国际化政策重点强调为外国人提供良好的社会环境和综合服务，为提高城市的创新能力和进一步开拓国际市场创造条件。

加强姊妹友好城市交流，包括政府首脑和各部门以及民间组织的交流。召开各种国际会议，共同研讨解决大城市问题。在财政和设施上支持民间组织开展活动，在资金、场所和住宿上支持学校和企业接受公费、自费留学生以及技能研修生。举行定期或不定期的书画展、足球赛等活动。

在城市自身建设方面，努力创造与外国人共存的工作和社会生活环境，如统一、规范各公共场所的外文名称和标识，并设立专门机构为外国人提供服务；制定可靠的防灾、防范和交通安全对策；考虑研究外籍居民的参政权和招收外籍公务员；对公务员进行外语培训，加强外语出版物的编制与发行，为外国人提供各种信息咨询服务；为外国人设立日语培训学校和国际学校；在医疗、就业和住宅等方面采取综合对策，保护和尊重不同种族居民的人权和习惯，支持外籍居民的母语教育和文化传统继承；为市民、民间组织和学校提供各种交流的机会、场所和援助；建设各种国际交流设施。

集中财力提高城市基础设施特别是交通通信能力，使其更加便捷、舒适和安全，为充分发挥国际功能提供必要的设施保证；强化城市的管理和文化功能，塑造独特的城市景观和风貌，促进旅游业的发展，提高城市综合国际服务能力，保持独特的城市魅力和吸引力；在信息、政策和服务上支持中小企业的国际化发展，加强其在国际市场的竞争能力，优化产业功能；召开各种国际会议，举行各种活动，加强国际文化、艺术和学术交流活动，提高城市的创新能力。

2. 以专项基金保障国际交流合作

根据"出钱不出面"的原则，东京都在20世纪80年代先后成立东京都文化振兴会和国际交流财团，并于日本泡沫经济高峰时的1988年设立了东京都国际和平文化交流基金（基本金200亿日元），以基金的年息支付交流项目的费用以及资助民间机构和市民的国际交流活动。东京都许多区、市、盯、村也根据自身情况设立相应的基金，用于国际化项目的推进实施。在"大纲"的编制过程中，东京都政府注重调查研究和决策的科学性、民主性。

（三）东京区域创新一体化

1. 打造京滨工业区

日本通过制定合理的产业政策和充分重视科技创新，使以京滨、京叶工业区为核心的东京湾沿岸成为日本经济最发达、工业最密集的区域，京滨、京叶两大工业地带宽仅6公里左右，长100公里左右，而工业产值却占全日本的40%，GDP占全日本的26%，成为以汽车、精密机床、电子产品、钢铁、石油化工、印刷出版等产业为主的综合性工业区。

京滨工业区集聚了许多具有技术研发功能的大企业和研究所，主要有NEC、佳能、三菱电机、三菱重工、三菱化学、丰田研究所、索尼、东芝、富士通等。这些机构都是京滨工业区具有产业创新能力的机构，从而使得京滨工业区具有很强的管理和科技研发能力。在京滨工业区布局的大学主要有庆应大学、武藏工业大学、横滨国立大学等。

2. 打造筑波科学城

东京都东北部的筑波科学城，形成了具有全球影响力的科技创新中心，也是区域创新要素整合的节点。筑波科学城坐落在离日本东京东北约60公里的筑波山麓，距东京成田国际机场约40公里，总面积284.07平方公里，现有人口约20万。日本政府在筑波科学城内建立筑波大学，并以之为中心，培育大学与产业之间、科学城内各研究机构之间的相互合作和有机联系，从而使筑波成为一个综合的研究都市，筑波大学为各个研究机构输送了大量优秀后备人才。

五 奥斯汀创新新趋势

（一）奥斯汀科技发展

1. 奥斯汀简介

奥斯汀市（Austin）因纪念得克萨斯之父——斯蒂芬·奥斯汀而得名，

是美国得克萨斯州的首府，位于得克萨斯州中部的科罗拉多河畔，是一个开放、年轻、富有活力的城市。

奥斯汀城市面积约 704 平方公里（2010 年）；湖泊众多，包括 3 个人工湖在内，水域面积达 18 平方公里。据 2016 年 6 月 1 日美国人口普查局统计，奥斯汀人口约 93 万，人口密集程度居全美第 11 位、得克萨斯州第 4 位（位于休斯敦、达拉斯和圣安东尼奥之后）。

奥斯汀经济发展强劲，2015 年失业率仅为 2.9%，《福布斯》根据其在就业等方面的表现，将奥斯汀选为"最繁荣的城市"。2010～2015 年，奥斯汀就业增长率达到 19.1%，远高于全美平均 8% 的增长率。2016 年 1 月，在《福布斯》的"新兴繁荣城市"（America's Next Boom Town）排行榜中，奥斯汀位居第 1。在米尔肯研究所（Milken Institute）的"全美最佳就业市场"排行榜上，奥斯汀由 2015 年的第 4 位上升至 2016 年的第 2 位。2015 年奥斯汀居民的家庭收入中位数为 52519 美元，人均收入为 49680 美元。

2. 奥斯汀科技行业

奥斯汀是重要的高科技中心，城市的发展状况与互联网的发展状况休戚相关。20 世纪中期，奥斯汀市半导体和计算机产业发展较快，加之其低廉的生活成本和快速增长的经济，吸引了大批高科技人才和企业。20 世纪 90 年代，由于科技和企业的飞速发展，奥斯汀被誉为"硅山"（Silicon Hill），并由此成为全美经济增长最快的城市之一。

除科技公司外，奥斯汀拥有约 85 所制药和生物技术公司，被米尔肯研究所评为美国第十二大生物科技与生命科学中心。

虽然奥斯汀在过去 10 年中已经实现了多元化，但科技行业在城市经济中仍然扮演着重要的角色。奥斯汀创新办公室首席创新官 Kerry O'Connor 指出，奥斯汀有很多具有悠久历史的技术公司，如戴尔、IBM 和 Advanced Micro Devices（美国 AMD 半导体公司），仍然是奥斯汀最大的几位雇主。其他大型技术公司在该地区正在扩大。Oracle（甲骨文软件系统公司）2016 年宣布将在奥斯汀建立一个新的占地 27 英亩的办事处，并将该地区的员工人数增加 50%。自几年前开始在奥斯汀生产 Mac Pro 之后，苹果公司正在奥斯汀西北部

双创蓝皮书

建立一个新的占地38英亩的园区，并进一步增加其在该地区的劳动力。此外，在过去几年中，谷歌扩大了其在此地区从谷歌光纤到自驾车测试的业务。

（二）奥斯汀科技创新产业发展趋势

除了奥斯汀政府富有远见和战略的政策之外，奥斯汀推动科技创新产业发展也具有一定的特点和趋势。得克萨斯州奥斯汀分校的维贾伊·马哈贾（Vijay）教授总结如下：

1. 打造产业集群，形成竞争优势

产业集群是科技创新的温床。一方面，产业集群为科技创新提供了良好的基础。高校与研究机构作为创新的源头，将知识和技术扩散至整个产业，为企业的技术创新活动提供了有力的知识和技术支撑。另一方面，产业集群内存在科技创新的机制与浓厚的创新氛围。在产业集群中，企业之间存在频繁的交往和合作，更容易实现技术的转让与模仿，而其他企业在学习和模仿的基础上可以再次进行创新，形成一种激烈竞争的局面。为了保持竞争优势，产业集群内的企业必须不断地进行发展和创新。

此外，奥斯汀也着力打造创意产业集群。奥斯汀城市边缘废弃的工业区和旧厂房为艺术家提供了足够的空间和便宜的租金。他们租下并对其进行修缮后，在其中创作和生活，形成创意聚集区。随着相关文化艺术机构的进驻，区内文化、经济进一步繁荣，城市形象得到改善。于是，区内租金上升，最终繁荣的商业活动将聚集的大多数艺术家和艺术机构挤出该区域。艺术家再转向城市边缘，寻找并建立新的聚集区。奥斯汀为城市的创意集聚提供了宽容的文化氛围和保护创意集聚成长的市场环境。同时，政府适当介入，将创意集聚纳入城市发展战略，通过公共资金投入，建立非营利的文化艺术机构、产业开发基金、孵化器等，为集群内部建立生产性关联，加快集群内部创意潜能的开发与转化，从而推动创意集聚占据全球市场高端，打造了奥斯汀不可复制的竞争优势。

2. 重视文化发展，吸引年轻人群

美国大都市区的人口迁移方向，一直是美国经济社会变化趋势的"风向标"。青年人口以及富裕人口的主要流向，则鲜明地反映出美国大都市在吸引创新、财富要素方面的新方向。美国青年人群的流动趋势表明，具有教育、文化资源的城市成为相关青年群体的青睐之处。在经济要素之外，文化环境成为影响创新能力人群选址的重要依据，具有创新能力的年轻阶层更趋向于回归具有创新包容性的中等规模的"文化型"城市。奥斯汀优美的城市环境、丰富的文化娱乐生活和充足的就业机会，使得全世界的高素质科技人才纷至沓来。

一方面，奥斯汀作为美国100大都市区成员，其特高收入家庭比例超过其家庭总数占全美的比例，城市经济发展稳健，城市规模以及经济结构使其在经济危机中具有更强的适应性；另一方面，重视城市人文环境的奥斯汀，以文化要素作为吸引创新集聚的重要依托，形成了具有识别性的人文环境，在众多大都市区中形成了别具一格的"识别特质"，更有效地吸引着有创造力的年轻人群。奥斯汀具有优质的高等教育资源，且具备良好的文化基础。奥斯汀的文化特质使其在后危机时期具有更强的创新要素吸引力，青年人能够在该地区与大学或学院有所接触，并与教育程度较高的居民为伍。

尽管奥斯汀发展迅猛，但在城市整体风貌上与美国其他大城市呈现截然不同的休闲魅力，被视为全美最适宜居住的城市之一。这与得克萨斯州独特的传统精神、多元文化密切相关。在城市物质空间形态的建设上，与自然环境相互融合的城市整体空间格局保留了乡间小镇的自然风貌，而凝聚活力的城市中心区通过发展轴串联特色街区和标志性建筑物，既处处凸显了大城市的活力，又由于滨水空间的融入而保留了小城市的亲和性，使城市整体空间体现出独特的"大城小镇"特色风貌。城市中心的景观与外围社区的风貌截然不同，具有明显的动静分区，使得市民既可以体验大城市的繁荣，又能享受乡间小镇的恬静居住环境。

1960年，奥斯汀人口数量仅为30万。到了1980年，奥斯汀人口数量为58万，这样的城市规模难以为高技术创业活动提供足够的支持。但是随着人口数量快速增长，到1990年，奥斯汀达到了85万上下的城市规模。到90年代中期，奥斯汀大都市区的人口超过了100万。伴随着城市规模的扩大，奥斯汀的集聚效应和城市化经济的优势逐渐增强。

3. 整合科教资源，鼓励创业、创新

美国高校大学生的"创业计划"大赛始于1983年，首届商业计划竞赛即由美国得克萨斯大学奥斯汀分校举办。这一比赛借用风险投资的运作模式，由参赛者就某一项具有市场前景的新产品或服务撰写创业可行性报告，并由学术界和企业家组成的评委评选出优胜者。由于有企业界积极参与，一些获胜的可行性报告最终可获得风险投资。每次竞赛结束后，都会从中诞生几家高科技企业，并有数量可观的"计划"被卖到100万美元以上的价格。由于这些公司成长性很好，而且收益高，吸引大批风险投资家为寻找未来的技术经济领袖而纷纷涌入大学校园，而在竞赛中获胜的学生日后大多成为高科技企业的领军人物。此类创业竞赛活动不仅成为培育大学生创业的一个重要路径，更成为增强经济活力和创造就业岗位的直接驱动力之一，带来了巨大的经济效益。

高校提供的创业教育也十分普及，创业课程内容系统丰富，几乎覆盖了从创业计划、可行性分析、风险分析以及销售等整个过程中可能遇到的所有问题。开设灵活多样的以案例教学为主的创业教育必修课程。传授知识内容包括有关公司运作、财务管理、市场营销、人力资源管理等方面。大量的创业成功案例被引入创业教育课堂，并对这些案例进行研讨分析。创业教育的教学方法也呈现出多样化特点，大多创业教育采用不同于传统的教育方法和手段，比如案例研究、现场学习、商业模拟等方式，并且充分利用现代网络技术为学生提供管理和技术支持，丰富了创业教学形式。

大学也对高技术工业采取了相应的开放政策，分享科研成果利润，从而吸引了大量的科技精英，既促进了企业的技术进步，又提高了学校的学术水平和知名度。高科技工业区的公司由于靠近这些名牌大学，易于接触到最新的科技研究成果，又可借助大学实验室先进的仪器设备进行新技术产品的开发研究，还能保证有充足的高科技人才来源。政府采取措施鼓励企业与大学的联合，以促进科研创新成果向企业转移和实现商业化，高科技企业与大学研究机构共处一地，彼此依靠、相互促进、共同发展。

4. 制定优惠政策，服务创新企业

美国政府在第二次世界大战后逐步认识到在推动科技发展的过程中，政府可以充分发挥自身的作用。特别是在20世纪80年代里根执政时期，美国的科技创新政策从产业政策中逐渐独立出来。这一时期，联邦政府不断加大了科研资金的投入，以战略性的大型项目带动国家整体的科研活动，促进科研成果向工业部门转化，还颁布了多项促进科技创新的法律制度。至此，美国政府已经全面介入国家的科技创新活动之中，成为推动美国科技发展的一支重要力量。

毋庸置疑，奥斯汀的发展得益于美国完善的法律保障和政策支持体系。同时奥斯汀也根据自身的实际情况，制定了多项优惠政策。一是大幅降低税率，得克萨斯州采取重商措施，放宽经商条件，降低经营成本，大力吸引外界商人和资本进入当地。得克萨斯州不设州所得税，这对收入较高的高科技人员具有很大的吸引力。州政府还对高科技公司采取低税政策；对大学和研究机构大量投资，以促进人才的培养，加强科技实力。奥斯汀致力于建立一个无个人所得税的城市，使其成为整个美国南部地区税收最优惠、经商环境最好的城市。二是为高科技企业提供直接补贴，对于来奥斯汀设立分公司或工厂的企业，政府以极低的租金和价格为企业提供土地、厂房和办公设施。三是政府出台一系列推动企业和个人进行创新的奖励政策，大大激发了企业和个人进行自主创新的活力，使得奥斯汀地区成为全美创新能力最强和申请专利数最多的地区。奥斯汀曾被《华尔街日报》评为全美第3座最具创造力的城市。

5. 完善金融体系，吸引风险投资

创新型城市离不开强有力的金融体系支撑，建立现代金融机构体系有利于对城市金融资源的高效配置与利用，从而为创新型城市建设提供强有力的资金支持和良好的金融环境。对于创新型企业来说，资本是其进行创新活动的生命线，金融体系的支撑作用尤为重要。另外，创新型企业还需要丰富多样的金融服务、金融产品和金融工具。金融服务体系在推动创新型城市发展中的作用也不可忽视。会计、法律、评估、评级等服务机构都是不可或缺

的，它们通过发挥审计、咨询、评估、监督等作用，保证了创新型企业融资活动的顺利开展。

风险资本是二战以后从美国兴起的一种新型的投资和融资方式，其目的是支持具有较大风险但投资回报很高的高新技术企业的创建。由于风险投资的收益较高，加上政府的扶持，美国的风险投资业发展迅猛。

奥斯汀的金融业非常发达，美国及国内的一大批银行、保险公司和投资公司均落户在奥斯汀，如著名的美国银行、摩根大通银行、Farmers保险集团等都在奥斯汀设立公司。在这个良好的基础上，奥斯汀还大量吸引风险投资。在20世纪80年代奥斯汀还只有少数的几个风险投资人和公司，而且没有银行从事风险投资业务，因此如何获取风险资本是当时面临的重大课题。奥斯汀的政府机构、大学及商会担任了高科技企业与风险投资机构之间的联系人，将本地的企业和具有很高投资回报的项目推向全美乃至全世界，努力为企业的创新活动注入充足的资金。20世纪90年代，奥斯汀成为美国风险投资商最关注的热点地区，1989～2000年风险投资额超过3亿美元；到2006年，奥斯汀的风险资本总额已超过6亿美元，成为全美创新活动最活跃的地区。源源不断的资金为奥斯汀地区的创新活动注入了充足的新鲜血液，加速了其向创新型城市迈进的步伐。

6. 扶持中小企业，加强产学合作

奥斯汀市政府十分重视高技术发展，全面协调政府、企业和大学的关系，充分利用本市高等院校的科技力量和高素质的劳工队伍，在企业中推行一系列改革措施，吸引了联邦政府的拨款和国防工业订货，在本市发展了高技术科研和产业。奥斯汀高技术中心的知名度与日俱增，有望与硅谷和128号公路高技术园区并驾齐驱。政府对中小企业支持的方式主要包括提供财政援助、税收优惠和优惠土地，创建高技术工业园区和企业孵化器，发展风险资本市场等。地方政府对企业特别是中小企业的支持性措施，集中体现在各州建立的高技术工业区（或大学研究园区）和企业孵化器中。

奥斯汀的高技术工业区具备良好的投资环境和生活环境，具体体现在：较低的地价、较少的启动资金、优惠的税制、廉价的能源、通畅的交通、价格适中的住宅、高质量的中小学校、宜人的气候、优美的环境、便利的公共设施、丰富的文化娱乐场所，以及拥有法律、金融、专利、工商、进出口等方面的业务服务。政府鼓励在高科技园区内创办专门向中小企业技术创新提供服务的非营利性机构，这些机构分为不同的类型，如有的向中小企业提供优惠的研究开发条件、咨询与培训服务等；有的向中小企业的技术创新提供资助，以提高大学与公司的研究开发能力，促使实验室成果更好地向市场转移；也有的主要从事面向中小企业的技术转移，最普遍的方式是向企业直接出售专利技术或其他技术成果。

奥斯汀技术孵化器（Austin Technology Incubator，ATI）于1989年在得克萨斯大学创立，目的是推动奥斯汀的创业活动。ATI的关键组成部分包括：加盟孵化器的个人、大学、政府和非营利组织等；加入孵化器创业的技术公司；由投资、管理、环境设备等组成的孵化器支持系统。ATI将这3个部分构成有机整体为企业提供服务。奥斯汀技术孵化器对申请入驻的企业进行严格的筛选，通过审查申请公司关于企业发展方面的书面和口头材料，挑选出最有前途的高技术创业企业，之后，奥斯汀技术孵化器对入驻企业提供多方面的专门服务。

孵化器主要通过如下3个途径使高风险的高科技公司在创业初期稳定下来：①培养具有凝聚力的管理队伍；②筹措足够的资金；③将其产品尽快投入市场。这些措施对刚刚起步的创新型企业的发展发挥了巨大的作用：①提高了企业的创业成功率，增强其决策和适应能力，减少初创企业由于学习而走的弯路，使企业缩短产品进入市场的周期而快速成长；②建立全球网络，使进入孵化器的企业能面向全球广阔市场；③为企业提供职工教育培训和实验基地，建立研究和实习基地，在最短的时间培养企业所需人才；④培养企业家的社会交际能力，使他们能和谐地与他人相处，与孵化器内的企业相互学习，对内管理好公司，对外与客户和社会各界形成密切的联系。

需要强调的是，帮助企业获得投资，是奥斯汀技术孵化器的主要作用之一。1989年奥斯汀只有少数的风险投资人、公司，而且没有银行从事风险投资业务，因此获取风险资本是高技术创业活动面临的关键环节。为此，奥斯汀技术孵化器为企业提供投资基金，或者积极联络外部的投资机构。奥斯汀技术孵化器取得了显著的成效。从1989到2000年，奥斯汀技术孵化器成功孵化了60家企业，这些企业和19家在驻企业创造了2000多个工作岗位，收入累计达9亿美元，在11年间集资超过3亿美元，5家企业公开上市。奥斯汀技术孵化器的两家企业获得了全国企业孵化协会的最高奖项和技术转化协会的贾斯廷·莫里尔奖，成为美国和世界范围内众多孵化器项目的典范。除了奥斯汀技术孵化器之外，奥斯汀还拥有为数众多的高技术创业组织和机构，为许多拥有研究成果的科学家和工程师提供了开办企业的技能和获得风险资本的渠道，使他们走上了高技术创业的成功之路。

B.12 后　记

展现在读者面前的"双创蓝皮书"是由深圳大学、"一带一路"国际合作发展（深圳）研究院、北京大学深圳研究院、中央民族大学、深圳市实维经济咨询有限公司等共同组建的学术队伍倾力打造的一个学术品牌，原深圳市委常委、宣传部长，现国务院参事王京生先生担任蓝皮书主编。

编撰"双创蓝皮书"，是一个具有情怀的探索与尝试。旨在通过聚焦深圳这座在中国双创探索与发展中具有先行先试意义的城市的实践，利用客观的数据，从国际比较视野出发，反映深圳双创的发展现状与趋势，揭示双创自身的内在规律，总结、提炼对中国双创实践具有参考、借鉴意义的经验与做法，期望为实现十九大报告中所提出的构建创新型国家的目标，奉献思想、智慧与路径。

"双创蓝皮书"总体分为三大部分：总报告、区域篇、国际篇。其中，总报告介绍"双创蓝皮书"编撰的宏观背景与研究意义，系统阐述双创指数构建与评估机制，展示中国双创指数测度与综合分析结果，并得出了对双创发展的基本判断和提出了相关的对策建议。

区域篇瞄准国内重点双创发展区域进行实证与案例分析。从逻辑脉络上讲，首先是基于中国双创指标体系的双创区域总体情况分析；其次，以深圳为分析重点，深入研究创新中心建设的路径、科技金融支持性发展溢出效应与绩效、创客发展现状，以及双创模式的新趋势。同时，参照国际创新中心的实践，进行国际层面的实证与案例比较研究。在实证研究方面，结合中国实际，系统分析了国际公认并具有影响力的双创指标体系，并尝试对比较结果进行客观评价。在案例分析方面，重点研究了美国硅谷、以色列特拉维夫、德国巴登－符腾堡、日本东京和美国奥斯汀，通过对发展条件、双创成

双创蓝皮书

果、研发创新国际化与区域创新一体化等方面的研究，深入了解国际创新中心发展的成功路径，并为中国双创的可持续发展寻找理性、科学的途径。

"双创蓝皮书"的副主编，分别由"一带一路"国际合作发展（深圳）研究院研究员魏建漳博士与王学龙博士担任。魏建漳研究员获得深圳大学理论经济学博士学位，曾在爱尔兰都柏林大学访学，是一位经济学理论功底扎实、善于思考、思维敏捷、勤勉踏实并富有创造力的青年才俊。王学龙研究员是深圳大学理论经济学博士后流动站优秀出站博士后，具有良好的国际教育背景和较强的独立研究能力，也是一位做事认真、踏实努力、品学兼优的青年学者。两位年轻的副主编在皮书的撰写与整理过程中，展现了专业素养与团队精神，发挥了巨大的作用。

"双创蓝皮书"的撰写团队，是一个年轻并具有朝气、创造力和通力合作的研究团队。对学术探索的热爱与对创新问题的兴趣，使具有不同学术身份的青年人走到一起，并开始共同的探索征程。蓝皮书具体分工如下：《中国双创发展情况分析报告》由魏建漳和王学龙博士撰写；《双创指数城市排名分析》与《双创指数子特征排名分析》由王学龙和周明旸撰写；《双创主要指标分析》由魏建漳与周明旸撰写；《基于双创指数的区域总体情况分析》由于潇与王学龙博士撰写；《深圳市国际科技产业创新中心建设路径》由魏建漳博士撰写；《深圳市南山区科技金融发展模式》由黄恒中博士撰写；《创客发展环境与我国双创面临的挑战》由杨文博士撰写；《我国双创模式的新探索与展望》由于潇撰写；《国际双创指数分析》由魏建漳与龙金林撰写；《国际创新中心城市发展新趋势》由于潇与张静云撰写。

从某种意义上说，"双创蓝皮书"的撰写本身就是一个充满创新的过程。由于这是第一部的创作，我们自身还在探索并寻找突破约束的方式与途径，所以难免存在一些局限和不尽如人意的地方。比如，所使用的分析数据主要来自国家统计局等政府部门公布的官方数据，缺乏特色化大数据支撑；再比如，国内分析的对象和研究的案例基本上是基于深圳的实践，缺乏区域城市覆盖的广泛性；等等。可以说未来优化数据来源与时效性，建立系统化收集、利用数据的系统，提高数据处理与分析效率，探索基于大数据的特色

后 记

权威数据收集、处理渠道，将是我们为了书写、记载创新所首先需要进行的创新。另外，进一步扩大研究对象，将北京、上海等排名靠前的双创重点城市逐步纳入区域篇研究之中，从而增强蓝皮书的说服力，为创新型国家建设提供鲜活的案例和富有中国特色的路径选择，更是我们的努力目标。

在这里还要感谢深圳市委宣传部吴忠副部长、理论处杨健处长、宣传文化基金办公室林久华主任等给予蓝皮书撰写的支持与厚爱；感谢我的老朋友，社会科学文献出版社的谢寿光社长和周丽总编的专业建议与指导。我相信，每一部著作的诞生，都蕴含着真挚的友谊和来自他山的智慧。

任何创新首先源于思想的活力与创造力的迸发。因为先有创新的思想，然后才有创新的行为与行动。苹果树常常会掉下苹果，但是只有牛顿在平常中悟出了改变世界的伟大发现。当然我们的探索还谈不上伟大，但我们希望我们的探索会铺就一条通往伟大的道路。

陶一桃

2018 年 3 月 10 日于吉隆坡

Abstract

With the increasing international competition, regional innovation ability becomes more important. In 2015, the Central Working Conference cleared that China's economic development must attach importance to the city's basic role, and city is the core of the strategy of mass entrepreneurship and innovation. Based on the global development situation of mass entrepreneurship and innovation, 《China's index report of mass entrepreneurship and innovation (2017 - 2018)》 evaluates China innovation environment and ability of major city through "quantitative analysis", provides many valuable references to the government.

To reflect the characteristics and trend of innovation and entrepreneurship, the report draws on the theories and methods of index's construction and evaluation broadly. From the three dimensions of environmental support, resource capacity and performance value of the city, the evaluation model of "mass entrepreneurship and innovation index" is constructed. On the whole, China's characteristics of innovation and entrepreneurship are distinctive: cities' innovation and entrepreneurship keeps a good momentum, and Shenzhen's comprehensive ability is at the top of the list; the development level is obvious about national mass entrepreneurship and innovation, presenting Pyramid type. At present, the core and hub city is less as well as more node and potential cities, which presents the achievement of massentrepreneurship and innovation development we got, but also shows a development room to improvement in most cities.

In addition to the comprehensive evaluation and analysis of various cities, the report reveals the characteristics of China's innovation development from multiple levels. It includes a regional development analysis from "bigger" development level, a special study on the construction of Shenzhen national innovation demonstration zone from a "small" perspective, also explores the challenges and the new mode of innovation in China. In general, the regional "mass entrepreneurship and innovation development" shows that the east is stronger than the central part, the central part is stronger than the west, and the west is stronger than the northeast. Shenzhen, shouldering the mission of building an international science and technology innovation center, is moving from the emerging to the high-leading stage. The innovation and entrepreneurship problems have emerged gradually. The new exploration of mass entrepreneurship and innovation model is inseparable from the layout of global innovative resources and the accelerated development of "industry-university-research".

With the accelerating global informatization, it is very important to expand the research area and study the international development. The report also explores the international innovation and entrepreneurship index system, the city (region) ranking of mass entrepreneurship and innovation, the comparative analysis of the international mass entrepreneurship and innovation index structure, as well as the major problems of the new development trend of the international innovative cities. It also summarizes the major problems in the development of international innovative and provides many references.

In the case of unbalanced resource distribution and regional development, cities have different geographical advantages and disadvantages. The study found that the environmental influencing factors of mass entrepreneurship and innovation development is diverse, including hard indicators such as the scale of industrial development and the number of innovation incubators, as well as soft indicators such as government efficiency and commercial credit environment. In order to promote the development of double innovation, we need to highlight the geographical advantage of the city and focus on developing the dominant industry. We will explore new modes of innovation and entrepreneurship and focus on emerging areas.

Keywords: Mass Entrepreneurship and Innovation; Index; Cities

Contents

I General Report

B. 1　China's Double Development Report

　　　　　　　　　　　　Wei Jianzhang, Wang Xuelong / 001

1. Macro-Background and Research Significance　　　/ 002
2. Mass Entrepreneurship and Innovation Index Construction and Evaluation Mechanism　　　/ 004
3. Measurement Results and Comprehensive Analysis　　　/ 016
4. Basic Judgments and Suggestions　　　/ 020

Abstract: This report systematically analyzes the activities of "mass entrepreneurship and innovation" in China, through construction of the mass entrepreneurship and innovation index. The system of "mass entrepreneurship and innovation" index of China will measure and compare the development of innovation and entrepreneurship in 100 major cities, through the environmental support, resource capacity and performance value's 9 secondary indicators and 30 tertiary indicators. Then collection, processing, calculation and analysis of the relevant data of 100 cities, It will benefit to a more accurate understanding of the mass entrepreneurship and innovation development situation in China from the comprehensive assession and the multi-dimensional evaluation of the mass entrepreneurship and innovation development of the city.

Keywords: Innovation; Entrepreneurship; Index

II The Mass Entrepreneurship and Innovation Index of China

B. 2 Mass Entrepreneurship and Innovation Index
City Ranking　　　　　　　　*Wang Xuelong, Zhou Mingyang* / 023

Abstract: To further understand the development and change of the national cities' innovation and entrepreneurial competitiveness, this report learn from domestic and international theories and methods concerning index construction and index evaluation, it will construct the evaluation model of "mass entrepreneurship and innovation index" from the three dimensions of the city's environmental support, resource capabilities, and performance value and will utilize three first-level indicators, nine second-level indicators and 30 third-level indicators to measuring the "mass entrepreneurship and innovation index" of each sample city. From the perspective of cities, the entire development of mass entrepreneurship and innovation of our country is good, at the same time there are some obvious stratifications, few major cities have a strong development, most cities still have a huge room to improvement.

Keywords: Innovation Index; Chinese Cities; Innovation Evaluation; Innovation Sub-characteristics

B. 3 Mass Entrepreneurship and Innovation Index
Sub-characteristic Ranking Analysis
　　　　　　　　Wang Xuelong, Zhou Mingyang / 036

Abstract: The report constructs an evaluation model of mass entrepreneurship and innovation index from the three dimensions of the city's environmental support, resource capabilities, and performance value. Mass entrepreneurship and

innovation index is constituted by three sub-characteristics of environmental support, resource capabilities, and performance value. this chapter mainly analyzes the three sub-characteristics. From the perspective of the mass entrepreneurship and innovation index sub-characteristics, in terms of the "mass entrepreneurship and innovation environment", our country is good, but the environment of the top 100 mass entrepreneurship and innovation cities still needs to be promoted. It is rich and hierarchical in terms of the environment of mass entrepreneurship and innovation, and the top 100 mass entrepreneurship and innovation cities have two obvious differentiation trends in the performance value.

Keywords: Sub-characteristics; The Environment of Mass Entrepreneurship and Innovation; The Resources of Mass Entrepreneurship and Innovation; The Performance of Mass Entrepreneurship and Innovation

B. 4 Mass Entrepreneurship and Innovation Analysis of Major Indicators　　*Wei Jianzhang*, *Zhou Mingyang* / 065

Abstract: Through the comparative analysis and correlation analysis of the key indicators that have significant impact on mass entrepreneurship and innovation, it will further understand the whole situation and development characteristics of the national "mass entrepreneurship and innovation" activities. we will have a better understanding of the mass entrepreneurship and innovation structure though the quantitative analysis of the relationship of the mass entrepreneurship and innovation environment, mass entrepreneurship and innovation resources, and mass entrepreneurship and innovation performance. From the analysis results, mass entrepreneurship and innovation is a complex system that the factors affecting each dimension are connected and promoted. It is necessary to focus on enhancing the construction of the mass entrepreneurship and innovation environment to promote a better development.

Keywords: Innovation Index; Comparative Analysis; Analysis of Relationship

III Regional Articles

B. 5 Analysis of Regional General Situation Based on Mass
Entrepreneurship and Innovation   *Yu Xiao*, *Wang Xuelong* / 089

Abstract: In order to understand the development situation of mass entrepreneurship and innovation of China, this report of "region" will discover the character of mass entrepreneurship and innovation activities from the perspective of the region. Through the way of comparative analysis, it will reveal the challenges faced by China's innovation and entrepreneurship and explore a new model for mass entrepreneurship and innovation. Through the analysis of China's mass entrepreneurship and innovation index evaluation system, we know that our country's mass entrepreneurship and innovation development characteristics are obvious. In general, the mass entrepreneurship and innovation of eastern China has a strong development, and other areas still need to be strengthened. In addition, Shenzhen's mass entrepreneurship and innovation has developed actively, ranking first among cities in index evaluation, and it is now in the lead stage from the emerging stage to the high stage. However, compared with international comparisons, its technological innovation system has such problems as lack of world-class enterprise support and low level of talent internationalization. it is necessary to break through multiple constraints in the current development stage, strengthen the internationalization of R&D, and promote the integration of regional innovation. In addition, Shenzhen Nanshan District has a complete and well-developed scientific and technological financial ecosystem and has developed well, so it has opened up new ideas for the development of mass entrepreneurship and innovation. Generally speaking, the support for the development of mass entrepreneurship and innovation includes both the encouragement of the soft environment and without lack of support from the hard environment. At present, our country still face certain challenges in the development of mass entrepreneurship and innovation, In the future, we need to vigorously promote the layout of global

innovation resources of large enterprises, explore new models of innovation and entrepreneurship, and pay close attention to the trend of " mass entrepreneurship and innovation" hot industry.

Keywords: Region Analysis; Shenzhen; Innovation Feature; Innovation Expectation

B.6 The International Science and Technology Industry Innovation Center Construction Path of Shenzhen　　*Wei Jianzhang* / 097

Abstract: The three dimensional map of "innovation capability, innovation trend and economic development level" reveals the development rule of science and technology industry innovation center. It shows that the evolution of the world's science and technology innovation center is divided into four stages: the seed cultivation stage, the emerging catch-up stage, the high-end lead stage, and the rigid decline stage. Now Shenzhen has entered the mid-term of the emerging catch-up stage and is moving towards the high-end lead stage. Shenzhen could adopt the way of development of "internal and external distances, two balances" to create an international science and technology innovation center. The "internal and external distances": First, to achieve regional integration of innovation in domestic; Second, to realize the internationalization of research and innovation in the world; Third, to focus on improving the efficiency of innovation factors in the future; Fourth, to promote the gathering of international innovation factors in the short term. The "two balances": First, to balance overtaking innovation and overturn innovation resource allocation; Second, to balance strategic resource allocation between technology centers and financial centers.

Keywords: Three-dimensional Map; Development Stage; The Center of Technological Innovation; Development Strategy

Contents

B.7 Nanshan District, Shenzhen City, Science and Technology
Financial Development Model　　　　*Huang Hengzhong* / 119

Abstract: Science and technology finance is an important part of the national science and technology innovation system and financial system. The development of science and technology finance facing small and medium-sized science and technology enterprises is an effective way to promote "mass entrepreneurship and innovation" and realize industrial transformation and upgrading, and it is an important measure to consolidate the foundation of overturn innovation and achieve continuous innovation. Nanshan District has gathered numerous high-quality scientific and technological innovation resources and has the inherent advantages of developing science and technology finance. Nanshan District upholds the idea of "government guidance and marketization operation" and builds a scientific and technological financial ecosystem characterized by "one platform, one system, three linkages, and eight products". Further improve the online platform for science and technology finance, optimize the operational mechanism of science and technology finance, cultivate talents in science and technology finance, develop intermediaries for scientific and technological finance, create a "government-led, open, market-oriented investment and financing platform", It could make better use of the supporting role of science and technology finance for technological innovation and form a long-term effective mechanism that closely matches technology and finance.

Keywords: Nanshan District; Technology Finance; Development Model; Ecosystem

B.8 The Development Environment of Chuang Ke and
Challenges Faced by China's Mass Entrepreneurship
and Innovation　　　　*Yang Wen* / 167

Abstract: "Chuang Ke" is a fashionable hot word in recent years. Especially

after the "mass entrepreneurship and innovation activity week" in Shenzhen, "Chuang Ke" has once again become the focus of attention of the entire society. For local governments, to guide "mass entrepreneurship and innovation," and to support and encourage outstanding "Chuang Ke," it is necessary not only to have supporting policies and measures, but also to build a corresponding breeding platform. The development experience of Shenzhen has provided a successful model for the country's innovation and entrepreneurial activities and specific experiences that can be replicated and promoted. This report analyzes the opportunities and challenges of creating a venture business based on systematically analysis of the environmental support for the development of the Chuang Ke of Shenzhen.

Keywords: Chuang Ke; The Environment of Development; The Way of Development; New Kinetic Energy

B. 9 The New Exploration and Prospect of China's Mass Entrepreneurship and Innovation Model   *Yu Xiao* / 182

Abstract: This chapter explores the model of innovation and entrepreneurship in China through detailed cases and data from various regions of the country, and summarizes the trend of in "mass entrepreneurship and innovation" hot industries such as education, healthcare, new energy and new material, finally it will provide reasonable suggestions for promoting the further development of China's "mass entrepreneurship and innovation." For the innovation, this report analyzes several classic models such as the global resource allocation of large enterprises, Integration of production, learning and research and new research institutions. For the entrepreneurship, this chapter focuses on important models such as fission enterprise model, the entrepreneurial model of Chuang Ke, and the model of public financing.

Keywords: The Pattern of Mass Entrepreneurship and Innovation; Exploration; Hot Industry

IV International Articles

B. 10 The Analysis of International Mass Entrepreneurship and
Innovation　　　　　　　　　　　　*Wei Jianzhang*, *Long Jinlin* / 204

Abstract: In order to strengthen the mass entrepreneurship and innovation activities and international integration, this report has further expanded the research area and explored the development of international innovation and entrepreneurship. The international innovation index system, the international mass entrepreneurship and innovation city (regional) rankings, the comparative analysis of the international mass entrepreneurship and innovation index structure are included. In terms of the international innovation index, it explored the connotation and structure of the five index systems of the Global Innovation Index, the Global Innovation Cities Index, the Global Entrepreneurial Observation Index, the Global Entrepreneurship Ecology Index, and the Global Entrepreneurship Index, and analyzed the index rankings. At the same time, some specific mass entrepreneurship and innovation indicators were compared internationally and it was found that China's mass entrepreneurship and innovation resources and knowledge-creating capabilities continued to increase; various types of mass entrepreneurship and innovation carriers were abundant and maintained a growth trend, and the overall situation of mass entrepreneurship and innovation was stable and good.

Keywords: International Innovation Index; International Entrepreneurship Index; International Comparison

B. 11 The Trends of International Innovation Center
City Development　　　　　　　　　　*Yu Xiao*, *Zhang Jingyun* / 237

Abstract: This report focuses on the new trend of cities development in the

International Innovation Center. It studied five cities such as Silicon Valley, USA, Austin, USA, Tel Aviv, Israel, Baden-Württemberg, Germany, and Tokyo, Japan. And grasp the development trend of the international mass entrepreneurship and innovation from the three dimensions of the present situation of scientific and technological development, research and innovation, and integration of regional development. From the perspective of the development of cities in the International Innovation Center, Innovation and entrepreneurship activities have an obvious trend of aggregation and strengthening, and are at the leading international innovation center. Talents, capital and other resources continue to gather and innovation performance becomes more prominent.

Keywords: International Innovation Center; Cases Study; Innovation Trend

B.12　Postscript　　　　　　　　　　　　　　　　　　　／265

社会科学文献出版社　　　　　　　　　　　　**皮书系列**

❖ 皮书起源 ❖

"皮书"起源于十七、十八世纪的英国，主要指官方或社会组织正式发表的重要文件或报告，多以"白皮书"命名。在中国，"皮书"这一概念被社会广泛接受，并被成功运作、发展成为一种全新的出版形态，则源于中国社会科学院社会科学文献出版社。

❖ 皮书定义 ❖

皮书是对中国与世界发展状况和热点问题进行年度监测，以专业的角度、专家的视野和实证研究方法，针对某一领域或区域现状与发展态势展开分析和预测，具备原创性、实证性、专业性、连续性、前沿性、时效性等特点的公开出版物，由一系列权威研究报告组成。

❖ 皮书作者 ❖

皮书系列的作者以中国社会科学院、著名高校、地方社会科学院的研究人员为主，多为国内一流研究机构的权威专家学者，他们的看法和观点代表了学界对中国与世界的现实和未来最高水平的解读与分析。

❖ 皮书荣誉 ❖

皮书系列已成为社会科学文献出版社的著名图书品牌和中国社会科学院的知名学术品牌。2016年，皮书系列正式列入"十三五"国家重点出版规划项目；2013~2018年，重点皮书列入中国社会科学院承担的国家哲学社会科学创新工程项目；2018年，59种院外皮书使用"中国社会科学院创新工程学术出版项目"标识。

中国皮书网

（网址：www.pishu.cn）

发布皮书研创资讯，传播皮书精彩内容
引领皮书出版潮流，打造皮书服务平台

栏目设置

关于皮书：何谓皮书、皮书分类、皮书大事记、皮书荣誉、
皮书出版第一人、皮书编辑部

最新资讯：通知公告、新闻动态、媒体聚焦、网站专题、视频直播、下载专区

皮书研创：皮书规范、皮书选题、皮书出版、皮书研究、研创团队

皮书评奖评价：指标体系、皮书评价、皮书评奖

互动专区：皮书说、社科数托邦、皮书微博、留言板

所获荣誉

2008年、2011年，中国皮书网均在全国新闻出版业网站荣誉评选中获得"最具商业价值网站"称号；

2012年，获得"出版业网站百强"称号。

网库合一

2014年，中国皮书网与皮书数据库端口合一，实现资源共享。

权威报告·一手数据·特色资源

皮书数据库
ANNUAL REPORT(YEARBOOK) DATABASE

当代中国经济与社会发展高端智库平台

所获荣誉

- 2016年,入选"'十三五'国家重点电子出版物出版规划骨干工程"
- 2015年,荣获"搜索中国正能量 点赞2015""创新中国科技创新奖"
- 2013年,荣获"中国出版政府奖·网络出版物奖"提名奖
- 连续多年荣获中国数字出版博览会"数字出版·优秀品牌"奖

成为会员

通过网址www.pishu.com.cn访问皮书数据库网站或下载皮书数据库APP,进行手机号码验证或邮箱验证即可成为皮书数据库会员。

会员福利

- 使用手机号码首次注册的会员,账号自动充值100元体验金,可直接购买和查看数据库内容(仅限PC端)。
- 已注册用户购书后可免费获赠100元皮书数据库充值卡。刮开充值卡涂层获取充值密码,登录并进入"会员中心"—"在线充值"—"充值卡充值",充值成功后即可购买和查看数据库内容(仅限PC端)。
- 会员福利最终解释权归社会科学文献出版社所有。

数据库服务热线:400-008-6695
数据库服务QQ:2475522410
数据库服务邮箱:database@ssap.cn
图书销售热线:010-59367070/7028
图书服务QQ:1265056568
图书服务邮箱:duzhe@ssap.cn

卡号:4405465175985081
密码:

基本子库 / SUB DATABASE

中国社会发展数据库（下设12个子库）

全面整合国内外中国社会发展研究成果，汇聚独家统计数据、深度分析报告，涉及社会、人口、政治、教育、法律等12个领域，为了解中国社会发展动态、跟踪社会核心热点、分析社会发展趋势提供一站式资源搜索和数据分析与挖掘服务。

中国经济发展数据库（下设12个子库）

基于"皮书系列"中涉及中国经济发展的研究资料构建，内容涵盖宏观经济、农业经济、工业经济、产业经济等12个重点经济领域，为实时掌控经济运行态势、把握经济发展规律、洞察经济形势、进行经济决策提供参考和依据。

中国行业发展数据库（下设17个子库）

以中国国民经济行业分类为依据，覆盖金融业、旅游、医疗卫生、交通运输、能源矿产等100多个行业，跟踪分析国民经济相关行业市场运行状况和政策导向，汇集行业发展前沿资讯，为投资、从业及各种经济决策提供理论基础和实践指导。

中国区域发展数据库（下设6个子库）

对中国特定区域内的经济、社会、文化等领域现状与发展情况进行深度分析和预测，研究层级至县及县以下行政区，涉及地区、区域经济体、城市、农村等不同维度。为地方经济社会宏观态势研究、发展经验研究、案例分析提供数据服务。

中国文化传媒数据库（下设18个子库）

汇聚文化传媒领域专家观点、热点资讯，梳理国内外中国文化发展相关学术研究成果、一手统计数据，涵盖文化产业、新闻传播、电影娱乐、文学艺术、群众文化等18个重点研究领域。为文化传媒研究提供相关数据、研究报告和综合分析服务。

世界经济与国际关系数据库（下设6个子库）

立足"皮书系列"世界经济、国际关系相关学术资源，整合世界经济、国际政治、世界文化与科技、全球性问题、国际组织与国际法、区域研究6大领域研究成果，为世界经济与国际关系研究提供全方位数据分析，为决策和形势研判提供参考。

法律声明

"皮书系列"(含蓝皮书、绿皮书、黄皮书)之品牌由社会科学文献出版社最早使用并持续至今,现已被中国图书市场所熟知。"皮书系列"的相关商标已在中华人民共和国国家工商行政管理总局商标局注册,如LOGO( )、皮书、Pishu、经济蓝皮书、社会蓝皮书等。"皮书系列"图书的注册商标专用权及封面设计、版式设计的著作权均为社会科学文献出版社所有。未经社会科学文献出版社书面授权许可,任何使用与"皮书系列"图书注册商标、封面设计、版式设计相同或者近似的文字、图形或其组合的行为均系侵权行为。

经作者授权,本书的专有出版权及信息网络传播权等为社会科学文献出版社享有。未经社会科学文献出版社书面授权许可,任何就本书内容的复制、发行或以数字形式进行网络传播的行为均系侵权行为。

社会科学文献出版社将通过法律途径追究上述侵权行为的法律责任,维护自身合法权益。

欢迎社会各界人士对侵犯社会科学文献出版社上述权利的侵权行为进行举报。电话:010-59367121,电子邮箱:fawubu@ssap.cn。

社会科学文献出版社